戦争とバスタオル

安田浩一　文
金井真紀　文と絵

亜紀書房

はじめに

金井真紀

銭湯で会う人は、みんないい顔をしている。男湯はどうだか知らないが、女湯は脱衣所からして賑やかだ。おばちゃんたちがおっぱいを出したまま笑い話に興じている風景に出くわすと、湯に浸《つ》かる前から全身がほぐれる。

湯船にもいろいろおもしろい話が落ちている。人は裸になると心も無防備になるのだろう。お見合いの顚末、梅酒の漬け方、おばけを見た話……なんでもしゃべる。数年前に電気風呂で会ったおばあさんも忘れがたい。彼女のお兄さんは出征兵士だった。

「軍隊ってね、ひとりがミスをすると全員で罰を受けるんだって。うちの兄たちは並んで手をつないだところに電気を流されたって。それがすごく痛いらしいの」

電気風呂に入りながら、電気拷問の話を聞く。妙な気分だった。

安田浩一さんと「銭湯友だち」になったのは、数年前のこと。ときどき待ち合わせて銭湯に行き、湯上がりにビールを飲む。つねに反差別の現場を奔走している安田さんと飲めば、どうしてもそういう話題になる。

世の中には差別を助長する本、歴史を捻じ曲げる本があふれている。しかも売れている。悔しい。ふざけるな。そんなことを言い合って、2杯目は緑茶ハイ。

「ヘイト本なんかより、金井さんの本のほうがよっぽどおもしろいのに」

「安田さんが取材しまくって書いた本より、適当に情報を切り貼りした本が売れるって、おかしいですよ」

などと互いに慰めるが、なんだか本が売れない者のひがみっぽくもある。緑茶ハイのグラスについた水滴を指で撫《な》でていると、胸の奥から叱咤の声が聞こえてきた。

――おもしろくて売れる本をつくって、対抗すればいいじゃん。

そうだ。歴史修正主義を蹴っとばすおもしろい本をつくればいいんだ。ひがんでる場合じゃないぜ。金井カマキリは斧《おの》を持ち上げる。安田さんはほほえんで言った。

「一緒につくりましょうか」

わたしたちはお風呂が好きだから、いろんなお風呂に入る本はどうだろう。湯けむりの先にある歴史の真実を紐解く。最高に気持ちよくて、まじめな本をめざすのだ。首を洗って待っていろ、歴史修正主義！　こうして金井カマキリと安田さんは斧の先にバスタオルを引っかけて旅に出たのであった。

もくじ

第1章

ジャングル風呂と旧泰緬鉄道

タイ

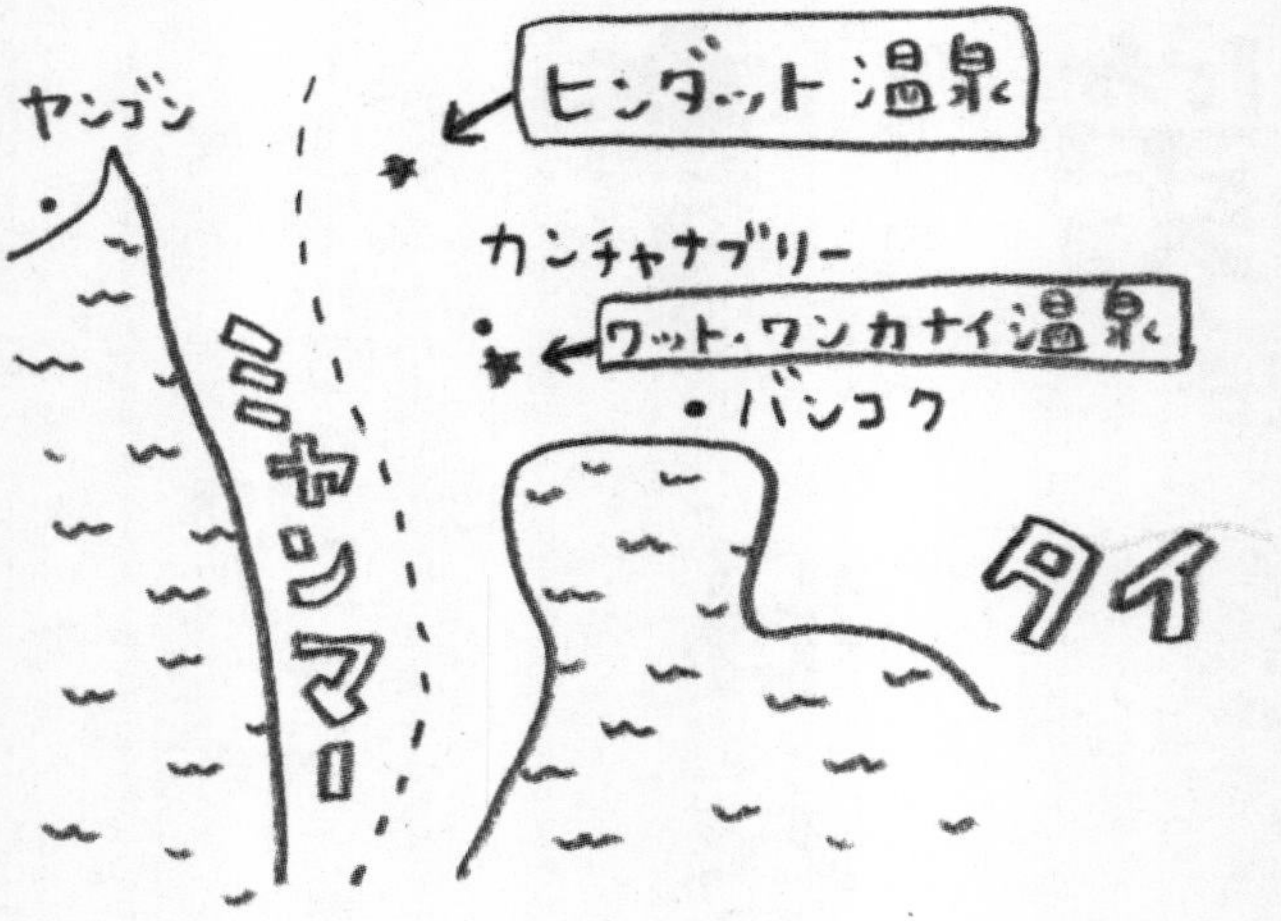

めざすは野趣満点のジャングル風呂！
日本軍が敷設した旧泰緬鉄道に乗って
タイ中部の街カンチャナブリーに向かった。
映画『戦場にかける橋』の舞台となった場所で
日本兵の所業を目の当たりにし、
理不尽に奪われた命を思ってうなだれる。
一方、南国の光のなかで温泉は輝いていた。
木々の緑濃く、ぬるめのいいお湯。
タイの今と昔をたどる旅がはじまる——

秘境・ヒンダット温泉

その温泉は、ジャングルの中にあった。

分厚く茂った熱帯雨林の間を縫うように清流が走り、川際に沿ってコンクリートで仕切られた大きめの浴場がふたつ、ぽかんと口を開けている。何の飾り気もない、野趣に富んだ川原の露天風呂だ。

ヒンダット温泉——タイ中部の街カンチャナブリーからバスに揺られて約3時間。ミャンマー国境近くに位置する天然温泉である。

頭上で鳥がさえずる。川のせせらぎが響く。樹々が香る。金粉でも振りまいたかのような南国の強い日差しが、温泉場全体を踊るように照らしていた。

すでに先客たちが弛緩しきった表情で湯に浸かっている。大自然に溶け込んでいる。気持ちいいだろうなあ。一刻も早く汗染みのできたシャツを脱ぎ捨てて、湯の中に飛び込みたくなった。

さあ、温泉が待っている。湯けむりが呼んでいる。

極楽は目の前だ。

「死の鉄道」に揺られて

温泉にたどり着くまで、長い時間を要した。

金井真紀さんと落ち合ったのは、タイの首都バンコクだった。チャオプラヤー川西岸、野菜や果物が整然と並べられた市場の脇に位置するバンコク・トンブリー駅から私たちの旅ははじまる。

朝7時50分。同駅始発の列車に乗り込んだ。

出発を急かすホイッスルの甲高い音を合図に、列車はガタンと小さく揺れた。ゆっくり動きだす。ディーゼルエンジンの轟音に気圧《けお》されたかのように、窓の外でプラットホームが静かに後ずさりする。定刻通りの出発だ。

西へ約110キロメートルの距離を3時間かけて、まずはカンチャナブリーに向かう。

家屋が密集する市街地を抜けると、列車は速度を上げた。レールの継ぎ目に合わせて床が軋《きし》む。風景が流れた。車内に冷房の設備はない。開け放した窓からエンジン音と一緒に南国の湿った風が踊り込む。

もう何十年も走りつづけているのであろう古い客車は何の飾り気もなく、背もたれの高いボックスシートを規則的に並べただけの巨大なかまぼこを連想させた。私たちが乗り込んだ先頭車両には、観光客と思しき欧米人のグループ以外に乗客の姿はない。

緑の波がうねる農村地帯を列車は行く。

車窓に額を当てるようにして、のどかな景色を視界に収めた。バナナの木。ヤシの木。マンゴーの木。常夏の陽を浴びた樹木がゆっくりと後方に去っていく。

ガタン、ガタン、ゴトン。規則的な車輪の響きも心地いい。心が躍る。温泉地に向かっているのだという高揚に身を任せた。

私はもともと鉄道が好きだ。内気で引っ込み思案だった子どものころから、列車は、いまある場所から逃れるための希望だった。跨線橋《こせんきょう》の上から通り過ぎていく列車を眺めているだけで気持ちが落ち着いた。山の向こう側に、海を越えた場所に、トンネルのその先に、知らない町があるのだと想像することで、生きていく理由を見つけることができた。

おとなになったいまも、それは変わらない。

車窓からタイの田園風景を眺めているだけで、はしゃぎたくなる。体を小突くような車体の揺れも、未知の世界へ導く躍動のリズムに思えた。

強制労働と虐待

だが──バンコクから遠く離れていくうちに、なんとも言えない居心地の悪さが、胸の中で小さなシミをつくる。拭っても消えることのない黒点が徐々に広がる。じわりじわりと襲ってくる圧迫感の正体は、私たちをカンチャナブリーへとつなぐ鉄路の来歴にあった。いまはタイ国鉄のナムトック支線と呼ばれる路線は、かつての「泰緬《たいめん》鉄道」である。第二次世界大戦中の話だ。インド侵攻作戦を計画する旧日本軍は、タイとビルマ（現・ミャンマー）を結ぶ鉄道を建設した。総延長４１５キロメートルに及ぶこの路線こそが、泰緬鉄道だ。

　戦争という特殊な状況下、迅速な建設を迫られた日本軍は、20万人を超える労働者を集めた。動員されたのは、オーストラリア兵や英国兵など連合国軍の捕虜と、アジア各国から徴用された「ロームシャ（労務者）」とも呼ばれた労働者である。日本軍は沿線各地に収容所を設けたうえで、これらの人々を強制労働に駆り出したのだ。

　1年数カ月と定められた無茶な工期のために、労働は過酷を極めた。連日、夜を徹した突貫工事が進められた。鉄道は１９４３年に完成したが、飢えや疲労、伝染病（工事が雨季にかかったため、不衛生な労働環境や労働者の体力低下も相まってマラリア、コレラ、アメーバ赤痢などが大発生した）、日本軍の監督者による虐待で、じつに約1万２０００人の捕虜と数万人（実数不明）のアジア人労働者の命が奪われた。使役する側であった日本軍（朝鮮半島出身者を含む）からも伝染病による死者を出している。

　日本という国家が抱えた暗部である。れっきとした戦争犯罪だ。

だからこそ、タイ国内はもとより英語圏でも、泰緬鉄道（Thai-Burma Railway）ではなく、死の鉄道（Death Railway）と呼ばれることが多い。

つまり私たちは血塗られた記憶を持つ鉄路に揺られていたのだった。

車窓に映るのは、どこまでも穏やかで間延びした風景だ。戦争の傷跡などみじんも見ることはできない。だが間違いなく、枕木の下には、一方的に生を断絶された人々の苦痛と無念が埋められている。

列車は走る。陽に輝く南国の農村を。斃《たお》れた人々の上を。

私たちがカンチャナブリーまでの交通手段として、一般的に利用されるバスではなく、あえて本数の少ない鉄道を選んだのは、こうした歴史を直視するためでもあった。もちろん、私の鉄道好きといった理由がないわけじゃない。

温泉と日本軍の関係

「本当にひどいことしたんだよね、日本人は」

窓から吹き込んでくる風に髪の毛を巻き上げられながら、金井さんがそう漏らした。

この日まで、金井さんは泰緬鉄道に関係するいくつかの書籍に目を通してきたという。戦争の理不尽が生み出した狂気と悲劇に憤《いきどお》り、命を落とした人々に思いを寄せてきた。泰緬鉄道に関してさほどの知識を持たない私に、さまざまな情報を伝えてくれたのは金井さんだった。さらにタイの温泉地を訪ねると決めたとき、タイ国内にいくつかあった候補地のなかから、ジャングルに囲まれたヒンダット温泉を選択したのも金井さんである。

〝南国と温泉〟という組み合わせに対照の妙を感じたのも事実だ。だが、それ以上に私たちの関心を盛り立てたのは、ヒンダット温泉が鉄道建設を指揮した日本軍によって整備されたという話が残っていたからだった。

カンチャナブリーに駐留していた日本兵が、キャンプの設営地を求めてジャングルを歩き回っていた際、溪流沿いに湯が湧き出ている場所を発見した。そこに湯舟をつくり、川原の露天風呂として整備したというのだ。つまりヒンダット温泉は、旧日本軍の保養地だった。

だから——日本の足跡を、直接に目にしたかった。

私たちは、日本が引き起こした暗い影を胸の中に従えて列車に飛び乗ったのだ。かつての「加害国」の一員として。

犯した過ち

泰緬鉄道の悲劇は、けっして過去のこととして忘れられてはいない。タイではいま、

「死の鉄道」を国連教育科学文化機関（ユネスコ）の世界文化遺産に登録する動きが本格化している。日本軍によっておこなわれた残虐行為をしっかり記憶にとどめるためだ。だが、一応は〝親日国〟と言われるタイとしては、日本に対する一定の配慮も手伝って、ユネスコへの登録申請に、「死の鉄道」なる表現を使うべきかどうか、激しく議論されている。

日本国内でもこれに呼応し、「インフラ設備に尽力した日本」といった美しい物語に収めようとする動きがある。加害と失敗の歴史を美談に塗り替える、いつものアレだ。

少なくとも「加害」に関係する側が名称のあり方に口を出す問題ではなかろう。鉄道建設で多くの人々が命を落としたのは事実なのだ。技術力を誇示した「日本スゴい」の物語は成立しない。泰緬鉄道建設は支配と服従の関係によって犠牲者を出した。疑いようのない強制労働だ。

食糧不足による栄養失調で斃れる人がいた。コレラやマラリアで斃れる人がいた。日本軍の私的制裁で斃れる人がいた。鉄道建設にともなう犠牲者は、動員された労働者の約半数とも言われている。こんなバカげた工事があるだろうか。戦時下の捕虜に対する虐待を禁じたハーグ陸戦法規やジュネーヴ条約にも違反していたことは明白だ（実際、戦後に同法違反で日本側関係者は処罰された）。

この史実はけっして塗り替えることのできない記憶として、多くの人の胸に刻印されている。私たちはそれを忘れず、犠牲者の無念に寄り添うしかない。

そもそも泰緬鉄道は地元の人々の利便性を考えてつくられたものではないのだ。あくまでも「侵攻作戦」のひとつだった。日本軍のためにつくられた。亡くなった人々からすれば、他国の軍事作戦に協力させられ、過酷な労働を強いられたうえで命を落とす理由など、あるわけがない。これっぽっちもない。

ガタン、ガタン、ゴトン。「死の鉄道」は進む。足元から伝わってくる響きは、命を賭した者たちによる建設の槌音のようにも聞こえる。

クウェー川鉄橋に到着

私たちは車内で弁当や飲み物を売って回るおばさんから、発泡スチロールの器に盛られた果物を買った。夏みかんにも似たその柑橘は、地元ではソムオーと呼ばれている。皮がきれいに剝がされた大ぶりの身は、背を丸めた芋虫のような形で器の中に横たわっていた。口の中に放り込むと、甘みと苦みが同時に広がった。

暗い記憶を抱えながら、それでも生き延びた鉄路を思った。

田畑を横切り、山間を抜け、いくつかの小さな駅を過ぎたころ、列車は徐々にスピードを落としていく。

昼少し前。列車は息切れしたようなディーゼルの排気音をあげながら、カンチャナブ

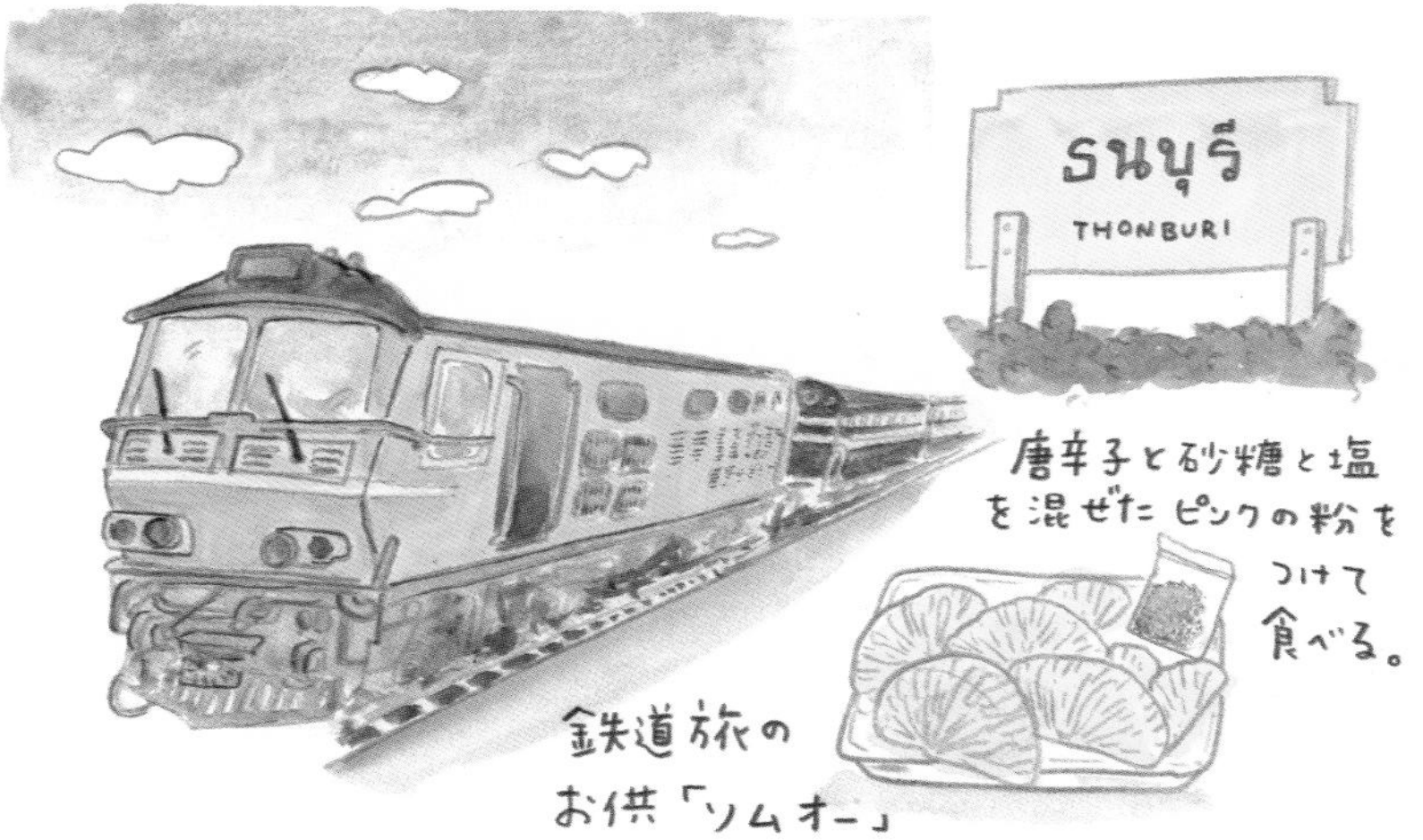
ธนบุรี
THONBURI
唐辛子と砂糖と塩を混ぜたピンクの粉をつけて食べる。
鉄道旅のお供「ソムオー」

リー駅のプラットホームに滑り込んだ。

駅の出口を抜けると、緑と陽光に包まれた街並みが広がっていた。

騒音と排気ガスに満ちあふれた近代都市バンコクとはちがい、たくさんの街路樹が、空気に瑞々しさをあたえている。一気に体の中が洗浄されたような気持ちになった。高層ビルや大型ショッピングセンターで空が塞《ふさ》がれることもない。澄みわたった青空から惜しみなく陽射しが注がれ、反射光が街路全体を明るく照らしていた。

〝泰緬鉄道の街〟として広く内外に知られ、エラワン国立公園など山岳リゾートへの入り口としても機能しているカンチャナブリーの街は観光地らしく、適度に通俗的で、適度に落ち着いたたたずまいを見せていた。

駅に近い地域には安宿が軒を連ねている。

車窓から見えた
マンゴーの木。
黄緑色の楕円がブラブラ
揺れていた。
Mango Smoothie

そこに集まる観光客を待ち受けるように、道の両端に、数百円もあればじゅうぶんに満腹感を得ることのできる食堂が並んでいた。ちなみに私たちがカンチャナブリーで最初に入った食堂で頼んだカオマンガイ（茹で鶏が添えられた米料理）は日本円で１５０円程度だった。感謝したいのは安価であることではなく、鶏の茹で汁がしっかり溶け込んだ米が、観光客目当ての店でありながら、思いのほか美味《おい》しかったことだ。口の中にゆっくりと広がる優しい味は、タイの人々の控えめで、はにかんだような笑顔を思い起こさせた。

通りには、たくさんの食堂に挟まれるように、マッサージ店やゴーゴーバー（女性の連れ出し可能な一種の風俗店）が混ざる。バックパッカーのたまり場として知られるバンコクのカオサン通りを、小規模に、そしてやや簡素化したような街並みだった。

通りを抜けて街のはずれに向かうと、悠々と流れるクウェー・ヤイ川に突き当たる。カンチャナブリーでもっとも人が集まる観光スポットだ。

河川敷の公園に近づくと、大きな橋が視界に飛び込んできた。

それが「死の鉄道」の象徴的な存在ともいえるクウェー川鉄橋だった。

金井真紀

「戦場にかける橋」にて

かつて、映画『サウンド・オブ・ミュージック』の舞台となったオーストリアのミラベル庭園に行ったとき、わたしは「ドレミの歌」を口ずさみながらスキップせずにはいられなかった。名シーンを再現するベタな観光客。

で、今回は『戦場にかける橋』の舞台、クウェー川鉄橋である。口笛で「クワイ河マーチ」を吹きながら行進を……ううう、とてもそんな気にはなれない。

『戦場にかける橋』は1957年に公開され、アカデミー賞で7部門を制した英米合作の大ヒット映画だ。監督はイギリスの名匠デヴィッド・リーン。第二次大戦中、日本軍の捕虜となったイギリス人兵士らが泰緬鉄道敷設の過酷な労働に従事させられた史実を下敷きにしている。捕虜の人権を無視していばりちらす日本人の大佐――早川雪洲演じる「サイトウ」という男が、まーあ憎たらしい。で、その拷問にも懐柔にも屈することなく、のびのびと振る舞うイギリス人将校ニコルソンがとってもクール。アレック・ギネスはこの役で主演男優賞をもらった。

のどかな景色からは想像もつかない過去を持つクウェー川鉄橋

映画の中で、鉄道敷設の最大の難関として描かれるのが幅250メートルのクウェー・ヤイ川に橋をかける大工事だ。ふんぞりかえったサイトウの言うことなんて誰も聞かないのだけど、ニコルソンがリーダーシップを発揮するとイギリス人捕虜たちは俄然やる気を出す。クワイ河マーチを口笛で吹きながら意気揚々と行進し、無事に橋の工事を完了させるのだった。

その場所には、いまも橋が残っている。どころか、毎日その上を旧泰緬鉄道、現ナムトック支線が通過している。戦後、補強工事を施したとはいえ、当時の橋がそのまま使われているのだ。列車が通るのは1日数回だけで、その他の時間帯は橋の上を自由に歩くことができるらしい。というわけで世界の映画ファンも、鉄道ファンも、カンチャナブリー駅で降りたらかならずクウェー川鉄橋をめざすのである。

「橋を列車が通過するタイミングで写真を撮ろう！」

撮り鉄を自称する安田浩一さんも張り切っている。わたしたちは宿で自転車を借りて、鉄橋へ向かった。白茶けた一本道。南国の日差しがジリジリと照りつける。

クウェー川鉄橋は、のどかな観光地だった。周りにはお土産物屋さんや飲食店が立ち並び、客待ちのトゥクトゥクの座席で運転手さんが昼寝をしている。そのゆるい雰囲気のなかで、わたしの心は沈んでいった。

橋の横にある金属のプレートに、この泰緬鉄道の工事で命を落とした人の数が刻まれていた。マレーシア42000、ビルマ40000、イギリス6904、インドネシア2900、オーストラリア2802、ドイツ2782……。あぁ、ここで。日本軍は取り返しのつかないことをしたのだ。暗い気持ちで、その数字を指で撫でる。

アジア各地から無理やり連行された「ロームシャ」の死者数が桁《けた》ちがいに多い。彼らは食べるものもろくにあたえられず、病気になっても放置された。大量の命が次から次に使い捨てられたのだ。ロームシャのなかには、自分が連れてこられた場所がどこなのかさえ知らずに死んでいった人も多かったという。

命からがら終戦を迎えることができても、そのあとがまた悲惨だった。連合軍の捕虜たちは解放され、日本軍は引き上げ、ロームシャだけが残された。故郷に帰る金も方法も持たず、縁もゆかりもない土地で一生を終えた元ロームシャも少なくない。そんな人生ってあるだろうか……。

プレートのいちばん下の行に、「ジャパン、コリア1000」とある。死者数がまとめてあるのは、朝鮮半島は当時日本の植民地だったため。イギリス人捕虜の日記を読むと「コリアンガード」という単語がしょっちゅう出てくる。日本軍は、多くの朝鮮人兵士に捕虜を監視する役目をやらせたらしい。

はぁ、とてもじゃないけど、のんきにクワイ河マーチなんて歌ってる場合じゃない。

戦争博物館でうなだれる

「いまから1時間20分後に列車が来るらしいよ」

鉄道員の詰所に列車の通過時刻を確認しにいった安田さんが戻ってきた。

「それまで、博物館を見てようか」

橋のたもとにあるJEATH戦争博物館（JはJapan、EはEngland、AはAustralia、TはThailand、HはHollandの頭文字を指す）の門をくぐる。

前庭にどーんと日本軍の汽車が置かれていて、いきなり圧倒される。当時、軍用物資を運んでいた錆だらけの古びた貨車に、妙に新しい日の丸がかけられていて、そのギャップ

JEATH戦争博物館にあった
日本兵と捕虜の人形。あばら骨…。

が生々しい。でもそんなのは序の口。入館料を払って博物館の中に足を踏み入れると、生々しいなんてもんじゃなかった！

薄暗くてひんやりしている展示室は、無人。そこに日本軍の銃、日本軍の刀、日本軍の軍服、日本軍のジープ、飯ごう、水筒、ヘルメット……。

「なんか、背中がぞわぞわしますね」

「うん……」

日本軍の遺物に、わたしと安田さんの声が吸い込まれていく。

いちばん怖かったのは、鉄道工事に従事させられている捕虜たちの等身大の人形だった。石膏でできた人形たちは裸同然。肋骨が浮き、足や腕はやせ細り、ヒゲが伸び放題だ。その悲惨な姿で、ある者はツルハシを振り上げ、ある者は石を運んでいる。ううう。捕虜たちのうめき声が聞こえてきそうだ。
館内の表示は基本的にタイ語と英語だったが、ところどころに日本語で書かれた展示物があり、それらは自然と目に入ってくる。ある日本語の解説文を読んで、わたしはがっくりとうなだれた。

1944年11月28日、午後2時過ぎ、空襲警報が出されました。連合軍の飛行機がカンチャナブリー県上空を西へ向けて飛行しているという内容でした。日本軍は数百人の捕虜を集め、橋の上で列を作り連合軍の飛行機に対して歓迎の意を表すために手を振らせようとしました。しかし日本軍の本当の考えは、連合軍の飛行機は捕虜を見て爆撃を止めるだろうというものでした。しかし、そのあてははずれました……。

ルシアン・エルコラニなる連合軍のパイロットは鉄橋を目がけて正確に爆弾を投下した。そこに人がいるかどうかなんて、ましてそれが同胞かどうかなんて、見分けられない状況だった。数百人の捕虜たちは、友軍によって殺されたのだ。クウェー川は真っ赤に染まったという。なんとむごい話だろう。爆撃に備えて捕虜たちを橋の上に立たせてみようって考えた日本人、鬼か。
博物館を出ると、空の青さが目にしみた。あまりにも気持ちがどんよりして、もう帰りたいとすら思ったが、いよいよ撮り鉄タイムが近づいてきて安田さんはやる気満々。

「どの位置で列車の通過を待つべきか、悩むなぁ」

その声に背中を押されて、またクウェー川鉄橋に戻った。

全長約300メートルの橋の上は、世界中からやってきた観光客で賑わっていた。耳に入ってくるのは英語、ドイツ語、フランス語、中国語……。みんなうれしそうに記念写真を撮っている。線路をまたいでピースサインのご婦人。身を寄せ合って自撮りするカップル。ギターを手に路上ライブをしているタイ人の少女と、それを取り囲むオーストラリア人のグループ。あぁ、なんだか平和っぽい。

橋の真ん中あたりに、手すりを背にしたおじさん4人組がいた。韓国語で、

「おれが撮るよ」

「いいよ、おれが撮るからみんなそこに並べ」

みたいに言い合っていたので、つい声をかけた。

「あの、よかったら撮りましょうか」

「おぉ、ありがとう」

4人がいっせいにニコニコしてくれる。そして当然のように、

「日本人ですか」

と質問された。はい、日本人です。ほんとにもう、なんて言ったらいいのかわからない

カメラとスマホの二刀流で撮りまくる安田さん

けど、日本人なんですよ。78年前に日本人がしたことの重さを持て余しているわたしの気持ちを知ってか知らずか、韓国のおじさんたちは「東京から？　そうですか」なんてのんきにうなずいている。

4人並んだ写真がうまく撮れて、「カムサハムニダ。よい旅を！」よその国の人と明るく話すことができて少しホッとする。

ゴーーーー……

そうこうするうちに、ついに列車がやってきた。線路上を歩いていた人たちは橋の途中の安全地帯に急いで移動して、列車スレスレのところでカメラを構える。安田さんは？と見ると、背景に川面が入る好位置に陣取って、カメラとスマホを2台持ちしてバシャバシャとシャッターを切っていた。

列車はゆっくりと橋を渡り、ジャングルのほうへ消えていった。あとはまた、かんかん照り。

カメラをしまった安田さんは、満足げにほほえんだ。

「任務完了」

さてと。それじゃ自転車を漕いで街に戻りますか。

明日はいよいよ温泉だ。

ヒンダット温泉をめざして

カンチャナブリーのバスターミナルは町の中心部にあった。バンコクやチェンマイに向かう長距離路線と、近郊の街へとつなぐ近距離路線の乗り場がごちゃごちゃに配置されていた。せわしなく人が行き来する。バスの発車を告げる甲高い声が飛び交う。穏やかでのんびりした時間の流れるカンチャナブリーにあって、この場所だけは活気と喧騒に満ちていた。

この日は通訳としてバンコク在住の日本人Sさんにも同行いただいた。元体育の教師で、リタイア後にタイへ移住したというSさんは、細身だけれどTシャツの袖口から伸びた腕は筋肉で覆われ、真っ黒に日焼けしている。タイはもとよりアジアの社会情勢をわかりやすく解説してくれる知性の人でもあった。なんとも心強い。

朝8時半。金井さん、Sさん、私の3人はミャンマー国境に向かうバスに乗り込んだ。めざすヒンダット温泉は国境よりもわずかに手前の山の中にある。

そのせいだろうか、車内は私たち以外のほとんどが、ミャンマーからの出稼ぎ労働者と、国境近くに生活する少数民族モンの人々だった。路線バスとはいえ、途中で客を拾うことはほとんどなかった。山間の一本道をただひたすら走るルートは、眠気を覚えるほどに退屈で、そして快適だった。

国境近くでバス内に走る緊張

温泉地まであとわずか、といった地点で突然にバスが止まった。いや、正確に表現すれば、バス停でもない場所で停止させられた。

運転席脇のドアが開き、乗り込んできたのは制服姿の男たち。Sさんによると彼らは非正規滞在者の取り締まりに当たるイミグレーションの職員だという。つまりは〝抜き打ちチェック〟だ。

それまで心地よい振動によって睡魔に支配されていた車内が、たちまちピリピリした空気に包まれた。緊張が走る。不安げな表情を浮かべているのは、ミャンマー人の出稼ぎ労働者たちだった。どこの国でも外国籍の人間にとって平時は長く続かない。

日本において、タイは労働者の送り出し国として認知される。80年代から、主に女性たちが飲食店で働くために渡日した。悪質なブローカーによって、人身取引の被害にあった人も少なくない。これまで私もそうした女性たちを取材する機会が多かった。出稼ぎの動機のほとんどは貧困である。日本という金持ち国に行けば、確実に富を手に入れることができる。多くの人がそう信じて渡日した。希望が絶望に変わる瞬間がくるまで、出稼ぎにきたタイ人にとって日本はアジアの中でもっとも輝く存在だった。

だが、今世紀に入ってからタイの経済も急速に成長し、主要先進国に近づいてきた。すると人の流れにも変化が見えるようになる。労働者の送り出し国だったタイが、受け入れ国としての役割も担うことになったのだ。ミャンマー、ラオス、カンボジアといった近隣のより貧しい国々から、仕事を求めてタイをめざす人が増えた。なかには正規の手続きを経ることなく、入国を果たす人たちだっている。タイの治安当局はそれを警戒している。そこで、国境近くではこうした取り締まりが頻繁におこなわれているのだ。

富を得ると人は守りに入る。それは国家も同じだ。安価な労働力は小さな歯車でしかない。不必要になれば捨てられる。運が悪ければ罰せられる。

イミグレーションの職員は険しい表情を浮かべながら、バスの前列に座る乗客から順番に身分証やパスポートを提示するよう求めた。やましいところがあろうがなかろうが、けっして心地よさを覚えるシーンではない。私も指図されるままにパスポートを差し出すと、職員は一瞥《いちべつ》しただけで投げるように返した。

乗客の中でただひとり、バスを降ろされた者がいた。朴訥《ぼくとつ》そうな顔をしたミャンマー人の青年だった。定められた滞在期限が過ぎていたのか、許可なくタイに滞在していたのだろう。青年と係官との間で軽い問答があった後、彼はうなだれたまま荷物を抱えて車外に消えた。おそらく、彼はこれからイミグレーションの取り調べを受けることになる。バスはあと1時間も走れば、国境に着く。そこまで行けば、あるいはイミグレーションの職員を振り切って逃げることができたかもしれない。国境を越えれば、きっと彼の家族が待っている。あとわずか、あと少しのところで青年はつまずいた。

そのくやしさを共有するかのように、車内に重たい空気が流れる。

川原の極楽露天風呂

めっきり口数の少なくなった乗客を運ぶバスは、さらに山道を進み、私たちの目的地であるヒンダット温泉に到着した。カンチャナブリーを出発してから2時間半の道のりだった。

バス停の周囲にはほとんど何もなかった。国境へと続く道路の両脇には密林が茂り、小さな商店とわずかばかりの家屋が並んでいるだけだ。こんな場所のどこに温泉があるのかという疑念を吹き飛ばしてくれたのは〈温泉入り口〉を示す看板だった。私たちは確信を持って密林の中へと延びる小路を歩く。

炎天下、緩やかな坂道を10分ばかり歩いたところで、ようやくヒンダット温泉の入場門にたどり着いた。

密生した木立のその先で、風景がひらけた。ひだまりが浮かんでいる。渓流が走っている。南国の強烈な日差しが水面に躍りかかり、極彩色のオアシスをつくりあげていた。そして川原には――温泉だ。風呂だ。川原の露天風呂だ。

「おお！」タイの温泉は初めてというSさんも含めて、3人同時に感嘆の声をあげた。

直射日光を浴びつづけて疲弊を覚えた体に、生気が蘇る。バスの中での不快な出来事も、この温泉が侵略者たる日本軍の手によってつくられたという予備知識も、すべてが吹き飛んだ。温泉と出会った瞬間は、風景に弄《もてあそ》ばれるしかない。

折り重なるように茂った緑の木々が、湿った風を受けてざわざわと揺れる。川のせせらぎが心地よく耳に響く。川原に目を転じれば、コンクリート製の浴場がふたつ、渓流に沿ってぽかんと口を開けていた。

渓流と浴場は隣り合わせになっている。日本では浴槽やプールの縁を水平線の高さに合わせた構造の「インフィニティ様式」が流行っているが、ここはまさに「一体化」といってもよいだろう。川の水と温泉が「相互乗り入れ」できるほどに隣接している。絶妙の配置が気持ちを高揚させるジャングル風呂だ。

さあ、ひとっ風呂。足早に券売所に向かうと、不意に目に飛び込んできたのは、なんと、ロシア語の看板だった。

〈モスクワまで5166キロメートル〉

熱帯雨林と「モスクワ」の奇妙な組み合わせは、しかし、券売所を訪ねて担当者に話を聞くことで合点がいった。

「ロシア人観光客が多いんですよ」

そう教えてくれたのは従業員のビヤックさん（44歳）である。

「以前は地元の人だけで賑わっていたのですが、最近は外国人の利用も増えました。ベトナム人も韓国人も、もちろん日本人も。なかでも、もっとも多いのがロシア人なんです」

北国の人々はバカンスを「暑い国」で過ごすことが多い。ロシア人にとって、タイは人気の観光地だ。

「SNSでヒンダット温泉が話題となり、一気に拡散されたようです。連日、観光バスで多くのロシア人観光客がここを訪ねてきます」

ジャングルの湯はロシアンバブルに沸いていた。

「体のすべてにいい」温泉

ビヤックさんによれば、温泉はミネラル成分を大量に含むため、「健康の増進に役立つ」のだという。とくにどのような効能があるのか。私は重ねて聞いた。

「全部。体のすべてにいい」

ざっくりとしている。しかし曖昧なその物言いが、余計に私の期待をふくらませた。

私たちは60バーツの入場料（外国人価格。日本円で約200円。タイ人は20バーツ）を支払い、温泉場に入った。

渓流に面した温泉は混浴である。水着着用がルールだ。ベニヤ板で男女を分けただけの簡易な更衣室で私たちは水着に着替え、浴場に向かう。

コンクリートで周囲を固めただけの浴槽は、幅10メートル、長さ20メートル程度の大きなものがふたつ。どことなく小学校のプールを連想させた。すでに20人ほどの「先客」がいた。この日、入湯客のほとんどがタイ人だった。

木漏れ日も美しい大露天風呂

湯は薄い緑色をしていた。あるいは密林の樹木が映えて、そう見えるのかもしれない。おそるおそる足を入れ、徐々に体を沈めていく。

湯はさらりとした感触ながら、肌に優しい〝ぬめり〟を持っていた。ゆっくりと、じわじわと絡みつくような粘度は、アルカリ温泉の特徴である。水温はおそらく40度をやや下回る程度であろう。南国にふさわしい適温だ。

それにしても、なんと野趣に満ち満ちた露天風呂であろう。熱帯雨林に囲まれ、浴槽の縁に沿って渓流が流れる。大自然が体全体を包み込む。

深呼吸する。湯面の湿った空気と、ジャングルの清涼な空気が同時に体内を巡る。五臓六腑に染みわたる。湯治客が発するタイ語のアクセントが音楽のように流れ、それに合わせるかのように鳥のさえずりがリズムを刻む。川面から吹く風が頬《ほほ》を撫でる。

これだ。極楽だ。温泉の、露天風呂の、他に喩《たと》えようのない醍醐味だ。自分自身が自然の一部となって、風景に溶け込んでしまいそうな快楽に身を任せる。

「体のすべてにいい」。ピヤックさんの言葉は、たぶん嘘じゃない。浸かっていると、少しずつ筋肉が緩んできた。こりがほぐれ、揉《も》みしだかれたように、体全体が弛緩する。

ちなみに湯の深さは大人の胸くらい。湯舟の底に尻をつければ溺《おぼ》れてしまう。立ったままで浸からなければならない点だけが残念だった。

錦糸町のサウナのように

のぼせそうなくらいに体が火照《ほて》ってきたら、周囲の人の行動に合わせればよい。そう、そのまま横を流れる渓流に飛び込むのだ。清冽な水の流れが、あっという間に体の熱を取り去ってくれる。冷熱の繰り返し。私にとっては、通いなれた錦糸町のサウナと同じだ。

これがまた気持ちいい。温泉で体をほぐし、川の水で引き締める。こうすれば何時間でも露天風呂を楽しむことができるではないか。私は浴槽の縁をまたぎ、幾度も水温の変化を楽しんだ。

ヒンダット温泉には水着着用の他に、もうひとつのルールがある。髪の毛や体を洗うのは、川の中と定められているのだ。つまり、渓流は洗い場でもある。人々は川に飛び込んで体をごしごし、シャンプーで髪の毛をざばっ。きれいに洗い流した後に、浴槽へ戻る。

ドイツに憧れる青年

温泉は、人と人との間の垣根をなくす。しょせんが裸(水着はつけているが)。究極の非武装だ。初対面であっても、ついつい、非武装の同志たちに話しかけたくなる。

「気持ちいいですよね」

無遠慮な私の問いに、にっこりと優しい笑顔を返してくれたのは、まだ少年の面影を残した青年だった。ワシラさん(23歳)。自転車店で働いているという。サムプラカーンという町から、祖父母や姉と一緒に車で来た。

「お風呂が大好きなんです。ここは湯温がちょうどいい。長時間入っていられます」

首まで湯に浸かりながら、心地よさげな表情を浮かべていた。ワシラさんの両親はいま、ドイツで菓子職人として働いている。

「ぼくもいつかはドイツで働きたいと思っているんです」

彼はそんな未来を明るく語った。ドイツに憧れているのだという。

前述したように、タイは労働者の受け入れ国でもあり、送り出し国でもある。なかでも移民政策が整い、福祉政策も充実しているドイツは、タイ人には人気の出稼ぎ先だ。しかも、タイにとってドイツ人は観光客としてなじみ深い存在でもある。たとえば、ドイツからの訪日観光客は年間で約16万人程度だが、訪タイするドイツ人は約76万人にものぼる（2016年観光統計）。身近さという点で、タイとドイツにそれほどの距離はない。

そんなに温泉が好きならば、日本にだってたくさんあるのだからぜひ我が国に――そう言いかけて、思い直した。アジアからの労働者を安価な労働力としか見ないいまの日本社会は、出稼ぎを考えるタイの若者に、温泉の悦楽以外のものを提供することができるだろうか。少なくとも私には自信がない。

人生を楽しむ女性たち

話を聞きながらのぼせそうになったので、私は浴槽を離れ、渓流に身を沈めた。しばしのクールダウンだ。

イーティさんと並んで渓流に浸かる

私の横で髪の毛を洗っていたのがイーティさん（70歳）。同世代の女性たち5人と、4時間の道のりをミニバスに揺られて、ヒンダットまで来たという。

「ここはタイで一番の温泉よ」とイーティさんが自慢げな表情を見せる。タイ国内には他にも温泉地があるが、ヒンダットの湯は「特別」なのだとか。

「この温泉は脂肪を溶かしてくれるの」

そう言いながら、自らのふくよかな体を、ぽんぽんと手で叩いた。なるほど、溶けるのか。本当かな。本当だったらいいな。私も海水パンツからだらしなくはみ出した腹の肉を指でつまみ、「溶けろ、溶けろ」と念じた。

一緒に来た女性たちは、イーティさん同様に、全員が独り暮らしなのだそう。

「だからこうして、みんなでおしゃべりしながら温泉旅行するのがなによりの楽しみ」

通訳のSさんによると、タイは単身女性が多い国なのだという。とくに農村部ではいまだ男尊女卑の傾向が強く、それゆえに男性に依存せず、未婚のままに生きていく女性も少なくない。また、離婚率も高く、婚姻にこだわらない人も多い。高齢となっても独り暮らしを続ける女性はけっして珍しくないのだそう。

イーティさんも、おそらく何かの理由があって「ひとり」を生きているにちがいない。だがそれは、けっして孤独を意味するものではないだろう。なによりも、温泉ではしゃぐイーティさんたちのグループは、本当に楽しそうだった。浴槽と川を行き来しながら、おしゃべりが絶え間なく続く。互いの体にタナカ（樹木を主原料とする天然の化粧粉）を擦り込んでは、けらけらと笑う。温泉のなかで、幸せが弾けていた。

誰もが等しく悦楽を味わう場所

そういえば、ここには難しそうな顔をした人がどこにもいない。いや、温泉とはそういうものなのだろう。溶けるのは脂肪だけじゃない。苦痛も不安も洗い流す。やり過ごす。森と川の精を吸い込み、ぎらつく陽の光を受け止め、大地が産み落としたばかりの湯に身を任せる。

「すべてにいい」。教えてもらったいい加減な効能を、私はさらに頭の中で繰り返した。若い女性が、年配の男性が、みんな同じように悦楽を味わっていた。

車椅子でやってきた老婦人は、付き添いの家族に両腕を支えられて、ゆっくりと浴槽の中に身を沈めた。両脇を持ち上げられたときだけ、一瞬、苦痛にゆがんだ顔を見せたが、体を湯に収めると、穏やかな表情のままに目を閉じた。温泉が、不自由な足を癒してくれると信じているはずだ。温泉成分が全身に行きわたるように、身じろぎもしない。

解き放たれていた。

ここにいる人みんなが、それぞれが抱えているであろう重荷を放り投げていた。

人は忘れるために、逃れるために、ときに諦めるために、そして少しばかりの希望を期待して湯に浸かる。ジャングルの秘湯で笑顔を見せる人々を見ながら、私は理屈を超えた温泉の効能を思った。

青年がドイツ行きの夢を叶えることができますように。ひとりを生きる女性たちの幸福が続きますように。おばあさんの足の痛みが和らぎますように。この際だ、バスから降ろされた出稼ぎ青年も、ちゃんと家路につくことができますように。

いいことがあるかもしれないし、ないかもしれない。どんな未来であっても、小さな希望が私のなかから消えませんように。

風がそよぐ。静かに森が揺れる。陽は踊り、川は流れる。湯が湧きつづける。

温泉場には永遠に続きそうな幸せが満ちていた。

女性は何を着ればいい？

ヒンダット温泉に入るため、わたしは20年前の水着を引っ張り出して持参した。これを着て海ではしゃいだのは20世紀のことだ。あれからずいぶん遠くまで来た。ぴょんぴょんと飛び跳ねたい気持ちは変わらないが、体形はずいぶん……。

ところが温泉に来てみると、アレレ、男性は水着姿だが、タイの女性たちは服を着たままお湯に浸かっているではないか。だいたいみんな、ゆるめのシャツと、てろんとしたズボン。野性味あふれる川の温泉だから、少々汚れてもかまわない普段着を身につけているようだ。

「さてと、まずは着替えますか！」

海水パンツを持って意気揚々と更衣室に向かう安田さんと通訳のSさんを横目に、わたしは迷った。予定どおりセパレートの水着を身にまとい、腹肉を露出して温泉に入るべきか。いや、他の女性がみんな服を着ているなかで、ひとり腹肉は憚《はばか》られる。郷に入っては郷に従え、ここは服のまま湯に浸かるべきだろう。

しかし着替えを持ってきていないので、湯浴みの後はびしょ濡れで帰路につく羽目にな

水着にTシャツという格好でぬるめの湯を満喫

る……。

　結局、水着の上にTシャツだけ着ることにした。Tシャツなら濡れても着ているうちに乾くだろう。乾きにくそうな生地の厚い短パンは温存し、下半身は水着のまま太ももを晒《さら》す決意をする。

　こういうのはコソコソするとかえって恥ずかしいからね、堂々とするのがいいんだよね、と自分に言い聞かせながら、太もも丸出しで更衣室を出た。

　荷物を植え込みのところに置き、スケッチブックを入れたビニール袋だけ持って温泉に続く階段を降りていった。やや緑色に濁ったお湯に木漏れ日が反射して、光が踊っている。

　楽しげに笑い声を立てるおばさん軍団の横で、

「ちょっとぬるいけど、気持ちいいよー」

安田さんとＳさんがニコニコしていた。後れをとってはならじ、と急いでお湯に飛び込む。わー、ぬるぬるー。

スカーフのまま入浴するイスラム女性

濡れたＴシャツを肌に張り付けながらお湯を堪能していると、ふしぎなファッションの若い女性が目に入った。頭にスカーフを巻き、全身を覆う服を着て、そのままお湯に体を沈めている。おぉ、イスラム教徒も温泉に入るんだ！

イスラム教の戒律では、女性は髪や体のラインを露出してはいけないことになっている。男性もおへそから膝《ひざ》までを他人に見せない。敬虔な信者であれば、たとえ父と息子でも一緒に入浴することはない。だから日本に暮らすイスラム教徒の知り合いからは、

「温泉には行けないんだ。混浴じゃなくてもダメ」

「風呂なしアパートに住んでいたとき、銭湯に行くのが苦痛だった」

なんて話を聞いていた。

日本のように素っ裸で入る公衆浴場は、イスラム教徒には不向きなのだ。たとえ水着で入る温泉でも、ハードルが高いことに変わりはない。

その点、ヒンダット温泉はみんなもシャツとズボンの普段着だから、イスラム教徒も彼

らの普段着でお湯に入ればいいのである。いいねいいね。

スカーフの女性、よく見ると救命胴衣をつけている。わはは、そういうお風呂の入り方があるのか。溺れるほど深くはないけど、顔に水がかかるのが怖いのかもしれない。通訳のSさんとともにお湯の中をしずしずと近づいて、話しかけてみる。

彼女の名前はファリーダさん、25歳。バンコク在住で、メイクアップアーティストをしているという。

「今日は父、母、祖母、姉、義兄、姪《めい》っ子と一緒に温泉に来ました」

はにかみながら家族を指さすファリーダさん。後方には、イスラム教の格好をしたファミリーがニコニコとお湯に浸かっていた。3歳の姪っ子は温泉の淵からお湯に飛び込んでは、お父さんに抱き止めてもらって大喜びしている。

「祖母の通っている病院がこの近くにあって、通院の帰りによく一緒にここに寄ります。糖尿病で、膝も悪いんです。その病院は、西洋医学ではなくて薬草や食事療法で治療するの。だからわざわざバンコクから通ってきています」

仏教国のイスラム教徒

タイに暮らしてイスラム教徒でいるってどんな感じなんだろう?

タイは国民の94パーセントが仏教徒。大半の男の人は、一生に一度は出家するお国柄だ。わたしはこれまで「タイは仏教国だ」と決めつけて、そこで思考停止していた。ああ、なぜ残り6パーセントの人々のことを考えなかったんだろう。タイには昔からイスラム教徒もキリスト教徒もヒンドゥー教徒も暮らしているのだ。

タイのイスラム教徒を調べると、まっ先に出てくるのが「タイ深南部」。マレーシア国境に近い深南部3県はマレー系住民が多く、全人口の8割以上がイスラム教徒だという。この地域は、100年ほど前にタイ領に組み込まれ、タイ政府による厳しい同化政策を受けてきた。そのため分離独立を求める反政府組織の爆弾テロが頻発している。過去15年で7000人の死者が出ているとか。土地につけられた異名が「東南アジアの火薬庫」。これまで「ヨーロッパの火薬庫（バルカン半島）」と「中東の火薬庫（パレスチナ）」は聞いたことがあったけど、タイにも火薬庫があったとは。はー、世界はけっして一色ではないのだ。

さて、ファリーダさん一家に話を戻そう。彼女たちは深南部3県とは関係なく、何世代も前からバンコクに住むイスラム教徒だそうだ。

「バンコクにもモスクはあるし、ハラルのお店も多いし、イスラム教徒専用の土葬用の墓地もちゃんとあります。暮らしにくいってことはないです」

と穏やかに話すファリーダさん。

もちろん仏教徒の友だちもいる。一緒にプールに行ったり、豚肉料理を食べたりするこ

スカーフと救命胴衣を身につけて
入浴していた
ファリーダさん（25）
おばあちゃん
姪っ子

とはないけれど、それ以外は何の問題もない。

「タイって、いろんな場所に王様の写真が飾ってあるけど、イスラム教徒も飾るんですか？」

「イスラム教では偶像崇拝はしないけど、でも王様の写真だけはオッケーって思っているムスリムも多いですよ。もちろん写真をいっさい置かないムスリムもいるけど……」

とくに2016年に亡くなったプミポン国王（ラーマ9世）の肖像写真が人気、というのは多くのタイ人に共通するところ。タイ人であることとイスラム教徒であることはぜーんぜん矛盾しないのだった。

安田さんが、最後に質問した。

「ファリーダさんの夢はなんですか？」

「世界が平和になること」

おお、そういう答えか。

犬が、ムエタイの
かっこうをしていた。

安田さんがうれしそうに笑って、握手をしようと右手を差し出した。あ、でも、たぶん、イスラム教徒の女性は男の人とは握手しないんじゃないかな、と察してわたしが横から握手を奪った。

　お湯から上がった後、濡れたTシャツを絞って、そのまま着て帰った。30度を超す気温のおかげで、カンチャナブリーの街に帰り着くころにはすっかり乾いていた。ジャングルの中の温泉の、土のような草のようなにおいだけが、乾いたシャツに残っている。

土地の古老に遭遇

ジャングルの秘湯をたっぷり堪能した私たちは、来た道を戻った。

バス停まで続く緩やかな坂道を歩く。

午後の日盛りで、火照った体がさらに熱を増していく。汗で肌に張り付いたシャツを団扇《うちわ》のようにパタパタさせながら、風のなかにわずかに含まれる冷気を取り込んだ。

電柱のように素っ気ないバス停に近づいたとき、道路脇に面した民家の庭先に人影が見えた。

高齢の女性だった。一瞬、目が合い、軽く会釈した。そのまま通りすぎようと思ったが、足元で磁力のようなものが働いたのか、私たちはまるで申し合わせたかのように、そこで立ち止まった。

——ここに住んでいらっしゃるのですか？

おそるおそる尋ねた。

ぶしつけな問いに、女性はこくりとうなずいた。

83歳。この場所に35年間住みつづけているという。

温泉を楽しんだ帰りだと私たちが告げると、女性は静かにほほ笑んだ。

そうだ。どうしても気になることがあったのだっけ。私たちはジャングルの風景に気持ちが高揚し、風呂でのぼせ、南国の陽射しに思考を奪われ、大事なことを忘れていた。今こそ、目の前にいる地域の古老に、温泉の来歴を聞かねばなるまい。

――ヒンダット温泉は、いつ、誰によってつくられたのか知っていますか？

女性は即答した。

「昔から。大昔から」

ええ、そうなんでしょう。そうですよね。うなずきながら話の接ぎ穂を探しあぐねている私たちを気の毒に思ったのだろうか、女性は「伝え聞いた話だけど」と前置きしたうえで次のように続けた。

「もともとは小さな泉のように、川原の穴ぼこから湯が湧き出ていたんですよ」

ぼこっ、ぼこっ。石と石の間から、泡を立てて湯が噴き出している光景が目に浮かんだ。

そんな「小さな泉」を「温泉地」として整備したのは、やはり、進駐してきた日本軍だったという。

「戦争中はここにも大勢の日本兵が来たんです。リュックを背負ってね、このあたりを大勢で歩いていたらしい。そして川沿いに湧き出る温泉を見つけたんですよ。小さな穴ぼこが、わずか3日で大きな浴槽に生まれ変わった」

あくまでも伝聞だ。「小さな穴ぼこ」がそんな短期間で「浴場」として整備されるものなのかと疑問に思えなくもない。だが、「リュックを背負った日本兵」の記憶が、しっかり語り継がれていることだけは確かだ。

女性が温泉の来歴について知っている話は、それですべてだった。

私たちは謝意を告げ、ふたたびバス停に向けて歩きだした。

急に現実の世界に引き戻されたような気持ちになったのは、「日本兵」の話を聞いたせいかもしれない。風呂で浮かれていた私の頭の中に「戦争」の二文字が刻印された。

連合軍共同墓地に連なる数字

カンチャナブリーの街に戻り、通訳のSさんと別れた私と金井さんは、その足で「連合軍共同墓地」に向かった。

整備された芝生の上に、鉄道建設で命を落とした6982人の墓石が並んでいる。それぞれの墓石には、名前と出身地、死亡時の年齢が刻まれた鉄製のプレートが埋め込まれていた。

20代の若者が多かった。「AGE28」「AGE26」「AGE24」。刻まれた数字が、ただの数字

広い空の下に約7000人の声なき死者が眠っている

の羅列が、残照を浴びてふわっと浮き上がり、網膜に突き刺さる。ドンと胸を突かれたような衝撃が走る。気持ちが粟立つ。若くして一方的に生を断ち切られた者たちの怨嗟《えんさ》に体を包まれたような気がした。

私たちは刻まれた数字を声にしながら墓地を歩いた。「28」「26」「24」……。歌うように。祈るように。それぞれの生と、それぞれの死と、それぞれの無念を想像しながら。「死の鉄道」が残したものを、せめてその場では、丁寧に拾い上げたかった。

夕空が広がっていた。いつの間にか陽射しも柔らかい赤みを増していた。夜の入り口を感じながら、私はこの場所にはない、もうひとつの風景を想像した。

80年近く前のヒンダットだ。

若い日本兵の姿

ジャングルの中を彷徨《さまよ》うひとりの日本兵がいた。「小さな穴ぼこ」から湯が湧き出ているのを発見した日本兵は、何を感じただろうか。

水たまりのような穴に手を入れる。それが温泉であることに気がつく。きっと、故郷の風呂を、行ったことのある温泉を、ふと思い出したことだろう。戦場でない場所を、撃ち合うことのない場所を、殺したり、殺されたりしない場所を思ったはずだ。

捕虜を酷使し、虐待し、殺してきた日本兵もまた、人間だった。

一瞬の至福のために、風呂をつくった。私と同じように熱帯の木々を見つめ、せせらぎと鳥の鳴き声に耳を澄ませ、川面から吹く風を受け止めながら、熱い湯に身を任せた。つかの間の幸福を味わいながら、彼は思ったであろうか。

望んだ戦争だったのか。

望んだ虐待だったのか。

彼は、人を殺したかったのか。

わからない。わからないけれども、湯舟の中にいる間、彼は非武装だった。たぶん、解き放たれていた。

ふたたび銃を担ぎ、捕虜や「ロームシャ」の前に立つまでの間だけ、彼は人間だった。故郷を思い、家族を思う、当たり前の人間だった。見たことのない、私と交わることのもなかった若い日本兵の姿が、いつまでも頭から離れない。

彼は生き延びたであろうか。

風呂は残った。整備された温泉を残した。

ヒンダット温泉は、戦争の残骸である。

そして、兵士もまた人間であったことを示す、数少ない遺産だった。

ワット・ワンカナイ温泉へ

ヒンダット温泉で指をふやかした翌日、安田さんとわたしはふたたび首にタオルを引っ掛けてお風呂へ向かった。

カンチャナブリーの街から南東へ20キロメートルほど行ったところに、もうひとつ温泉があるという。お風呂と聞いたら、行かいでか。気温35度、熱風と土埃《つちぼこり》の街道をバイクタクシーはブイブイ飛ばす。どんくさいわたしは振り落とされないよう必死だったが、元ラグビー部の安田さんは左右に体重移動させてうまくバランスをとりながら余裕の顔つきで往来の様子を眺めていた。

汗まみれになってワット・ワンカナイ温泉に到着。ワットとはお寺のことなので、つまりワンカナイ寺だ。温泉がお寺の中に湧いている。「参詣とお風呂はセット」がこの辺りの仏教徒の日常なのか。

広い中庭の奥にはお堂やお土産屋さんがあり、手前に「HOT SPRING」の看板を掲げた瓦屋根の大きな平屋が建っていた。平屋といっても玄関や壁はなくて、風がそよそよと吹き抜ける。人も犬も気ままに出入りできる構造だ。

のんきな野良犬のようにふらふらと侵入するわたしたちに、おばちゃんが声をかけてきた。

「あんたたち、お風呂に入りたいのかい」

「はい!」

おばちゃんはうなずいて、奥に案内してくれた。だだっ広いコンクリートのたたきに植木鉢、ベンチ、謎の造花などが置かれている。ゆったりして色の統一感がなくて、いかにもタイっぽい。さらに進むと、キンキラキンの仏像がどーんと鎮座しておられた。

この温泉、とくに入浴料は決まっていなくて幾ばくかのお金をお布施として払うのがルールらしい。黄金の仏像の前にお賽銭箱があったので、バーツ札を投入して手を合わせる。

「お風呂の神さま、仏さま、なむあみだぶつ、なむあみだぶつ……」

仏像の脇にタイルで縁取られた足湯コーナーがあり、その奥にドラム缶のような、ラーメン屋の寸胴鍋のようなステンレスの風呂桶が10個ほど並んでいた。

「おぉ、これがお風呂ですか」

「そうそう。裏で水着に着替えてね。蛇口をひねればお湯が出るから」

ものすごく簡単に説明して、おばちゃんは行ってしまった。

平日の昼下がり、わたしたち以外に入浴客の姿はなく、ただ金色の仏さまと壁のヤモリがじっと事態を見守っている。

わたしはひとまず安田さんと別れて裏へ行き、女子更衣室と思しき仕切り板の内側で水着を身につけた。さて、と。仏さまの前を裸（水着姿）でウロウロしていいのだろうか？と一瞬迷ったが、風呂場に行くにはそこを通るしかない。寛大な仏さまに会釈しつつ風呂場に向かう。すでに男子更衣室から出て、やっぱり海パン姿でウロウロしていた安田さんと顔を見合わせて、

「男湯と女湯、分かれてないんですかね」

「どうなんだろ」

きょろきょろしていると、地元の常連客らしきおじさんとおばさんがやってきた。おしゃべりしながら慣れた手つきで隣り合うふたつの風呂桶に湯を溜めている。男女の別は

ないようだ。仏さまは寛大だ。

　わたしたちも見習って蛇口をひねると、ぬるめのお湯がじゃんじゃん出て、瞬く間に円柱状の風呂桶を満たしていく。半分くらい溜まったところで、待ちかねて身を沈める。

「あー、気持ちいい」

　お湯は無臭で透明。日陰で風が通る場所だから、ぬるめのお湯はそのうち冷めてくる。するど、隣のおじさんがわざわざ寄ってきて教えてくれた。

「お湯が冷めたら、ほれ、コックをひねって半分くらい排水して」

「え？　ここ？　これをひねるの？」

「そうそう。で、また温かいお湯を足せばいいんだよ」

「あー、なるほど」

　ちなみにこの日、通訳さんはいない。だからここまでのおばちゃんとの会話、おじさんとの会話はすべてタイ語で話しかけられて日本語で答える方式である。こういうとき若いころのわたしは外国語ができなくてモジモジしていたが、いまはもう日本語でどんどんしゃべっちゃう。それでもなんとなく通じるのがふしぎだ。安田さんはそこまで図々しくないので、ちゃんとタイ語でお礼を言っている。

ドラム缶式お風呂で
ご満悦の安田さん
おじさんの背中にナゾの彫り物
この棒を使って排水する

アンジェリーナ・ジョリーも
サクヤンを入れている

願い事を託す「サクヤン」

ややや！　おじさんの背中に彫り物がある。わたしはぬかりなく注視した。

世界各地のお風呂に入りにいくにあたり（このときはその予定だった）、わたしは心の片隅で入れ墨・タトゥー問題に関心を寄せていた。日本の温泉や銭湯では「入れ墨・タトゥーお断り」を掲げているところも多く、いまなおタブー視されていると言っていいだろう。だが、よその国ではどうなんだろう。体に墨を入れる意味合いは、地域や文化によってずいぶんちがうはずだ。世界のお風呂を巡るからにはそのあたりをフィールドワークしてみたい、と密かに目論んでいたのである。

おじさんの背中に彫られているのは、文字

と図形のようだ。怖い系のもんもんでもないし、おしゃれタトゥーでもない。なんだろう、あれ。なんて書いてあるんだろう。おじさんがお風呂から上がるタイミングを捉えて、わたしは思い切って声をかけた。

「その背中の、いいですね」

「おう、これな」

「なにが彫ってあるんですか」

「●△※◎……」

笑顔で説明してくれるが、うーむ、さっぱり。「双方が自分の言語でしゃべる会話術」はあっけなく限界を迎えた。

日本に戻ってから調べてわかったのだけど、おじさんの背に彫られていたのはタイの伝統的なタトゥー「サクヤン」だった。文字はお祈りのことばで、図形ひとつひとつに宗教的な意味がある。お寺のお坊さんやアチャーンと呼ばれる専門の彫り師に頼んで彫ってもらうのが一般的だとか。

古くは数百年前、戦地に赴く兵士が敵の矢を避けるお守りとしてサクヤンを体に彫っていた。だからいまもタイでは軍人が弾よけのサクヤンを彫ると聞いて「ほほう」と思った。日本の自衛隊は入れ墨があったら入隊できないし、アメリカ海兵隊でも頭部や首、手首から先など服の外に出る部分のタトゥーを禁じている。かつて韓国では兵役逃れのために入れ墨を彫る人がいたとの噂もある（現在はタトゥーOK）。軍隊と入れ墨は相性が悪いイメージがあるが、タイのサクヤンはちがうのかもしれない。

現在サクヤンは、さまざまな願い事を託すタトゥーとして多くのタイ人に支持されている。貧困から脱したい、出会いに恵まれたい、仕事で成功したいなど願いに応じて彫る図柄や文字が変わる。欧米でもサクヤンの神秘的なデザインは人気があるらしい。漢字のタトゥーがクール、というのに似ているのかも。

入浴を終えたおじさんとおばさんは更衣室へ消え、さっぱりしたシャツとズボン姿になって戻ってきた。濡れた髪にはきっちり櫛の跡が付いている。

「じゃ、おれたち帰るよ」

「お気をつけて。さようなら」

わたしたちは最後までタイ語と日本語でなんとなく嚙み合うような嚙み合わないような挨拶をして、手を振り合った。おじさんの背中のサクヤンには、いったいどんな願いが込められていたんだろう。

KANCHANABURI WAR CEMETERY
1939 1945
連合軍共同墓地

第2章

日本最南端の「ユーフルヤー」

沖縄

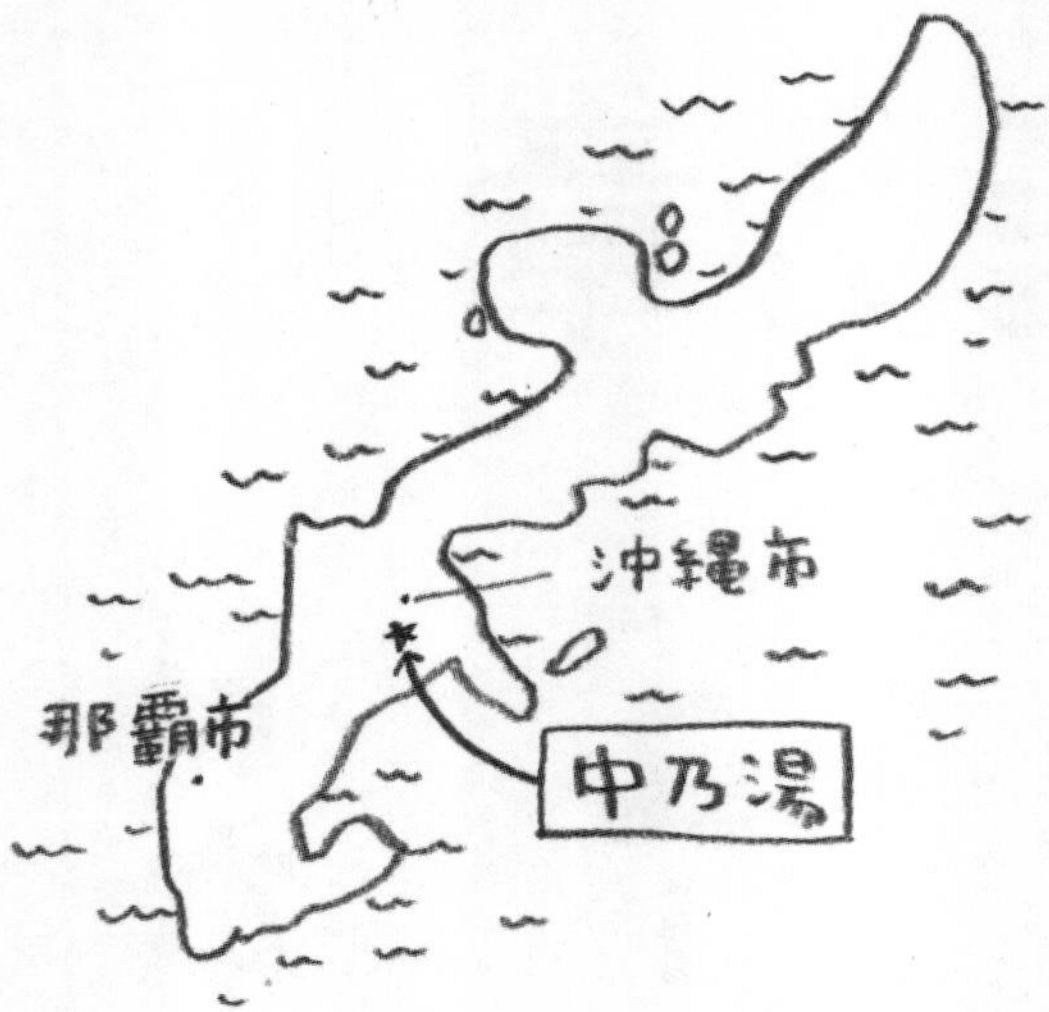

「中乃湯」は沖縄県唯一の銭湯。
沖縄スタイルの浴室は開放的で、
銭湯好きなら何度でも通いたくなる至福の湯だ。
ドルを稼いで戦後のコザを生き抜いた
やさしい女主人とそこに集まる常連さんたち。
米軍基地への思い、「内地」との溝……
気まずい問答が湯気のまにまにたゆたう。
湯あがりに出会ったおじさんが語ったのは
米軍上陸、特攻隊、収容所の日々——

悪態をつく金井

日が傾きはじめるころ、安田さんと合流して沖縄市に向かった。空の青さが薄くなってくる、いい時間帯。なのに気がついたら、レンタカーの車中は険悪な雰囲気になっていた。というか、わたしがひとりでフガフガと悪態をついて安田さんを困らせていた。

わたしはその日、別件の取材のために朝からひとりで名護《なご》市辺野古《へのこ》に出かけた。その顛末を安田さんに報告しているうちに、暗雲が立ち込めてきたのだった。

辺野古といえば、多くの県民の意に反して米軍の新基地建設工事が進められている土地。安田さんは何年も前から辺野古をはじめとする基地問題の現場に通って、理不尽な基地押しつけに苦しむ市民や地元紙の記者たちの声を拾って伝えてきた。沖縄に関する本も書き、講演もしている。沖縄取材の手練れだ。

一方わたしは、おそるおそる辺野古に足を踏み入れ、伝統スポーツ「沖縄角力《ずもう》」について辺野古の住民たちに話を聞いてきたところだった。じつは辺野古住民の多くは、基地建設を容認している。経済的な理由もあるが、生まれ育った故郷が何十年もずーっと基地問題で揺れていて、もううんざりだというのが本音らしかった。政治に振り回され、記者がうろついて、活動家が叫び、地元は反対派と容認派で分断されてしまった。いくら反対したところで基地建設は止まらないじゃないか、ならば早いとこつくっちゃってくれ、そしたら静かな日常が取り戻せる……。沖縄角力の話の合間に、苦い思いや諦めの心情を少しずつ聞かせてもらった。受け止めるだけで、わたしのキャパは一杯いっぱい。

要するにわたしは、その日の取材が消化できていなかった。国が横暴に進める新基地建設にはまったく共感できない。美しい海に土砂を投じるブルドーザーと、その前に立ちはだかって反対の声をあげる人たちを思うと涙が出る。だけどひとりで辺野古に入り込んだわたしを優しく遇し、本音を聞かせてくれた住民たちの思いを無視することもできない。わたしは自分の立ち位置がぐらついて、その不安から、安田さんが穏やかに語る基地に関する知識や正論に八つ当たりしたのだった。

「どうせわたしは安田さんみたいにまっすぐ進めませんよ。だいたいわたし、ジャーナリストじゃないし。取材した人のこと好きにならないと書けないし」

みたいな悪態をついた。お恥ずかし。

安田さんは、わたしの不当な言いがかりに大人の態度で耐えた。これからはじまるお風呂取材が台無しにならないように気を遣ってくれたのだと思う。こんなふうに理屈と感情が折り合わないモヤモヤとか、無意味な仲間割れとか、そういうことが無限に積み重なって、基地を押しつけられた沖縄の暮らしがあるのかもしれない。

車は沖縄市に入った。日はまだ暮れない。わたしは正気を取り戻し、安田さんに謝った。勝手に喧嘩をふっかけて勝手に収束するわたしに、安田さんはホッとした表情で言った。

「カーナビによれば、中乃湯まであと7分だって」

そうだ。とにかくお風呂だ。あったかいお湯に体を沈めれば、いろんなことがリセットできる。

中乃湯のシゲさん

中乃湯は安慶田《あげだ》の交差点にほど近い住宅街の中にあった。少し離れた駐車場に車を駐め、細い路地を歩いて向かう。途中に小高い茂みがあって「安慶田の拝所《うがんじゅ》」と記されていた。沖縄には御嶽《うたき》と呼ばれる聖地がいたるところにあるが、拝所は御嶽より規模が小さい。地域の守り神が祀られている場所、という感じだろうか。

中乃湯に着くと、庇《ひさし》の下に置かれたベンチに座る小柄な女性が出迎えてくれた。この銭湯の経営者、仲村シゲさんだ。ご挨拶すると、シゲさんは弾んだ声を出した。

「あらぁ、内地からいらっしゃったの」

そしてベンチの真ん中にスペースをつくり、

「はいはい、ここに座って」

とわたしたちをうながした。それでは、とお風呂に入る前にまずはベンチに座らせてもらう。

暖簾《のれん》をくぐった先に番台があるが、シゲさんは番台にいることは滅多にないという。この外のベンチが定位置。毎日ここでお客さんを迎え、おしゃべりし、入浴料を受け取って、「ゆっくり入ってきて」と中に送り込む。お風呂から上がったお客さんの汗が引くまで、またベンチでひとしきりおしゃべりして、「じゃあまたね」と家に帰す。それがシゲさんと常連客の日常の風景らしい。

「こちらのお風呂は、いつからあるんですか？」

安田さんが尋ねると、

「主人がはじめたのが1960年。そのあと結婚して私がやるようになって50年になるさ。息子が小学校6年のときに主人が亡くなって、そっからはひとりでね」

シゲさんはすらすらと答えた。今年（2019年）で86歳。女手ひとつで、銭湯を切り盛りしながら息子さんを育て、いまも現役だなんて頭が下がる。

「いろいろあったさぁ。負けてはならんて。やればできるさ」

シゲさんは明るく、節をつけるように言った。シワが刻まれてもなお、お茶目ではつらつとした笑顔、いかにも沖縄のおばあという感じ。

「じゃあ、本土復帰の前からお風呂屋さんをやっていたわけですか」

「うん。昔はドルさ。入浴料は50セントとか70セントとか。復帰になってから円になったさ」

そうか、この島には手ぬぐいを提げ、ドル札やセントコインを握りしめて銭湯に通った時代があったのだ。

「昔の料金表があったんだけどね、役所の人が珍しがって持っていって、それきり戻ってこないよ。ハッハッハ」

シゲさんは奥から黒砂糖のお菓子とバナナを出してきた。「食べなさい」「いや」「遠慮しないで」のやりとりの後、結局いただいた。わたしたちが黒砂糖を口に入れると、話の続きがはじまる。

暖簾の前でシゲさんと

「アメリカ世《ゆー》のころは、みなさんのおうちに水道が入ってないさねぇ。水がないさ。だからお風呂に入れんわけよ」

１９５０年代末、シゲさんの夫は最初ここを駐車場にして貸すことを考えたらしい。

「だけど駐車場の料金は1台で3ドル50セン

ト。それじゃ生活できない。だから井戸を掘って、お風呂屋にしたさ」

井戸掘り職人に来てもらって掘削したが、なかなか水が出なかった。もう少しで出るか、まだダメだ、もう少し、と掘り進めて結局350メートルの深さの井戸を掘った。

「掘るのに、なんじぇん（千）ドルもかかったよ。350メートルって言ったら、泡瀬《あわせ》の海より下さ」

目をくりくりさせながら、3キロメートル先の海より深いと自慢するシゲさんの表情がかわいらしい。

その後、各家庭に水道が引かれ、銭湯の利用者は減っていった。90年以降、同業者も次々と廃業していく。

「だけどね、とにかくこの井戸を捨てるがもったいないわけ。あんなして（お金をかけて）掘ってしまったから。井戸が大事よ。井戸があるからお風呂を続けていかなきゃと思うさ」

売り上げは落ちる一方なのに、維持費は昔よりかさむのが悩みの種だ。

「今年1月にボイラーを直したよ。4回目。自分ももう歳だし、どうしようかなと思ったんだけど、ちょうど年金貯金があったさ」

ボイラー修繕費は180万円。年金貯金をほぼすべて注ぎ込んだ。前回直したときはたしか80万円だったから、倍以上かかったと嘆く。燃料代もどんどん高騰している。

「週に（重油を）３００リットル買ってるさ。ずっと値上がりしてて、いま2万９０００円ほどだね」

入浴料は３７０円。お客さんは日に15人から20人ほどだという。月に10万円を超す燃料代の負担がどれほど大きいか、頭の中でざっと計算して、わたしまでため息が出てしまう。

以前は夜の10時まで開けていたが、最近は7時までに入ってもらって8時には閉めるようにしている。それを聞いて、安田さんが腕時計に目を走らせた。

「そろそろ、お風呂に入らせてもらおうか」

「ハハハ。おしゃべりしてたら夜になるね。ゆっくり入ってきなさい」

３７０円を渡して、わたしたちは紺地に白く「中乃湯」と染め抜かれた暖簾をくぐった。

基地建設と自家中毒

黄昏は、まだ空から降りていなかった。

傾きかけた初夏の陽が、細長い影を地面に映す。風呂に入るならば、こんな時間帯がいい。

「中乃湯」の暖簾が、沈んだ気持ちを高揚させた。

金井さんに続けて、一応私も言及しておきたい。私もまた、ここに到着するまで少しばかりの「もやもや」を抱えていた。沖縄に集中する米軍基地の問題を取材してから、ここにたどり着いた。辺野古で沖縄角力の取材を終えたばかりの金井さんと合流し、車中で重苦しい時間を過ごした。

金井さんが悪いわけではない。新基地建設に反対する人々がいて、一方には容認する人たちもいる。その現実に関して議論するなかで、消化の悪いものを無理やり胃袋に詰め込んだような気持ちになっていた。ある種の自家中毒を起こしていた。

結局、基地建設で揺れる「地元」に負担を強いているのは、私たちじゃないか、といった思いがますます強くなる。安全保障だ、国益だと言いながら、この小さな島に在日米軍専用施設の7割を押しつけているのが「日本」なのだ。好んで対立や分断を選ぶ者などいるわけがない。沖縄が手招きして基地を呼び込んだわけでもない。持ち込んだのは「日本」だ。だから私も金井さんも「当事者」として突きつけられた問題を目の当たりにし、小さな動揺を引きずっていた。

「ゆんたく」の花咲く中乃湯

とはいえ、風呂だ。銭湯だ。まずは今日の疲労を洗い流そう。現実と格闘する日は連続するのだ。ああ、湯船に浸かりたい。

私はタオルを首にかけて番台へ――。ん？　番台がない。いや、正確に表現すれば、普段見慣れた番台がどこにもない。一般的に番台といえば銭湯の入り口、男女の入浴客を隔てる形で設けられている。ところが中乃湯で目に飛び込んできたのは、映画館の切符売り場のような小窓付きのフロントである。ここで入浴料を支払うようなのだが、主《あるじ》の姿はそこにない。

入浴料は入り口脇のベンチに腰掛けているシゲさんに支払う。それが中乃湯の作法だった。

常連客を見ていると、なかなかに興味深い。シゲさんと挨拶を交わし、一緒にベンチに腰をかけ、ときに持ち寄った菓子や茶を飲みながら談笑し、それから浴室へと向かう人が

シーサーが見下ろす外のベンチがシゲさんの定位置。

少なくないのだ。物語は風呂に入る前からはじまっている。中乃湯の入り口では「ゆんたく」（沖縄の方言で、おしゃべりのこと）の花が咲いている。

「いつもこんな感じ」

とシゲさんが笑う。

この日も常連客のひとりが茶菓子を「ほれ」とシゲさんに手渡すと、それはあっという間にベンチに腰かけている人全員の手に渡った。これから風呂に入る人も、風呂からあがったばかりの人も、男も女も、常連も一見の旅行者も、尽きることのない四方山話《よもやまばなし》で盛り上がる。

みんな楽しそうだ。風呂に来たのか、ゆんたくしにきたのか。たぶん、そのふたつがセットになっているのだ。「最近体の調子が悪い」と誰かが訴え、「無理をするな」と誰かが応じ、「そういえば」とまるで関係のない話題がそれに続く。ゆるくて、あたたかくて、優しい時間が流れている。

「それが楽しいんだよ」と、やはり常連のおばあさんが、とびきりの笑顔で話してくれた。

仕切りがない！

では、いよいよ風呂だ。前述した「フロント」を左に行けば男湯、右が女湯である。奥に進み、ドアを開けると、そこが脱衣所だった。

おお。思わず感嘆の声をあげてしまった。

そう、脱衣所。ロッカーが並ぶ脱衣所なのだが、何かがちがう。通いなれた銭湯の風景とはちがって見える。わかった、浴室との仕切りがない！　脱衣所と浴室を隔てるものは何もなく、まさに地続き、風景が突き抜けている。後でシゲさんに聞いたところ、これが「沖縄スタイル」なのだそう。

本来、ガラス戸などの間仕切りは浴室内に外気が入らぬよう、保温を目的としているのだが、年間を通して暖かい沖縄には不要。仕切りを設けてしまえば、むしろ浴室内に湿気がこもってしまうのだという。だから開けっぴろげ、いや、開放的。服を脱いで浴室まで、文字どおりに「直行」だ。

浴室と脱衣所がごく自然に一体化している

浴室の中央には楕円形の浴槽がひとつ。その両脇が洗い場だ。室内はなんの飾り気もないが、その簡素さが、ここではかえって心を弾ませる。淀みなく澄んだ沖縄の空を連想させるのだ。

そして、浴室内でも「沖縄スタイル」を発見した。

一般的な銭湯では、湯と水、ふたつのカランが備わっている。しかし、ここではそれぞれの蛇口がホースでひとつにつながれ、湯水が〝合流〟して出てくる仕組みとなっている。ふたつの蛇口をひねり、ホースの先端から注がれる湯の温度を確認してから、ざっと体を洗い流す。

そしていよいよ〝主役〟に向かう。タイル張りの浴槽にそっと足を入れた。うん、熱すぎず、ぬるすぎず。初夏の沖縄にふさわしい

これが沖縄スタイルの銭湯カラン

温かさだった。

ゆっくり体を沈めると、とろりとした感触に包まれた。じつは、温泉なのである。正確には弱アルカリ性の鉱泉。地下350メートルから汲み上げた鉱泉は、わずかにぬめりがあって、肌にしっかり吸収される。

シゲさんによると、初めて中乃湯を訪ねた客から、

「いくら洗っても石鹸が落ちない」

と〝苦情〟を伝えられたこともあったという。肌にからみついた〝ぬめり〟を、石鹸の残りだと勘違いしたのだ。

たしかに、そう言いたくなるほどに肌はつるつる。ぬめぬめ。まさか沖縄で、こんな温泉気分を味わうことができるとは思わなかった。

体をぬくもりで包む魔法の言葉

このとき、浴槽内には先客がひとりいた。浦添市から来た68歳の男性。

「ふだんは家でざっとシャワーを浴びるだけなんだが、たまに大きな風呂にのんびり浸かりたくなる」

そう言いながら「はあ」と脱力したように大きく息を吐き、「気持ちいいさ」と繰り返した。若いころは「内地」でトラックの運転手をしていたという。大型トラックで各地を回りながら、温泉やサウナで疲れを癒す習慣がついた。

「ユーフルヤーに来ると、ほっとする」

彼は恍惚の表情でそう言った。

ちなみに沖縄では銭湯のことを「ユーフルヤー」という。どうやら「湯屋」が語源となっているらしい。いい響きだ。ユーフルヤー。やわらかくて、やさしくて、まるで中乃湯で湧く鉱泉のようだ。私も湯舟の中で小さくつぶやく。「ユーフルヤー」。何かの呪文みたい。言葉は湯気と一緒に揮発することなく浴室内を漂う。体がぬくもりで包まれる。きっと、人を幸せな気持ちにさせる魔法の言葉なんだ。

沖縄唯一の銭湯となるまで

ところで今回、なぜ私たちは中乃湯に向かったのか。

沖縄唯一のユーフルヤー。それが理由である。いま、沖縄に存在するユーフルヤーは中乃湯ただ一軒なのだ。

暑い沖縄には、もともと風呂に浸かる習慣がない——県内に住む私の若い友人はそう断言していたが、調べてみれば、けっしてそんなことはない。私たちは事前に資料を集め、さらに沖縄市役所の市史編纂室に出向いて話を聞いた。その結果、沖縄も少し前まではじゅうぶんに「風呂文化」が根づいていたことがわかった。

沖縄に初めてユーフルヤーができたのは17世紀の終わりごろだと言われる。そのころ、那覇市内の西側、真教寺のあたりが「湯屋」という地名で呼ばれており、文字どおり銭湯を意味する「湯屋」が建ち並んでいたことが記録に残っている。ただし沖縄社会全般で風呂に入ることが習慣化されていたわけではなく、ユーフルヤーはあくまでも上流階級に属する人々の利用に限られていた。多くの人は「本土」と同様、川や井戸、あるいは沖縄ではムクイと呼ばれる池で水浴びすることがほとんどだった。

徐々に増えだしたのは明治期以降である。各地にユーフルヤーがつくられるようになる。

沖縄戦で焼失したユーフルヤーも多かったが、終戦後、収容所から多くの人が各地に帰郷し、戦後復興とともに息を吹き返した。

全盛期は1960年代初期である。沖縄県内にはじつに311軒ものユーフルヤーがあった。

しかし70年代には衰退の時代がやってくる。

これは「本土」における銭湯の衰退と同じ理由によるものだ。

住宅事情の近代化にともない、家庭用風呂の普及が急速に進んだ。さらにオイルショック(1973年)を契機に重油の価格が上昇し、浴場を生業《なりわい》とするには割高なコストが強いられるようになった。「本土」でも沖縄でも、銭湯の数が減少していく。とくに沖縄は水不足、水源不足といった環境も、衰退に拍車をかけたと言われる。

80年代後半、沖縄のユーフルヤーは50軒を割った。

その後も衰退を止めることはできず、那覇では2014年に最後の1軒となった「日の出湯」が閉店。その時点で沖縄県内に残るユーフルヤーは中乃湯1軒のみとなったのである。当然、経営は苦しい。370円の入浴料で、一日の客数は多くて20人ほどなのだから、正直、経営が続いていることだけでも奇跡だ。

でも、シゲさんは、

「廃業なんかしたら、せっかく掘った井戸がもったいない」

と笑い飛ばすばかりだ。

沖縄最後のユーフルヤー。日本最南端の銭湯。そして、ゆんたくの花が咲くコミュニティ。

だが、中乃湯の魅力はそれだけではなかった。

女湯で出会った人たち

中乃湯の女湯レポート、一日目。

わたしが入ったとき、女湯に他のお客さんはいなかった。これ幸いと一糸まとわぬ姿で立ったりしゃがんだり、沖縄式ユーフルヤーの内観をじろじろと観察する。脱衣所と浴場が仕切られていないひと続きの空間。真ん中に、楕円形の湯船がひとつ。床は白いタイル敷き、壁やロッカーは水色のペンキで塗られている。東京の銭湯でもよく見かける色使いだけど、どこか感じがちがう……なんだろ。

たぶん施設っぽさに欠けるのだ。電気風呂もジャグジーも温度計もない。余計なものはいっさいなくて、こじんまりしていて、なんだかシゲさんちの客間に通されたような「おうち感」があるのだった。そういえばぜんぜん関係ないけど、沖縄の人は家のことを「おうち」と言う。コワモテのおじさんが「おうちに帰る」とか「おうちを建てた」などと口にするのを聞くとキュンとする。

……そんなことをつらつら思いながら、湯船に浸かった。地下350メートルから汲まれた柔らかい鉱泉を、値上がりした燃料で焚《た》いたお湯。ありがたい。首の後ろにちゃぷちゃぷ。ほっぺにちゃぷちゃぷ。

それにしても。シンプルなつくりとはいえ、男湯と女湯の両方を86歳のシゲさんがひとりで管理するのは骨が折れることだろう。

「毎朝7時に起きるさ。まずコンプレッシャアで水をあげて、そのあとマッサージ機で体をほぐして、それから朝ごはん」

コンプレッサーの語尾を「シャア」と言うシゲさんを思い出し、自然に口元がほころんだ。シゲさんは午後3時前に開店準備が整うと、まずは自らお湯に浸かって湯加減を確かめる。そして閉店後にもう一度、今度は自分の体を休めるためにお湯に浸かるのだと言った。もしかしたら鉱泉に毎日2回ずつ入る、その習慣が元気の秘訣なのかもしれない。

「男湯と女湯と、両方に入ってみるの？」

とわたしが聞いたら、

「そりゃあ女湯に入るに決まってるさぁ、ハハッ」

シゲさんはこのユーフルヤーの主人だし、営業時間外のことなのに、それでも男湯に浸かってみようなんてこれっぽっちも考えていない口ぶりだった。

しばらくすると若い女性が入ってきて、どちらからともなく挨拶を交わした。彼女はざっと体を洗って湯船に身を沈めた。

「あたし、地元の人間じゃないんです」と言うので、「わたしも！」と応じ、お互いにホッとして、どこから来たかの話になる。彼女は岡山の人だった。

「あたしね、このあいだまで東京で働いていたんです。でもなんか疲れちゃって。先週やっと東京の部屋を引き払って、岡山の実家に戻ったところ。実家暮らしだとしばらくは旅行とか自由にできなくなるなーと思って、よし！　最後に沖縄に行こう！って」

思いついて、2週間の予定で遊びにきたのだと言った。旅が終わったら、岡山で再就職先を探すそうだ。人生の節目にひとり旅。うんうん、わかる、とわたしは大きくうなずいた。沖縄ってそういう場所だ。

ふと気がつくと、洗い場におばちゃんがふたり増えていた。うちなーぐちのおしゃべりは、どうやら「読谷《よみたん》のおばあちゃん」の噂話らしかった。聞くともなく聞きながら、わたしは湯船のサイズを目で計測した。このおばちゃんたちが入ってくると、合計4人。少し窮屈かもしれない。それにもう、指先がふやふやになるほどお湯を堪能した。

わたしは湯船を出てちゃちゃっと水をかぶってから「お先に出ますー」と言い、おばちゃんたちに「はいよー」なんて見送られながら、その場を退散した。でも脱衣所とのあいだに仕切りがないから、体を拭いて服を着る最中もお互いに丸見え。なんだか間が悪い。身支度が整って、いよいよ扉を開けるときにもう一度「じゃ、今度こそ本当に出ますー」みたいなヘンテコな挨拶をする羽目になった。

銭湯に行けなくなる日

外に出ると、安田さんとシゲさんが何やら押し問答をしていた。

「ちょちょちょ、シゲさん、ダメですって」

「遠慮せんでよう」

シゲさんは自販機に小銭を入れようとしており、安田さんが必死に抵抗しているのだった。どうやらシゲさんは、安田さんに湯上がりのジュースを振る舞うつもりらしい。わたしは慌てて横から安田さんに小銭をパスし、安田さんはそれを自販機の投入口に叩き込み、すんでのところで危機を回避した。シゲさんの心遣いは涙が出るほどありがたいが、危ない危ない。370円の入浴代しか払っていないのに、バナナやら黒糖のお菓子やらを食べさせてもらい、そのうえ缶ジュースまでご馳走になるなんてこと、絶対にできない。

ベンチでおしゃべりしていると、女湯からさっきのおばちゃんふたり組が出てきた。そのひとりがシゲさんに尋ねる。

「読谷のおばあちゃん、最近来てる？」

対して、シゲさんはあっけらかんと言った。

「いやぁ、便を漏らして往生したからさ、断った」

その、読谷村に住むおばあちゃんはずいぶん古い常連客で、最近は娘さんの運転する車で中乃湯に通ってきていたという。

「あの人、わたしと同じ（昭和）8年生《はちねんせい》よ。90余らんけど（以下だけど）あんな腰曲がってからよ、歩くのもやっとさ。湯池《いけ》（湯船の中）じゃないけどさ、流すところ（洗い場）で漏らしてねぇ」

「あらぁ、そうだったんだ。最近会わないと思ったんだぁ」

「うん。仕方ないさ」

わたしは黙ってその会話を聞いていた。安田さんも横を向いたまま、静かにジュースを飲んでいる。お風呂が好きなわたしたちにも、いつかそんなふうに終わりの日が来るのかもしれない。銭湯も老いる、客も老いる。

ライカム今昔

中乃湯の女湯レポート、二日目。

初日にシゲさんからさんざんおやつをもらったので、二日目は「手ぶらじゃ行けない」ということになり、「だからって沖縄の人にサーターアンダギーを持っていってもなぁ」と悩み、結局「東京みやげっぽいものを探そう」という謎のミッションを帯びて、ショッピングモールに行ってみることにした。

わたしは個人経営のお店や小さな路地が好きなので、ふだんは巨大なショッピングモールには極力近づかないようにしている。でも「イオンモール沖縄ライカム」にはかねてより興味を抱いていた。ひとつには安田さんが、

「ライカムに行けばでっかい水槽があって、タダで魚が見られるんだよ。美《ちゅ》ら海水族館なんか行かなくても大丈夫」

と、うそぶいていたためだ。正面玄関を入ってすぐ右に巨大な水槽があり、ナポレオンフィッシュが気持ちよさそうに泳いでいた。

そしてなによりライカムに関心を寄せていたのは、ここがもともと米軍専用のゴルフ場だった来歴のせいだ。この地区にはかつて比嘉《ひが》集落があったが、太平洋戦争中に米軍に占領され、収容所などが設置された。1948年に米軍がアワセゴルフ場をつくり、本土復帰後もアメリカ人専用の遊び場でありつづけた。この土地が返還されたのは2010年、じつに62年ぶりのこと。そこにこの、沖縄県最大のショッピングモールが建てられたのだった。現在、240の店舗と9スクリーンを持つ大きな映画館を擁し、駐車場には約4000台が収容できる。ゴルフができそうなくらい広い。って、そりゃそうだ、ゴルフ場だったんだから。

ライカム（RYCOM）という名称も米軍に由来する。戦後この地に置かれていた琉球米

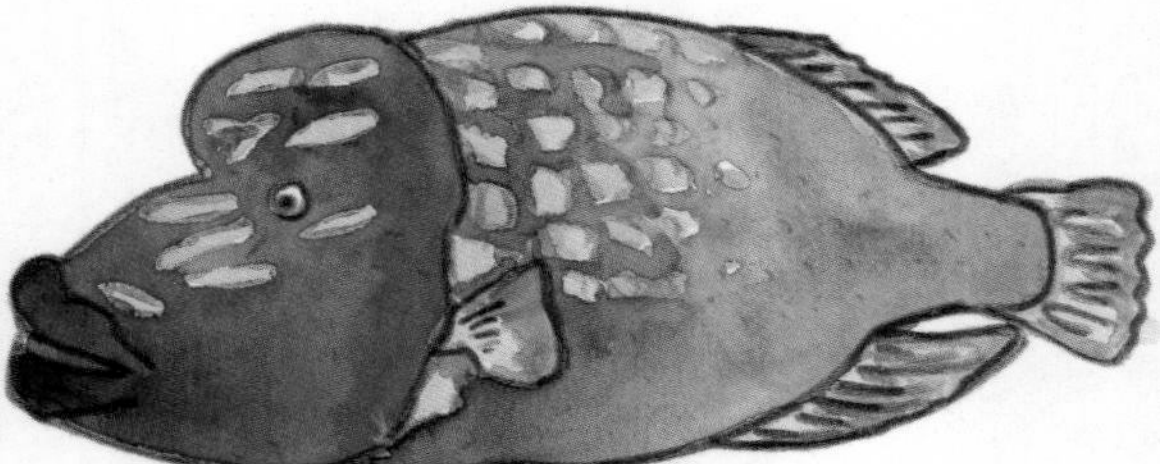

ナポレオンフィッシュ

軍司令部（Ryukyu Command Headquarters）は、その頭文字をとって「ライカム」と通称されていた。だからこの界隈には「ライカム坂」や「ライカム交差点」があり、2019年9月からは「北中城村《きたなかぐすくそん》字ライカム〇番地」と住所にもライカムが取り入れられたというのがおもしろい。アメリカ世《ゆー》の名残であるライカムの名は、いまやすっかり市民のものなのだ。

「で、このライカムのいちばん大事なポイントは」

と安田さんが説明する。

「米軍のゴルフ場だったころ、ここで雇われていた日本人は38人。だけどショッピングモールになったことで3000人の雇用が生まれた。来場者も年間千数百万人。ものすごい経済効果があるんだよ」

それはつまり、「沖縄経済は米軍に頼って

ブルーシールのアイスは
種類が多くていつも迷う。
安田さんは「サトウキビ
をコーンで」一択らしい。

いる」「基地反対って言うけど、基地がなくなったら困るのは沖縄県民なんだ」などと巷間ささやかれている思い込みを真っ向から否定するものだ。基地が返還されて、その土地をうまく活用することができれば、基地を抱えているより数段大きな雇用と経済効果を得ることができる。このショッピングモールは、そういう意味で象徴的な場所なのだった。

安田さんの話に、わたしとナポレオンフィッシュは深くうなずく。

さて肝心の、シゲさんへのおみやげ選び。

「どうせシゲさんが食べるんじゃないんだ。ベンチでおしゃべりする常連さんたちに配っちゃうんだから」

と個包装の焼き菓子を買った。一応、東京に本社がある菓子メーカーのものを。

男の現場で働いてきた人

「あらぁ、またいらっしゃったの」

明るいシゲさんの声に迎えられ、二日目の中乃湯がはじまる。

この日、女湯で出会い、印象深かったのは髪を茶色く染めた女性だ。湯船で首をコキコキと回していて、目が合うとふっと笑った。

「もう若くないからさ、仕事のあとはゆっくりお風呂に入らないと」

すっぴんの丸顔、おでことほっぺがツヤツヤして若々しかったが、58歳になるとか。

「18ンときに産んだ娘は今年40で」

と言うので、それなら孫もいるのだろうかと想像していると、「孫ももう大人さ」と続けたので「ほぉ……」となった。お孫さんも二十歳《はたち》を超えているのか。ということは、この人は30代でおばあちゃんになったのか。

沖縄は全国でいちばん出生率が高い。未婚率はトップクラスで、失業率ではもうずっと最下位。彼女の話を聞きながら、それらのデータが脳裏をかすめた。だけど途中から気持ちを切り替えた。わたしは「沖縄の女性の典型的な人生」に興味があるのではない。たまたま銭湯で隣り合った人のオリジナルの物語を、掌《てのひら》でそっとすくうのだ。ICレコーダーもノートもないお風呂の中で、わたしはじっと耳を傾けた。

生まれたのは沖縄本島北部。10代で結婚し、夫婦でコザ（現・沖縄市）に出てきた。子どもをふたり産んだあとに、夫と離婚。以来、彼女の言い方を借りれば「男の仕事をしてきた」。

たとえばゴミの分別の仕事。割れたガラスがベルトコンベアで流れてくる、その前に立って選り分ける。ずっと同じ姿勢だし、重いものを持つので、かならずみんな腰を悪くするらしい。

「まあでも、仕事があるだけマシと思ってさ」

建設現場で働いたこともある。

「めちゃくちゃきつい。夏場は倒れる人も出るさ。下手《へた》したら死ぬよ。あの仕事は人には勧めらンない」

女性だからと軽作業をやらせてくれる親方もいるが、そうすると賃金が安くなる。といって、男と同じ仕事量はこなせない。そのジレンマがつねにあったという。建設現場の仕事をしていた4年間は、家に帰ったらヘトヘトで寝るだけの暮らしだった。

「建設現場はね、歳とったらできなくなるの、男も女も。なかには、ずーっとやってるおじいもいるけどさ、事故になるさ」

「それでやめたんですか」

「うん、やめた。3年くらい前かな」

それだけで幸せ

「いまは何やってるんですか?」

「んーと……」

ほんの一瞬だけ口ごもって、

「ラブホの掃除」

と答えた。

ラブホテルは、夏場は冷房が入っている。もうそれだけで天国みたいに楽なのだと彼女は言った。この界隈のラブホテルは休憩2時間が2500円という激安設定。安いから、ひっきりなしにお客さんが来る。お客さんが帰ったら客室係がすぐ出動し、次のお客さんのために大急ぎで部屋を整える。掃除はふたり一組でおこなうらしい。

「組む相手がゆるい人だと『疲れたからジュース飲んで一服しましょうねー』なんてこともできるんだけど、真面目な人だとそれができないからね。何時間も動きっぱなしさ」

彼女は腕を湯船の縁に置いて、そこに頭をもたせかけるような姿勢をしながら話しつづけた。

「ときどき、お風呂の使い方がひどいカップルもいるしよ。あと湯気が結露するさ。それをぜーんぶ拭かなきゃいけないのもたいへんだよう。でもとにかく冷房が効いてるから、それだけで幸せ」

聞きながら、わたしはそのたくましい二の腕を見ていた。この腕は、何十年も働いてきたのだ。

「あんたの本を書く仕事もたいへんでしょう？」

と急に振られて、

「ええと、うん、まぁ……」

モゴモゴと言う。過酷な労働を重ねてきた人を前に、わたしの仕事も大変なんですよなんてとても言えない。かといって、いやぁあなたに比べたら楽な仕事ですよ、と答えるのも憚られた。逡巡しているうちに、彼女は笑いながら結論を言った。

「どんな仕事も楽じゃないよね。やるしかないさ」

「うん」

湯から上がって、タイルの上に洗面器を置く。カーンと高い音が天井に響く。外からシゲさんの笑い声が聞こえる。また新しいお客さんが来たようだ。

安田浩一

中乃湯の「湯池」に惹かれて

そう、私たちは二日続けて中乃湯を訪ねた。

取材のため。いや、それだけじゃない。続けて何度も通いたくなるような居心地の良さが、そこにはあった。透き通った海と青空を思わせる開放的な浴室。地中深くで熟成された肌に優しい鉱泉。南海の小島のように鎮座する楕円形の小ぶりな浴槽。そのすべてが「沖縄」を感じさせた。

湯に浸かる。手足を伸ばす。小さな波紋が浴室の窓から差し込んだ柔らかな陽に照らされる。まるで夕凪に全身が包まれたような気持ちになった。

中乃湯では浴槽のことを「湯池《いけ》」と呼ぶ。沖縄の〝銭湯界〟では、古くからその呼称を用いてきた。

〈湯池にタオルなど入れない様する事〉

浴室の壁にも、そんな注意書きが掲げられていた。

湯池は中国由来の言葉だ。文字どおり、熱い湯をたたえた池を意味する。

なるほど。池だ。心と体を優しく包む熱い池だ。

街の中にぽっかり浮かんだオアシスだ。

1957年、石垣島からコザへ

〝看板娘〟のシゲさんは、その湯池を50年間、たったひとりで守ってきた。顔に刻まれた深いしわは、中乃湯の〝年輪〟でもある。いや、戦前戦後の沖縄を生き抜いた女性の足跡だ。

シゲさんは1933（昭和8）年、石垣島で生まれた。子ども時代を過ごしたのは島の北西部に位置する川平《かびら》地区。世界有数の透明度を誇る海と色鮮やかなサンゴ礁に囲まれた川平湾は、島随一の景勝地として知られる。

「あそこの海は最高さあ」

石垣島の話になると、シゲさんは頰を緩める。

実家は貧しい農家だった。農耕馬が唯一の財産だった。子ども時代のシゲさんも馬を引いて田んぼ仕事を手伝った。地元の洋裁学校に通って縫製の技術を学んだ後、本島のコザ市（現・沖縄市）に渡ったのは1957年。言わずと知れた〝基地の街〟である。24歳のときだ。

「都会に憧れていたから」

シゲさんは石垣島を離れた理由をそう話す。サンゴに囲まれた海よりも、人々で賑わう街に惹かれた。また、何よりも仕事が欲しかった。働く場が欲しかった。産業に乏しい離島で女性が自活することは難しい時代だったのだ。自らが生きるために、両親に少しでも余裕ある暮らしを送ってもらうために、シゲさんは「都会」に渡った。

島ぐるみ闘争と1台のミシン

当時の沖縄は米国の施政権下に置かれていた。1952年4月28日にサンフランシスコ講和条約が発効され、敗戦国日本は独立を果たしたが、沖縄と奄美は日本から切り離された。日本はこの日を「主権回復の日」としているが、米国に〝引き渡された〟沖縄では、同日を「屈辱の日」と呼ぶ人が少なくない。

それから20年間、沖縄が日本復帰するまで、日本国憲法が適用されることもなく、すべての統治権が米国にゆだねられた。「本土」から米軍基地が沖縄に移転し、「基地の島」として主権も人権も奪われていくのである。日本が主権を回復したと同時に、沖縄は「屈辱」の歴史を歩むことになった。

シゲさんがコザで暮らしはじめた時期、沖縄は米軍圧政に抵抗する「島ぐるみ闘争」で揺れていた。一方的に土地を奪って基地をつくり、住民の人権をないがしろにする米軍に向けて、まさに「島ぐるみ」の怒りをぶつけていた。

だが、シゲさんにとっては「政治」よりも「生きる」ことが大事だった。コザの美容院に職を得て、「見習い」として働いた。

そのころ、那覇で驚異的な発展を遂げて「奇跡の1マイル」と呼ばれるようになった国際通りでは連日、デモ行進がおこなわれていた。コザでもまた市内各所で沖縄教職員会主導のデモや集会が繰り返された。

しかしシゲさんはそれに見向きもせず、パーマ液と格闘する日々を過ごした。離島で生まれ育った女性が人生を切り拓いていくには、仕事に打ち込むしかなかったのだ。

必死で働き、金を貯め、シゲさんが購入したのは1台のミシンだった。

「90ドルもした。生まれて初めての高価な買い物だった」

と述懐する。

「本土」の大卒初任給の平均が1万3000円だった時代である。当時の固定相場（1ドルが360円）で計算すれば約3万2000円。その「高価な買い物」が、必死で働いたシゲさんの成果だった。

市の中心部、コザ十字路の近くで部屋を借りて洋裁店を開業した。その名も「川平洋裁店」。店名には故郷への思いが反映されている。「生まれた島のことを忘れたくなかった」

からだという。それは「自分のため、家族のために働く」というシゲさんの決意でもある。以来40年間、両親が亡くなるまでシゲさんは石垣島へ仕送りを続けた。

ドレスとカネを生んだ洋裁店

60年代のコザは混沌としていた。

戦前までわずか8000人の人口しかない農村だったコザ（当時は越來村《ごえく》と呼ばれていた）は、このころ約5万人が住む都市へと飛躍的に発展している。人々を呼び寄せたのは米軍基地の存在だった。

基地建設に必要な労働者として、あるいは米軍人向けの商業・娯楽サービスに従事するため、沖縄本島はもとより北は奄美から南は与那国にいたるまで、多くの人がコザに集まった。

「騒がしかったよう」

シゲさんが懐かしそうに振り返る。

街は米兵の姿であふれかえっていた。各所に米兵相手の飲食店やスーベニア（土産物店）ができた。通りには英語の看板が連なった。夜になるとAサインバーのネオンが妖しい光を発した。

← Aサイン／A Sign
本土復帰前の沖縄で
米軍公認の飲食店・
風俗店に置かれていた。

シゲさんがコザで店を構えたのも、そこにビジネスチャンスを見たからだった。石垣島で学んだ洋裁技術を活かすときがきたのだ。

じつはその時期、「洋裁」はコザの主要産業のひとつとして成長を遂げていた。おしゃれな米兵は街の「テーラー」で洋服を仕立て、ときに家族のためにドレスを注文した。本国よりも安価に、そして丁寧に仕上げてくれる沖縄女性の縫製技術に人気が集まったのだ。また、上着や帽子に好みの刺繍を入れる米兵も少なくなかった。さらに米兵相手のバーで働く女性たちも、競ってドレスを洋裁店に注文した。

デイゴやイペーの花を思わせる華やかなドレスを着た女性の姿は、基地の街にあらたな色彩を加えた。シゲさんの「川平洋裁店」は、そうした女性たちを〝お得意さん〟として開業直後から繁盛した。

「おもしろいほど忙しかったねえ。ドル時代だからね、（景気が）よかったわけさ。クリスマス前なんて、一睡もしないでミシンを踏んでたよ」

カタカタカタ。ミシンの音は昼夜を問わずコザの街角に響いていた。たくましく生きる女たちのために、必死に働く女たちのために、シゲさんは〝夜の花〟を紡《つむ》いだ。

ベトナム戦争が激化した時代でもある。コザはベトナムへの出撃拠点だ。戦場での死を意識し、刹那的に生きる米兵も少なくなかった。

「もう生きて帰ってくることもないだろうって、ベトナムへ発つ前に、必要以上に女性たちにお金を払う兵隊さんも多かったよ。仲良くなったお客に誘われて、兵隊さんの車で基地の中に連れていってもらったこともあった。食事もごちそうしてくれたよ。伊勢海老、チキン、ステーキ、そりゃあもう、うんと食べたねえ」

90ドルで購入した1台のミシンは、ドレスとカネを生み出した。先行投資はあっという間に回収された。生まれて初めて豊かな食卓を目にした。稼いだドル札を石垣島に送りつづけた。

「ただただ、親の喜ぶ顔を想像した」

とシゲさんは言う。

コザの白人街と黒人街

シゲさんの記憶に残るコザは「繁栄」の風景だけではない。

「事件も多かったよ。兵隊さんが暴れている姿も何度も見たねえ」

気前よくドルをばらまく者もいれば、腕力で女性を屈服させる者もいる。米兵から性暴力を受ける女性が相次いでいた。今も昔も、基地の存在がときに地元女性の尊厳を奪うことに変わりはない。

近辺にはいくつもの特飲街（米兵相手のバーが連なるエリア）が存在したが、コザ十字路から北は白人街、南は黒人街と区分けされていた。これはトラブルを防ぐことを名目とした、当時のMP司令官による一種の人種隔離政策でもあった。

なかでも黒人街はコザ随一の歓楽街でもあった。カフェ、レストラン、バー、キャバレーなど、いずれも黒人向けの店が軒を連ねていた。黒人専用の理髪店や洋服店もあった。

当時の新聞は、

「黒人はここで集合離散して一日の部隊の疲れをいやす。この街の一日の息吹は、夕闇せまるころ、色とりどりの灯が軒にともり、息苦しいほどにおしろいの匂う夜の女達が真紅の唇にたばこをくわえて立ち、そして始まる」

と書いている。

「真紅の唇」の持ち主のなかには、きっとシゲさんのつくったドレスを身につけた女性もいたはずだ。

黒人街にはコザ市内からだけでなく、嘉手納《かでな》や瑞慶覧《ずけらん》、那覇など、全島各地から黒人兵が押し寄せた。タクシーやバスを利用して集団で訪ねる者も少なくなかった。沖縄に赴任した黒人にとって、コザの黒人街は一種の聖域として機能した。

だがそれは、米兵間の深刻な人種対立が地域に投影された結果でもある。

「あちこちで黒人と白人がケンカしてたさあ。MPが（パトカーの回転灯を）ピカピカさせながら走り回ってね、そりゃあ騒々しかったよ」

ケンカなどのトラブルは日常茶飯事だったと、シゲさんは言う。

白人街と黒人街の境界線を無視、あるいは誤って〝越境〟すれば、間違いなく〝侵略行為〟と認定され、血の雨が降ることとなった。

物騒な事件や多人数での大乱闘も繰り返された。

1958年には黒人兵がMPの常駐する派出所に手榴弾を投げ込むといった事件が発生した。3人のMPが被弾して重傷を負っただけでなく、周囲の民家も損害を被った。また、1960年には白人街に〝越境〟した約40人の黒人兵が大暴れし、コザ十字路一帯の交通が一時遮断される事件も起きている。

黒人街のブッシュマスターズ

こうした対立の背景には、深刻な人種差別があった。

米国で人種差別を禁じる公民権法が成立したのは１９６４年だ。それ以前、黒人差別は当然の〝制度〟として定着しており、公民権法施行後も、黒人への偏見が消えることはなかった。いや、21世紀のいまでも、無抵抗の黒人が警察官に殺害されているのだ。「Black Lives Matter」のスローガンさえなかった60年代、苛烈な人種差別がコザの街にも暗い影を落としていた。

沖縄市役所が編纂する小冊子『KOZA BUNKA BOX』（第3号）は、新聞記事を引用しながら、50年代末の黒人街の様子を次のように記している。

　ある黒人兵は沖縄に配属された最初の日、何も知らないで足を踏み入れた黒人街の様子に「ニグロ以外は誰もいないではないか。私は自分の目を疑った」と驚愕する。さらに警ら中のＭＰに「つべこべ言うなよ黒ん坊。この街ではお前はただの黒ん坊にすぎないんだ」と暴言を浴びせられショックを受ける。その黒人兵はＭＰに対し「僕は下士官だ。そういう言い方はよせ」と抗議したが、ＭＰはかまわずに「黒ん坊」と侮蔑の言葉を言い続けた。

白人による差別に対抗するため、黒人街を拠点とした黒人の自警団的組織も誕生した。なかでも「戦闘的」と評されたのが、「ブッシュマスターズ」である。黒人兵たちが白人のいない黒人街を「ブッシュ（密林）」と形容していたことがネーミングの由来だ（ちなみに白人至上主義者による「フテンママスターズ」なる組織も県内に存在した）。

私たちは中乃湯での取材を終えてから、ゲート前通りの「沖縄市戦後文化資料展示館ヒストリート」に立ち寄った。そこでもっとも私の目を引いたのは、60年代に隆盛を誇ったブッシュマスターズの写真である。

彼らはおそろいの黒いジャンパーを身に着けていた。背中には赤玉パンチをガブ飲みする黒ヒョウが刺繍されている。それがブッシュマスターズのシンボルだった。鋭い目をした黒ヒョウは、まさに怒れる黒人の姿そのものだった。安酒の象徴でもあった赤玉パンチをどれだけ飲んだところで、けっして変えることのできない不正義と不平等に黒人は苦しめられていた。

彼らはその〝制服〟で白人に抵抗し、威嚇し、ときに暴力で差別と闘った。そうするしかなかった。一種のストリートギャングだったと評する向きもある。おそらくそうした一面もあったのだろう。だが、構造的、制度的な差別に対して、拳を振り上げ、噛みつく以外にどんな方法があっただろうか。

１９７０年、コザ暴動

沖縄には幾重もの差別が積み重なっていた。米軍内における人種差別。米軍による沖縄住民に対する差別。そして「日本」による沖縄差別。繁栄の裏側には圧政と差別に苦しむ人々の姿があり、自由と解放を望む人々の疼《うず》くような思いがあった。コザではさまざまな欲望と苦痛が渦巻いていた。

それが一気に爆発したのが１９７０年12月20日未明に起きた、いわゆる「コザ暴動」と呼ばれる事件である。

きっかけは米兵による交通事故だった。コザ市民が被害者となったこの事故の処理をめぐって近隣住民が抗議したところ、ＭＰが威嚇発砲。これをきっかけに抗議の輪はさらに拡大し、米軍車両などが次々と燃やされた。

夜明け前の空は炎に染まった。

背景にあるのは米軍支配に対する人々の怒りである。米兵による事件は続発していたが、琉球警察はほとんどの場合、関与することもできず、米兵犯罪者が米軍敷地内に逃げ込んでしまえば、何の手出しもできなかった。暴動が起きる少し前にも県内で米兵が主婦を轢

1972年1月15日にコザでおこなわれたM・L・キング牧師追悼パレード。暗殺から4年9カ月、キング牧師の誕生日に多くの黒人が集結した。なかには白人の姿も

殺する事件が発生したが、軍事裁判で犯人の無罪が決定したばかりだった。

つまり「コザ暴動」は反米闘争のひとつにも数えられる、市民の抵抗運動、民衆蜂起でもあったのだ。

ドルから円に。そして銭湯衰退期へ

この年、シゲさんは中乃湯を経営している男性と結婚した。

「ここに嫁いだばかり。必死で仕事を覚えている時期だった。暴動？　すごかったねえ、車を焼いたりね。夢みたいな話さ。でもね、私はそれどころじゃなかった」

洋裁店からユーフルヤーに。人生の転換点だった。

朝早くに起きて水をコンプレッサーで汲み上げる。浴室を丁寧に掃除する。風呂を沸かして湯加減を調整する。そして軒先で客を待つ。そんな毎日がはじまったばかりだった。ユーフルヤー全盛期でもある。いまとはちがい、連日、入浴料の50セント硬貨を握り締めた人で賑わった。

「そのころはまだ、水道さえ整備されていない地区もあったからねえ、貴重な存在だったよ」

すぐ目の前でおこなわれていた焼き討ちも、人種間対立も、シゲさんの視界には映り込んでいた。だが、それ以上に「湯池」を満たし、人々に喜んでもらうことが大事だった。それがシゲさんの生き方だった。

石垣島を離れ、仕送りを続け、脇目もふらずに働いてきたのは、子ども時代に憧れていた「豊かさ」を手に入れるためだった。

馬を引いて農作業を手伝っていたときの記憶は懐かしい。シゲさんにとっては忘れることのできない思い出だ。だが、その時代に戻るために働いてきたわけではない。洋裁も、ユーフルヤーも、生き抜くための手段だった。沖縄で激動の空気を呼吸しながら、それでもシゲさんは水を汲み上げ、浴室の床を磨きつづけた。

1972年の「日本復帰」にも何の感慨も抱かなかった。ドルが円に変わった。

「入浴料を表示する貼り紙を書き換えなければ」

シゲさんにとって「復帰」の意味はそれだけだった。

そして「豊かさ」を手に入れることはできたのか。

私の問いに、シゲさんは「うふふ」と笑うだけだった。

1984年、子どもが小学校6年生のときに夫が亡くなった。以来、たったひとりで中乃湯を切り盛りしている。

「そのころからだねえ、ほとんどの人が家でシャワー使うようになってね。ユーフルヤーがどんどん消えていった」

全国的に銭湯衰退の時代がはじまった。客足は減る一方。

それでもシゲさんは中乃湯を守りつづけた。

「もったいないから」

シゲさんはそう繰り返す。

最近もボイラーの修理で、貯金の全額を使い切った。月に10万円以上もする燃料費も頭痛のタネだ。

それでもやめない。ドルが乱れ飛ぶ繁栄の時代にもミシンを踏みつづけた。暴動にも復帰にも関心を寄せることなく、風呂を守った。

シゲさんが守ってきたもの

いま、コザの街は落ち着いたたたずまいを見せている。

「寂《さび》れたねえ」

とシゲさんは苦笑する。

ブッシュマスターズが仕切っていた黒人街も、いまや薄暗いシャッター通りだ。

2020年6月12日には、沖縄市の中心部・胡屋《ごや》で米国の「Black Lives Matter」に連帯する集会が開かれた。黒人が、白人が、米国人と日本人のダブルの若者が、そして普段は米軍基地の建設に反対している地元住民が、一緒に米ミネソタ州で起きた白人警官による黒人男性暴行死事件に抗議の声を上げた。「命どぅ宝（命こそ宝）」と「Black Lives Matter」が同時に叫ばれた。

ともに被差別の歴史を抱えた者たちの〝連帯〟が示された。

そして基地はいまだ居座っている。事件もある。

沖縄は日米両国から、ないがしろにされたままだ。

それでもシゲさんは湯を沸かす。「湯池」を満たす。何も変わらない。今日も午後になるとシゲさんは入り口のベンチに座って客を待つ。

人懐っこい笑顔のシゲさん

「おばあ、元気か」
と客が３７０円をシゲさんに手渡しする。
「あんたこそ、どうなのよ」
とシゲさんが返す。

いつのまにか人が集まる。ゆんたくの輪ができる。茶菓子が回される。沖縄の戦後を乗り切り、50年間、変わらぬ日常を繰り返し、たどり着いた先に常連客の笑顔があった。

石垣島を離れたときの決意は色あせていない。

シゲさんは時代に流されなかった。そんな余裕などなかった。自分と家族とユーフルヤーを守りつづけた。

きっと、それが、シゲさんの幸せなんだ。

湯池で出会った迫力の〝先輩〟

ゆらゆら。ふわふわ。光の粒子がはしゃいでいる。

それは「中乃湯」取材二日目の午後だった。

浴室に入り込んだ陽射しは黄金色の煙霧となって、湯面を照らす。

これだから〝昼風呂〟はたまらない。銭湯は、空が明るいうちに入るのが最高だ。ちょっとしたうしろめたさは高級な入浴剤よりも体を癒してくれる。

何か悪いことをしているのか？　うん、たぶんしている。たとえば、締め切りをとうに過ぎた原稿を待っている編集者がいる。ごめんなさい、ごめんなさいと心の中で繰り返しながら、私は熱い湯に包まれ手足を伸ばす。ああ、気持ちいい。数えきれないほど背負った悪事も、湯の中に溶けていく。お日様が許してくれる。人生なんて逃避行だ。ほんとうに、ごめんなさい。

そこへ——

ドボン。私よりも少しばかり年上の男性が湯池に体を沈めた。

「ぶぉー」「ぶぁー」腹の中にたまった空気を一気に吐き出すように、気持ちよさげな声をあげる。お見事。続けて深呼吸。この〝第一声〟は人によってちがう。前日に会った男性は「ふうー」だった。私もおおむね、そんな感じ。どちらかというと安堵のため息。ところが、この日の男性はもっと豪快。体内の空気をすべて入れ替えるかのような勢いだった。

空気どころか風呂湯まで一気に飲み干してしまいそうな迫力に気圧されていると、男性のほうから声をかけてくれた。

「ここのお湯は薬みたいなもんだな。体を元気にしてくれる」

さすが中乃湯の先輩。逃げ回った末に湯隠れする私とはちがい、活力を得るために風呂へ飛び込む。効能は人それぞれだ。

市内に住む67歳の元会社員。月に一度は「通っている」のだという。

「このあたりは戦争前まで田んぼや畑が広がっていたらしいよ」

明らかに一見さんな私に向けて、先輩のレクチャーがはじまる。

「つまり、土がいいんだ。土がいいってことは、水もいい。豊富な地下水がこの風呂を生み出した」

なるほど。「基地の街」が出来上がる前のコザを私は想像した。農村だった時代、いや、それよりもはるか昔。肥沃な土地に南国特有の激しい雨が叩きつけられる。雨水は何十年、何百年もかけてあらゆる養分を吸い込みながら地中を降下し、地熱が加えられて鉱泉となる。

「だから地下水は体にいい。シャワーはダメだ」

シャワーは薬にならない。私がそう応じると、先輩は「ほんと、そうだ」と体を揺らしながら笑った。

風呂場の論戦

そのまま風呂の効能について話を続け、そろそろネタも尽きかけたという頃合いで、先輩が急に話題を変えた。

「しかし、いま、沖縄は騒々しいだろう」

じつはこの原稿を書くにあたっての取材は、2019年春におこなった。ちょうど統一地方選挙の後半戦真っただ中だった。しかも沖縄市を含む沖縄県第3区では衆議院補欠選挙戦も同時に進められていた。つまり「戦い」の最前線で、私はのんびり風呂に浸かっていたことになる。

とくに衆院補選は、辺野古の新基地建設に反対する屋良《やら》朝博《ともひろ》氏と、同基地建設を容認する立場の島尻《しまじり》安伊子《あいこ》氏の一騎打ちで、両候補が選挙事務所を構える沖縄市は〝激突の舞台〟として全国的にも注目されていた。「騒々しい」と言うのであれば、選挙カーが走り回る状況は、まあ確かにそのとおりではある。

だが、先輩の苦みきった表情は、屋良氏に代表される「基地建設反対」のスローガンに向けられたものだった。

「いつになっても反対、反対、そればかりだ」

先輩は吐き捨てるように言った。

うーん。私は低い声で唸りながら、湯をちゃぷちゃぷかき混ぜた。ちょっと重たく感じはじめた空気をなんとかしようとしたのだけれど、風呂の中で手を動かしたくらいでは、どうにもならない。小さな波紋はさっと消える。

先輩は続けた。

「(沖縄の)新聞は偏向しているし、中国の影響力は強まっているし、このままじゃ沖縄もひどくなる一方だ」

先輩、私、自分自身の問題としても沖縄にこれ以上基地をつくることは容認できませんし、そんなことをこれまで書きつづけてきたし、中国の影響力が云々《うんぬん》といった話は〝本土文化人〟が持ち込むデマですし、沖縄の新聞は偏向なんかしてませんよ、みたいな本も出したばかりなんですけど。

なんてことをはっきりと口にしたわけではなかったが、たぶん、ぼそぼそ声の反論は伝わったのだろう。先輩はますます饒舌になって、国防の意義や沖縄の危機を熱心に説くのであった。

「(基地反対の主張は)日本人として恥ずかしい」

先輩はそう訴えた。

沖縄には沖縄の視座がある。歴史、地理、文化を踏まえたうえで、生き方、暮らし方が決まる。先輩にも先輩なりの思いがあって、あるべき「沖縄の姿」を私に伝えてくれようとしたのだろう。ユーフルヤーの持つ開放感もまた、先輩の口を滑らかにしたのかもしれない。

だが、先にも触れたように、私は基地に関する問題を「沖縄問題」とは捉えていない。沖縄県に存在する基地の多くは、「本土」から移転したものだ。押し付けられたと言い換えてもよい。

危険だから。事故が多いから。治安が悪くなったから。1950年代、「本土」にあった米軍基地のお膝元では、そうした理由で基地反対運動が続発したこともあり、結果的に基地は撤去された。だが、それはあくまでも「本土」からの撤去にすぎない。危険な基地は沖縄に移され、いまなお島に居座っている。

そして基地問題は「沖縄問題」にすり替えられた。そこには沖縄であれば構わないといった「本土」の意識が介在したはずだ。

米兵による凶悪事件が起きても、米軍機の事故が起きても、日本社会は「沖縄問題」だとして片づけてきた。それどころか、これ以上に基地を押し付けるなという県民の声を、「わがまま」だとして非難する向きもある。まるで植民地あつかいだ。しかもこうした主張は、一部の保守系メディアの後押しもあり、昨今ますます勢いづいている。東京や大阪では、基地建設に反対する沖縄県民は「非国民」「売国奴」だと主張する極右によって、街宣やデモまでおこなわれているのだ。

しかも中国や韓国・北朝鮮が〝仮想敵〟に設定されたことで、それらの国にルーツを持つ人々までもが攻撃の対象となり苦しめられている。差別が誘発されたのだ。

実際、沖縄県内でも中国人観光客に向けて「出ていけ」と怒鳴りつけながら、堂々とヘイトスピーチをまき散らす団体も現れた。

沖縄に対する差別があり、さらに沖縄を利用した外国人差別が存在する。

だから先輩の言葉は、それもひとつの「沖縄の声」ではあったとしても、私には受け入れがたい。

そんなわけで、風呂場の空気を殺伐とさせない程度には配慮しながら、私はささやかに、弱々しく、小声で反論を続け、先輩はそれをエサに、ますます活力を磨くという、おかしな展開となった。

選挙の熱と風呂湯の熱が相まってか、先輩は絶好調だった。

体を洗い、洗髪し、もう一度湯池に飛び込み、さらに脱衣所で着替えをして外に出ても、小さな論戦は続いた。中乃湯の入り口に置かれたベンチに座り、先輩はなおも沖縄の危機を説く。過去の戦争にこだわりすぎるなと訴える。

先輩のよいところは、大声ではあっても、けっして激するわけではなく、笑顔のままに話しつづけることだった。中乃湯の主・シゲさんも「あらあら、あなたもつかまっちゃったねえ」とでも言いたげに、笑いながら私たちのやりとりを見ていた。

「戦争だけはいけません」

そんなとき——あらたな客が現れた。ゆっくりした足取りで年配の男性が近づいてくる。「ほれ」と慣れた様子で茶菓子と小銭をシゲさんに渡す。

さて、これは議論から逃れるにはよい機会ではないか。狡猾な考えが浮かんだ。私は大事な仕事を思い出したかのようにベンチを離れて、男性のもとに向かう。先輩、話の途中だったのにごめんなさい。風呂の中でも外でも、私は謝ってばかりだ。

暖簾をくぐろうとする男性に私は話しかけた。

——中乃湯にはよくいらっしゃるのですか？

男性はこくりとうなずいた。

「ここに来ると、よく眠ることができるんです」

うるま市に住む84歳。

穏やかな表情をしていた。実年齢よりもずっと若く見えるのは「こうしてユーフルヤーに通いつづけているから」だという。

「最近、年齢のせいなのか、足がジリジリして眠れないことがあるんです。でも、ここの風呂に入ると、不思議なことに安眠できる」

そうかあ。やっぱり鉱泉の効果だ。沖縄の土と水と歴史がつくりあげた良薬だ。

納得しながらうなずいていると、男性は私の顔を覗き込み、低く抑えた声で言った。

「戦争は、何があっても正当化できません」

まるで独り言のようだった。

おそらく、私と先輩の会話が耳に入ったのだろう。

「戦争だけはいけません。繰り返してはなりません」

錦糸のように細い声だったけれど、迷いのない口調には、何があっても揺らぐことのないはっきりとした意志を感じた。

「私は収容所での生活も経験しています。そこから生き延びました」

そして「風化させてはいけない記憶もある」のだと静かに訴えた。

終戦後の一時期、米軍が管理する石川（現・うるま市）の収容所にいたという。

澤岻《たくし》安松《やすまつ》さん
週に一度、
中乃湯に通う

石川収容所は1945年4月、米軍上陸直後にできた収容所だ。戦火に追われ、家を失った多くの人々が収容された。飢餓と混乱のなかで人々は肩を寄せ合うように暮らした。沖縄の戦後復興は、この石川収容所からはじまったといってもよい。戦後初の学校「石川学園」が開校し、同所で作業班長をしていた島清《しまきよし》（当時の社会大衆党幹部）を編集責任者として「ウルマ新報」（後の琉球新報）が発刊され、沖縄県庁の前身ともいえる「沖縄諮詢会」がつくられた。また、沖縄民謡などの大衆芸能もここで再興された。石川収容所は戦後の一時期まで文化、教育、政治の中心だった。

男性は、そこでの暮らしから沖縄の未来を見つめ、思案し、平和というものを考えつづけてきたのだと私に話した。立ち話だけで済ませるような話ではないと思った。

もっと話を聞かせていただくことはできませんか。できれば落ち着いた場所で、たとえばご自宅などで取材させてもらうことは可能でしょうか。

図々しいお願いだった。

男性はちょっと戸惑った表情を見せた。少しの時間、考え込み、そしてふたたび小さな笑顔を私に返した。

「いいですよ。私の体験談でよければ」

ユーフルヤーの入り口で出会った男性——澤岻安松《たくしやすまつ》さん。

こうして私と金井さんは翌日、澤岻さんの家を訪ねることになったのである。

ふたりで澤岻さんのお宅へ

お風呂屋さんでたまたま出会った人のご自宅にうかがって、昔の話を聞かせてもらうという展開にわたしたちは盛り上がった。

「旅先で出会った人の家にお邪魔しちゃう展開ってあるんですよねー。そういうとき、だいたいおもしろいことが起きる」

胸のひきだしに大切に保管してある旅の思い出を撫でながらわたしが言うと、

「ぼくの場合は足を棒にして歩き回っても空振りする取材が多いから、話を聞きたい相手が向こうから声をかけてくれるなんて夢みたいだなぁ」

ハードな聞き込みに慣れている安田さんはうれしそうに笑った。

その晩、浮かれてオリオンビールを飲んでいたら安田さんのスマートフォンが鳴った。

「あ、澤岻さんからだ」

電話に出た安田さんの顔が曇る。ややや。どうした。しばしのやりとりの後、通話は終わった。

「いやぁ、焦った。澤岻さんが『あなたたちはわざわざ内地から来て、きっと予定があっただろうに、お風呂で会った勢いで誘ってしまって悪かった。年寄りの話に無理して付き合わなくいい』って言うんだよ」

安田さんは慌てて、ぜひ予定どおり話を聞かせてほしい、ぼくたちはそういうことがしたくて沖縄に来たのだ、と熱を込めて説明した。それで澤岻さんも気を取り直してくれて、家を訪ねる約束は反故《ほご》にならずに済んだのだった。

澤岻さんは、気遣いの人だった。あるいは、知り合ったばかりの人に個人的な話を聞かせることを少しためらっていたのかもしれない。

翌日の午前10時、澤岻さんのお宅を訪ねた。街道から一本入った閑静な住宅街。庭の犬がウォンと鳴いた。

「ようこそいらっしゃいました」

大きな座卓が置かれた客間に通され、京子《けいこ》夫人が淹れたてのコーヒーとお菓子を持ってきてくれる。澤岻さんご夫妻はおふたりとも琉球古典音楽に造詣が深く、夫は三線《さんしん》の、妻は琉球箏《ごと》のお師匠さんだという。本棚には民謡の楽譜や琉球語に関する書物がびっしり詰まっていた。

「十・十空襲」と米軍上陸

「さ、足を崩して、コーヒーを飲んでください」

うながされ、わたしと安田さんは品のいいコーヒーカップに口をつける。そのようすを見て、ひと呼吸置いてから、澤岻さんは言った。

「終戦のとき10歳でね、それから74年が経ちました」

黙ってうなずくわたしたち。

「日本はいつも勝った勝った、シンガポール陥落だとか言ってね、大きな通りで提灯《ちょうちん》行列やったりしてね、昔の教育は負けた話をしないんですよね。だからまさか、戦争が沖縄まで迫ってきているとは思わなかった」

まずこの話にハッとする。わたしたちはアメリカを中心とした連合国軍がガダルカナル島、マリアナ諸島、レイテ島……と太平洋をどんどん西へと攻めてきて、ついに沖縄にたどり着いた経緯を知っている。でも当時、戦況はいっさい知らされていないのだから、沖縄の人にとっては寝耳に水。振り返ったらそこに敵がいた、みたいなことなのだ。どれほどびっくりしただろう。

1944年10月10日の「十・十空襲」のとき、多くの沖縄県民は防空壕すらつくっていなかったと澤岻さんは言う。

「予想もしてなかったからね。目の前に飛んできた飛行機も、みんな友軍の飛行機だと思ってた。それが機銃掃射したもんだから、敵だったのか！ と驚いた」

そのくらい無防備だったのだ。ちなみに沖縄では、日本軍のことを「友軍」と呼ぶ人が多い。

澤岻さん一家は当時、嘉手納で農業をやっていた。現在、嘉手納飛行場があるあたりで、いまでは想像できないほど鄙《ひな》びたところだった。家の100メートル先に製糖工場があり、戦時中は弾薬庫として使われていた。その弾薬庫が攻撃された。

「たぶんスパイがいて、そこが弾薬庫だとわかっていたんですね。そこを最後まで死守したのは、私が小さいころによく遊んだ兵隊さんたち。4、5名くらい亡くなった。人間が死んでいるのを初めて見たよ。遺体は見るに見られんような状態で……」

「十・十空襲」では、那覇の市街地の大部分が焼失した。那覇に住んでいた澤岻さんの母方の親戚は、やんばるまで歩いて避難した。それって沖縄本島縦断じゃないか。グーグルマップで確認したら軽く100キロメートルはある。

「子どもも大人も、おじいおばあも、全部歩いた」

それから半年近く経った1945年4月1日、ついに米軍が沖縄本島に上陸してくる。のべ54万人の大部隊が、3カ月かけて沖縄の地形が変わるほど大量の砲弾を打ち込んだ。

戦没者は20万、うち半数が民間人だとされる。

「4月1日に米軍がすぐそこの読谷から上陸してきて、我々は嘉手納の家から避難した」

澤岻さん一家はあわてて屋良《やら》という集落まで行き、そこにあったガマ（自然洞窟）に逃げ込んだ。

「現在は米軍の弾薬庫があって入れない場所なんだけど、ウシヌスドゥガマといって、牛を盗むガマ」

「ウシヌスドゥって、牛を盗むって意味なんですか」

わたしはつい、おもしろいネーミングに反応してしまう。話の本筋と関係ないのに、澤岻さんは丁寧に説明してくれた。

「ウシヌスドゥガマっていうのは、牛を盗んでここで解体したという言い伝えからそう呼ばれるようになったんです。牛泥棒は人目につかないガマでこっそり解体したわけね、フフフ。大きなガマですよ。私の記憶では300人くらい入れたんじゃないかな」

じつは前日まで、澤岻さんの住んでいる界隈にも日本軍兵士が駐留していたのに、米軍が上陸してきた途端に姿を消したという。

「彼たちは情報を得るのが早いですから、米軍が上陸してきたらすぐに安全な場所に移動したんでしょう。でもそれがよかった。友軍が残っていたら、我々民間人も巻き添えを食って死んでいた。我々だけなら抵抗しないですから、殺されずに済んだ。4月1日に米軍が来て、4月2日にはもう捕虜になったんです」

ガマに潜んでいた澤岻さんたちはあっけなく米軍に見つかり、監視のもとで楚辺《そべ》というところまで歩かされた。

「今のトリイステーションのあたりです」

トリイステーションとは、鳥居が目印になっている米軍の通信基地だ。それにしても……70年以上前の戦争の話を聞いていて、「あのあたり」と場所を説明されると、それが現在ことごとく米軍基地って、なんなんだもう。沖縄にどれだけ基地が多いのかを思い知らされる。

「海辺を歩かされて、ふと見たら、海上を米軍の船がぎっしり埋め尽くしていた。あぁ、我々はこの船に乗せられて遠いところに運ばれて捨てられるんだ、と思ったですよ。彼たちはしかし、我々を殺すつもりはまったくなくて、あちらこちらでチョコレートをくれるんです。しかし我々はこれには毒が入っているんじゃないかと思って、彼たちがいないところで捨てていました。彼たちの前で捨てたら感情を害すると思ったからね。最後には米兵が自ら食べて見せて、それで我々もやっとチョコレートを口に入れました」

緊迫感が伝わってくる。

「4月2日に捕虜になったときの写真がこれです」

澤岻さんは銀色のフォトフレームに入ったモノクロ写真を見せてくれた。なんでそんな大混乱のさなかの写真が残っているんだろう。左奥に米兵が写っていて、右手前にはおかっぱ頭の少女や坊主頭の少年、腰の曲がったおばあさんたちが見える。両者の真ん中に、中折れ帽をかぶりサスペンダーでズボンを吊ったおしゃれな紳士。

「これがうちの父です」

澤岻さんのお父さんはハワイで働いていたことがあり、カタコトながらも英語ができた。それで米兵と捕虜たちの通訳をしたらしい。

「そのようすを米軍の従軍記者が撮影していたんですね」

戦後だいぶ経ってから沖縄の新聞に掲載されて、澤岻さんたちはこの写真の存在を知った。坊主頭の横顔が10歳の澤岻さんだ。

父はハワイ移民だった

「うちの父は非常に貧しく生まれてですね。そのうえ親を早くに亡くしたもんだから、17歳でハワイに移民しました」

日本から海外への移民は明治維新（1868年）とともにはじまった。沖縄初の移民は1899年。初期の行き先はハワイが多く、やがて南米のペルーやブラジルへと広がっていった。琉球統計年鑑によれば明治32年から昭和13年の海外移住者は7万2000人を超え、当時の人口で割ると沖縄県民の約12パーセントが移民になった計算になるとか。極貧に耐えかねて新天地をめざす人が多かった。

「父がハワイに行ったときは、沖縄の人と広島の人が多かったらしいです。サトウキビ畑のたいへん過酷な労働でね」

当時は、まず葉っぱを燃やして落としてからサトウキビを刈り取るやり方が主流だった。そのため収穫期のサトウキビ畑は煙に覆われ、労働者の顔は煤《すす》で真っ黒になった。

「同僚や夫婦でもお互いの顔がわからんくらい真っ黒だったそうでね」

大量のサトウキビを天秤棒《てんびんぼう》で担いで運ぶ、その作業がまたつらかった。肩に乗せた天秤棒が耳にくい込むせいで、多くの労働者の耳たぶは変形していたという。まるで柔道家の耳のように。

「親父は17歳でハワイに行って、お袋は那覇の泊《とまり》の出身で、いわゆる『写真花嫁』ですよ」

写真花嫁《ピクチャー・ブライド》は、主に1910年代のハワイ移民の間でおこなわれていた習慣だ。移民となった男性のもとに日本にいる女性が写真と履歴書を送り、実際に会うことなく現地に渡航し結婚する。

「両親はハワイで結婚して、私は11人兄弟の8番目ですが、わたしまでが向こうで生まれて、末の3人は沖縄生まれ」

1920年代末から30年代にかけて、世界恐慌のあおりを受けてハワイも大不況に陥った。澤岻さんのお父さんは仕事を失い、家族で沖縄に戻ってきたのだった。その後、一家は嘉手納で農業をして暮らしていた。

「父はおそらく、アメリカが圧倒的に強くて日本がちっぽけだということを知っていた。だからアメリカが攻めてきた以上はどうしようもない、と覚悟していたところがありました」

さて1945年4月2日、楚辺にたどり着いた一行は即席の収容所に入れられた。

「誰か通訳できる者はいないか」

と米兵に問われたとき、英語ができる学校の先生などはスパイだと疑われるのが怖くて名乗り出なかった。それで澤岻さんのお父さんが手を挙げた。

「うちの親父は本当にブロークンイングリッシュ。沖縄でも貧しくてハワイでも貧しかったから教育なんて受けてないですよ。だからむずかしいことは言えなかったと思う。でも肝心なのは、『米軍は民間人に危害を加えない、隠れている人はみんな出てくるように』と伝えること。これがいちばん大事ですよ。だからね……我々が知っている範囲ではそういうことはなかったです」

澤岻さんの言う「そういうこと」とは、沖縄各地のガマで起こった集団自決を指している。日本軍は、兵力不足を補うため少年や女子学生まで徴用し、軍の仕事を手伝わせていた。米軍に機密が漏れることを恐れ、民間人に対しても米軍の捕虜になるなと命じたのだった。「米軍に見つかったら惨殺される。潔く死んだほうがまし」と教え込まれ、ガマから出ることを禁じられ、多くの人が集団自決に追い込まれていく。

澤岻さんは、「私は父を誇りに思っている」と静かに言った。学がない苦労人のお父さんが、米兵から託された「米軍は民間人に危害を加えない」というメッセージを住民たちに伝えた。それで助かった命があるのは間違いない。

3万人がひしめく石川収容所で

楚辺の収容所からは、停泊する米軍の艦船に特攻隊の戦闘機が体当たりをこころみるさまが見えたという。

「特攻機の音はさびしいんです。本当にさびしいような悲しいようなブーーンという音です。それで船に体当たり。だけど成功したのは……1回だけそれらしき姿を見たんですけどね」

ほとんどの特攻機は体当たりする前に、敵機からの銃撃や地上からの高射砲で撃ち落とされてしまうのだった。

「日本軍は持っている弾数が少ないものですから、敵機が来てもなかなか撃てない。米軍はポンポンポン！　と太鼓を叩くような勢いで撃つ。子どもながらに兵隊さんが気の毒で悲しかった」

それほどの至近距離で特攻隊の最期を見ていた人がいたとは。沖縄での特攻作戦は１９４５年の4月6日から7月19日まで続いた。鹿児島の知覧《ちらん》基地をはじめとして宮崎、熊本、台湾などから連日、特攻機が沖縄をめざして飛び立ち、二度と戻らなかった。「お国のために」死んだ特攻隊員は１０００人を超す。

そのうち楚辺の収容所は、特攻隊と米軍の攻防が近すぎて危ないということになり、捕虜たちは石川の収容所に移されることになった。

石川の収容所は、規模が桁《けた》ちがいに大きかった。米軍が撮影したモノクロ写真を見ると、見渡すかぎりテントが隙間なく並んでいる。多いときには3万人もの避難民が寝起きをともにしたというから、ものすごい人口密度だ。ニュースで見るロヒンギャ難民とかシリア難民のキャンプ地を思わせる。

「この部屋くらいの広さをふたつに区切って、あっちに一家庭、こっちに一家庭。あるいは軒下にテントを延ばして、そこで寝る。とにかくぎっしりですよ」

澤岻さんのところはお父さん、お母さん、6人の子どもが身を寄せ合っていた。食事は配給制。

「お米も配給されました。若い人たちが周囲の畑に置き去りになっていた芋や農作物をとってきて、みんなで分けたりもしました。ガスや電気はないからね、やっぱり周囲の、人が住んでいない家を壊して薪《たきぎ》にしていた」

着の身着のまま、すべてを失って収容された者どうし、なんとか協力して日々をしのぐしかなかった。

「北谷《ちゃたん》や嘉手納あたりから来た人もいるし、読谷の人もいるし、それから島尻（沖縄本島の南西部）の方もいて、同じ県民でもことばが通じないんです。屋嘉《やか》と石川なんて、わずかしか離れてないけど方言がちがいます」

というエピソードが興味深かった。ちがう出身地の人と話す際には共通語を使っていたらしい。

夜になると、どこからともなく三線の音が響いてきた。

「あのころはテレビやラジオの音がいっさいないでしょう。10時になったら電気も完全に消えるんです。その静寂のなかで、三線が鳴る。もちろん歌も。あれだけの人が集められたら、なかには三線や民謡の先生もいたわけです。空き缶と落下傘の紐でつくった三線ですから、音はよくないけどね。それでも子ども心に、あぁ、すばらしい音楽だなぁと思って聴いていました」

澤岻さんによれば、沖縄の歌は声が美しいからいいというものではないらしい。聴いている人の心を自然に揺さぶる「歌情《うたなさけ》」が重要だとされる。収容所で聴いた音楽にはそれがあった。

８月15日の終戦のことは覚えていないと言った。沖縄の人たちが「あぁ、戦争は終わったんだ」との実感を得たのは、９月に沖縄戦降伏文書が調印されてからだった。

そしてそのままアメリカ世《ゆー》が27年間続いていく。

平和を奏でる三線

一家は収容所を出て、石川の空き家に移った。もともと住んでいた嘉手納には戻るところがなくなっていたのだ。澤岻さんは高校卒業後、米軍の仕事に就いた。

「当時、民間の仕事はほとんどないし、お金を稼ぐには軍で働くのがいちばん手っ取り早かった。昔は『軍作業』と言いましてね。陸軍の瑞慶覧の基地の人事課で採用されました」

その後アメリカ系の航空会社へ転じ、さらに貨物の会社で定年まで勤め上げた。

澤岻さんが師匠について本格的に三線を習いはじめたのは30歳を過ぎてからだ。

「音を聴いて育ったから、やってみたかった」

そう言って、はにかむ。勤め先が変わっても、退職したあとも、気がつけば50年、三線に打ち込んできた。現在では琉球古典音楽野村流音楽協会の相談役として、演奏会をしたり、若い人に教えたりしている。

「昔はね、田舎のほうでは、音楽をやるのは道楽者というイメージがありました。今日みたいな天気がいい日に三線を弾いてたら『うふげんな』と言われますよ」

うふげんな、は「大きな腕《かいな》」の意味。「大きな腕があるのに仕事しないのか、怠け者だなぁ」みたいなニュアンスで使うことばらしい。うふげんなと言われると困ると言いながら、澤岻さんは立ち上がってケースを持ってくると、中から三線を取り出した。

「三本の弦でいちばん低い音を出すのがウージル、真ん中がナカジル、いちばん高い音を出す弦をミージルといってね。ウーは男、ミーは女を表します」

そんなことを言いながら膝の上に乗せて、結局、弾いてくれるのだった。84歳の澤岻さんが奏でる「かぎやで《カジャディ》風節《フウブシ》」が静かに空気を震わせて、いい時間が流れていった。

聴き終えて、安田さんがしみじみと言う。

「三線は平和の象徴みたいなものですよね」

すると澤岻さんが、たぶん今日いちばんの大きな声で答えた。

「まったく、まったく」

そして三線を大事に床に置きながら、

「内地の人には、ちょっと言いにくいんですけどね」

と口元をほころばせながらこんな話をしてくれた。

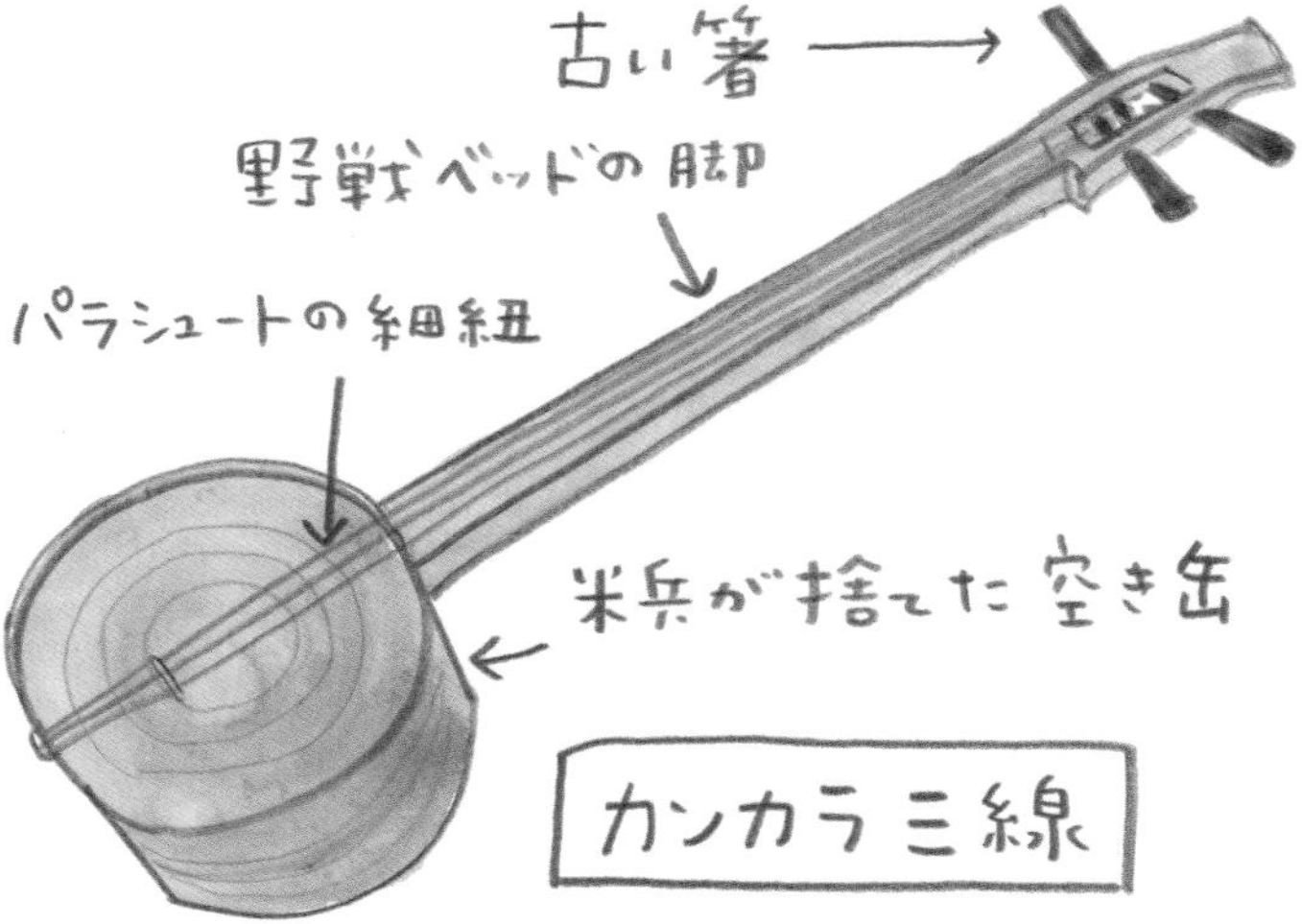
古い箸
野戦ベッドの脚
パラシュートの細紐
米兵が捨てた空き缶
カンカラ三線

沖縄で 炭水化物 抜き
ダイエットは できない
by 安田浩一
沖縄そばと
ジューシー

「内地のいいおうちでは、床の間《とこま》に刀を飾るでしょう。でも沖縄の場合は『夫婦三線《ミートゥンダ》』といって、二丁の三線を飾るんですよ。刀は人を殺すもの、三線はその逆で仲良くなるためのものです。二丁の三線のひとつは家の主が弾いて、もうひとつはお客さんに弾いてもらうんです。そういう文化が沖縄にはありますよ」

武器を飾るか楽器を飾るか、そのちがいは大きいなぁ。

「私はけっして反米的ではないし、反政府的でもないです。でもやっぱり基地がいいとは思わない。沖縄の基地問題を考える人には、ぜひ沖縄の文化のことを理解していただきたい。全部つながっているからね」

澤岻さんは最後まで穏やかな口調だった。

沖縄に唯一残るユーフルヤー「中乃湯」での偶然の出会いから、わたしたちは思いがけず長い物語を知ることになった。気がつけば3時間近くが経過し、とっくにお昼時《どき》を過ぎている。お礼とお詫びを言って、澤岻さんのお宅を辞した。ご夫妻は玄関に立っていつまでも見送ってくれた。庭の犬もウォンウォンとしっぽを振った。

第3章

沐浴湯とアカスリ、ふたつの国を生きた人

韓国

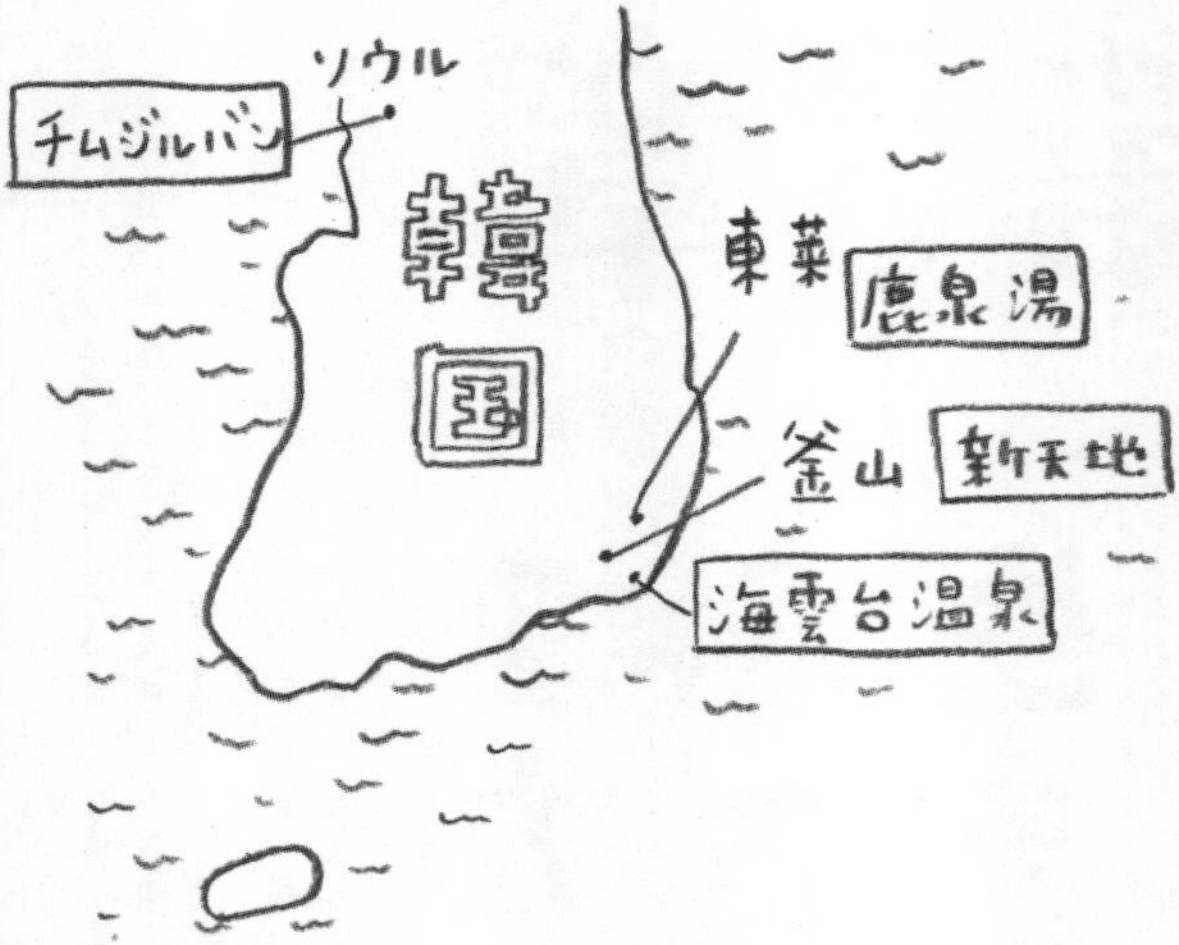

温泉、沐浴湯、チムジルバン……

韓国はお風呂大国だった！

釜山やソウルでお風呂のはしご。

日韓の「入浴観」のちがいが見えてきた。

戦中戦後を度胸と才覚で駆け抜けた

90歳が語るダイナミックな日韓裏面史。

湯船で隣り合ったハルモニはつぶやいた。

「日本人には名前を教えたくないの」

お風呂が見せてくれる、聞かせてくれるもの——

日本人が再興した温泉地

風呂に入ると歌いたくなる。

湿度や温度が高い空間ほど、音の減退が少ないという。つまり、浴室内は声がよく通る。エコーがかかる。歌がうまくなったような気もする。カラオケ嫌いの私でも、浴槽の縁を叩いてリズムをとりながら〝熱唱〟することはある。

だから、気持ちはじゅうぶんにわかるのだ。

「あ〜」

腹の底から絞り出すような低音が大浴場に響きわたる。私の横で先生の独唱がはじまった。

〝あ〜なたを〜捨て〜た〜〟

いい声だ。ほれぼれする。

節回しに艶《つや》がある。

〝む〜くいでしょう〜か〜〟

先生、お見事。北島三郎の『箱根のおんな』。さすが十八番《オハコ》だけあって、こぶしのきいた歌声にはいっさいの迷いがない。

湯舟から発せられた声は壁に当たり、天井で跳ね返る。湯気の中で残響が漂う。

本当は手拍子でも打って応えたい。「よっ！」と合いの手でも入れることができれば先生も喜んでくれるはずだ。だが、私は少しばかりの動揺を抱えて、先生の独演会を見ているしかなかった。

ここは韓国・釜山《プサン》。ビーチリゾートとして知られる海雲台《ヘウンデ》の海岸近くにある「海雲台温泉センター」だ。日本でいうところの健康ランドである。

海雲台は日本人にも人気の観光地だ。美しい海岸線には高級ホテルが林立し、カジノもショッピングセンターもある。自然と近代が調和した風景から、「韓国のホノルル」と呼ばれることもある。

だが、海雲台が古くからの温泉地であることを知る人は少ないのではないだろうか。

韓国の入浴文化を詳述した『韓国温泉物語』（竹国友康著・岩波書店）では、海雲台温泉について次にように触れている。

海雲台温泉の由来は古文献にはないが、その昔、王侯高官たちがここにあった温泉をしばしば訪れるため、その賦課に耐えきれなくなった住民たちによって湧出口がふさがれてしまったという言い伝えがある。しかし実際に、今日の海雲台温泉のもととなる温泉を開発したのは、開港期の釜山に住んでいた日本人医師、和田野茂らである。和田野は、一九〇五、六年頃、海雲台の田圃を買収し、そこに湧出する温水をたよりに手掘りの井戸を掘って、浴場をつくった。

その後、日本の植民地経営が進むなかで温泉地としての体裁が整い、戦後（解放後）は外資系ホテルの進出も相次ぎ、韓国屈指のリゾート地として成長した。いまは都市型リゾートの色彩が強く、同地も「温泉」をことさら強くPRしているわけではないが、裏道を歩けば温泉を汲み上げた沐浴湯《モギョッタン》（銭湯）をいくつか見ることはできる。「海雲台温泉センター」はそのなかでも最大規模の温浴施設であり、先生の〝行きつけ〟でもあった。

演歌を熱唱する90歳

私が「先生」と呼ぶ崔秉大《チェビョンデ》さんは、絶好調だった。

肩まで湯に浸かった崔さんは、目を閉じ、首を小刻みに動かしながら、悲恋を歌う。90歳とは思えぬ張りのある声だった。

2019年7月のことである。風呂取材を続ける私と金井さんが訪問先として選んだの

は韓国だった。温浴施設が豊富で、たくさんの温泉地も抱える韓国は日本と同様〝風呂大国〟だ。これはぜひとも風呂三昧せねばと意気込んだ。

一方、この時期の日韓関係は、またもや「最悪」を更新していた。

前年11月、韓国の大法院（最高裁判所）は日本企業に対し、戦時中に動員された韓国人元徴用工らに慰謝料の支払いを命じる判決を出した。これをきっかけに日本国内では、韓国への敵意や嫌悪を表す向きが勢いづいた。政治家は強硬論を煽《あお》り、メディアは「嫌韓」報道を垂れ流した。韓国内も一部で日本製品の不買運動がはじまり、両国を往来する観光客が激減した。

そんな時期でもあったから――大浴場で呑気に日本の演歌を熱唱する崔さんには、ハラハラさせられたのだ。ナショナリズムのぶつかり合いは出口が見えない。誰もが国家利益の代弁者となるような風潮にはげんなりする。

私は日本国籍の日本人なので、あえて日本の現状を憂う。過去の戦争は大きな被害をもたらした。徴用工とされた人々もまた、戦争の被害者であることは動かしがたい事実だ。そこに向き合うことなく、「いっさいの妥協はない」と言い切ってしまえば険悪となるのも当然だ。ましてや日本は今世紀に入ってから偏狭なナショナリズムが幅をきかせ、排外主義の動きも活発化した。この時期、韓国を敵視し、在日コリアンの排斥をも訴えるようなヘイトデモが日本各地でおこなわれている。

恥ずかしいことだ。

結局、崔さんは2番まで歌い上げた。頭の中に歌詞が埋め込まれているのだろう。最後まで淀みなかった。

周囲を見渡す。とくにこちらを注視している人はいなかった。悪意も敵視も感じない。ホッとした。というよりも、えらそうなことばかり言っている私もまた、韓国の対日感情に過敏に構えていたのかもしれない。たしかにソウルでは日本政府に対する抗議デモが繰り返されていた。しかし、観光客として普通に街歩きしているぶんには、いつもどおりの韓国だった。道に迷えば、親切に案内してくれる人がいる。「日本人を追い出せ」なんて言葉が飛び交う排斥運動もない。

だからこそ崔さんは遠慮も気兼ねもなく風呂の中で歌う。大きな声で、流暢《りゅうちょう》な日本語を使って私に話しかける。

「日韓はお隣さんだ。くっついたり離れたり、いろいろあっても隣どうしという地理的な関係は未来永劫、変わらんだろう」

そのとおりです、先生。

「きみはヘイトスピーチの問題なども取材してるんだろう?」

私がこくりとうなずくと崔さんは続けた。

「あれだけはいかんなあ。韓国人は出ていけと言ったって、そもそも日本人が連れてったんだからな」

まさに。

「まあ、文在寅《ムンジェイン》も問題だがな。あれは社会主義者だ」

崔さんは筋金入りの〝アカ嫌い〟。バリバリの保守主義者である。

このあたりの話になると、私はさっと話題を変える。

「先生、せっかくだから背中を流しますよ」

そうか、そうかと崔さんはうれしそうな表情を浮かべて浴槽から出た。

日本語しばりのカラオケ大会

じつは、私たちはその日に崔さんと出会ったばかりだった。韓国に駐在経験のある新聞記者から「日韓問題に詳しい人だから」と紹介してもらったのだ。

1990年代半ばまで釜山の日本領事館に勤務していた崔さんは、現地邦人の間では有名人だ。戦前戦中に朝鮮半島に移り住んだ日本人女性によって組織される「芙蓉会《ふよう》」や、日本人女性のための老人福祉施設「慶州ナザレ園」の顧問も務めている。これまで生きてきた時間のほとんどを「日本人」のために費やした人物である。

その数奇な人生については金井さんが詳しく触れているので読んでいただきたい。

私たちは午前中に釜山市内の崔さんの自宅を訪ね、街の食堂で昼飯をともにしながら話を聞き、そして、持ちかけた。

「一緒に風呂に入ってもらえませんか？」

図々しいお願いではあったが、崔さんは快諾してくれた。

だが、昼食後に風呂へ直行したわけではない。その前に、崔さんにとって大事なイベントが控えていた。この日は、恒例だという「カラオケ大会」の開催日だったのだ。

「楽しいぞ。一緒に行くかい？　若い子も来てるはずだ。日本人は大歓迎だ」

なんだかよくわからないが、崔さんの熱心なお誘いが好奇心をくすぐる。喜んで同行させてもらうことにした。海雲台の裏通り。野菜や海産物が並ぶ小さな市場の入り口近く。青果店の脇の薄暗い階段を下りた場所に、そのカラオケルームがあった。

ドアを開いて店内に入った瞬間、耳に飛び込んできたのは日本の演歌である。

長机が整然と並べられただけの室内は集会所のように簡素なつくりだったが、ステージだけは立派だった。左右に大型スピーカーなどの音響設備が配置され、歌い手はスポットライトの妖しい光に照らされていた。ステージの背景には釜山の夜景が映し出されている。

ああ、港町。そんな風情に包まれる。

見渡せば、客は70~80代と思しき高齢者が大半を占めていた。崔さんが言うところの「若い子」とは、いずれも60代の女性たちのことだった。そりゃあ確かに崔さんからすれば「娘さん」ではある。

そして、ここで歌われるのは日本の歌謡曲ばかりだった。〝日本語しばり〟の店なのだ。しかも多くは演歌かムード歌謡。70年代生まれの金井さんにとっては聞いたことのないような古い歌ばかり。60年代生まれの私だって、はじめて耳にするフレーズがほとんどだった。

歌は途切れることがない。三橋美智也が終わると、次は村田英雄。さらに北島三郎や大川栄策が続く。誰もが流暢な日本語で歌い上げる。

崔《チェ》秉大《ビョンデ》さん
1929年生まれ
カラオケ熱唱中！

日本語の歌詞にハングルの読みがつく

「どうだい、みんなじょうずだろう」

崔さんが自慢げな表情を浮かべる。

聞けば、このカラオケ大会、毎週月曜日と木曜日の2回、この場所で開催されているという。参加者は月に3万ウォン（約3000円）の会費を払い、海雲台に集まる。

「みんな、日本語を子どものころに叩き込まれた世代だ。つらい思い出もあったが、それでも言葉は染みついて離れない。歌も一緒だ。とくに釜山の人たちにとって、日本の歌謡曲はなじみ深いんだよ」

韓国がまだ軍事政権だった時代、日本の歌謡曲はテレビでもラジオでも流すことが禁じられていた。李承晩《イスンマン》も朴正熙《パクチョンヒ》も全斗煥《チョンドゥファン》も、そうすることで日本という存在を乗り越えようとしていたのだろう。

だが、どれほど厳しく禁じられても、流行

り歌はこっそり流れ込んでくる。

　なかでも釜山は特別だった。港町として日本と深く結びついていたこともあり、文化はあらゆる回路を用いて〝侵入〟を繰り返した。日本航路の船員が、あるいは下関との間を行き来する行商の女性たち（ポッタリさんと呼ばれた）が、日本からレコードやカセットテープを持ち帰った。それらが複製され、街の屋台に並ぶ。日本のヒット曲は、それほどの時間差もなく釜山でもヒットした。

　カラオケルームの店主も、私にこう告げた。

「釜山は九州と近い距離にあります。対馬なんて50キロしか離れていません。ですから以前はアンテナに少しの工夫を加えただけで、日本のテレビ番組だって視聴することができたんです。日本語も、日本の歌も、釜山では身近な存在だったんです。年末の紅白歌合戦にいたっては、東京以上の視聴率を弾き出していたかもしれませんよ」

「日本語を叩き込まれた世代」がちょっとした郷愁を覚える機会には恵まれていたのだ。

　気がつけば崔さんがマイクを持ってステージの上に立っていた。腰をかがめ、握りこぶしをつくり歌っていたのが、そのあとに風呂場でも熱唱することとなる『箱根のおんな』だった。

　崔さんは北島三郎と村田英雄と竜鉄也が好きなのだと話す。

「人間の情を感じるんだな。それが切々と伝わってくる。たまらないねえ」

ここにはさまざまな人がいた。

聞いてみれば、やはり、考え方も崔さんに近い人が多い。つまり、日本に向けるのと同じくらいの郷愁を〝かつての韓国〟からも感じとろうとする保守的な人たちだ。

軍事独裁政権が倒れ、文民政権に移行し、民主主義が進んで韓国はより自由な社会を実現させた。経済も発展し、かつてのように「日本を乗り越える」季節もとうに終えた。市民の力は、ときに大統領の地位にある者をも引きずり落とす。正直、私はそれをうらやましく思う。

だが、複雑な思いで日本と向き合い、発展のためだと信じて国に尽くし、いまや時代遅れのITオンチと疎外される高齢者の一部は、記憶の海を漂流する。自身にとって「よかった時代」を探す。懐かしむ。刻印された「日本」と優しく向き合いたくなるときだって、あるにちがいない。

歌の持つ力

「日本を見習ってきたんです」

88歳の男性は私にそう漏らした。

かつては日本向けに輸出する靴の工場を経営していたという。

「日本に憧れてきたと言ってもよいでしょう。私にとってはもっとも身近な豊かさが、日本にありました。仕事で何度も日本を訪ねました。日本の歌を口ずさむと、そのときの風景が蘇るんです。京都や大阪、そして東京。美しい街並みを思い出します」

89歳の元大学教授は「いまの日韓関係を思うと苦しくなる」と言った。

「私は子どものころ、10年間も日本語だけで生活していた。体に染みついて離れることはありません。好き嫌いの感情ではないのです。ただただ、閉じ込めたままの気持ちを、ときに解き放ちたくなるだけなんです。それが私にとっての〝歌〟なんです」

男性は、藤山一郎の『影を慕いて』を歌った。

〈まぼろしの　影を慕いて雨に日に〉ではじまる古賀メロディーの代表曲である。

〈儚き影よ　我が恋よ〉これは男性の日本に対する思いだったのだろうか。けっして消えることのない日本。影のように寄り添う日本。

だが、その日本が男性に何かを報いたことはあったのだろうか。私は美しい記憶で彩られる日本と、排他な空気に染まる現実の日本とのギャップを思わざるを得なかった。

ちなみに少しばかり興味深かったのは、前出のふたりの男性は何の不自由さも感じさせることなく日本語の演歌を歌っていたが、私との会話は韓国語だったことだ（私は通訳を介して話を聞いた）。言葉の多くは忘れても、日本語の歌詞は忘れない。歌の持つ〝力〟を思った。

歌うと思春期に戻る

一方、91歳の女性は、たどたどしくも乱れのない日本語を話した。

「思春期に日本語を学んだんです。だからこそ、どうしても日本語の歌詞に惹かれてしまいます。じーんとくるんです」

女性はそう言って両手を胸に当てた。

定年までずっと釜山市役所に勤めていた。

「戦争が終わってから、日本語を使うのは歌をうたうときだけです。だからこそ余計に思い入れが強くなるのかもしれません。くじけちゃダメだと自分に言い聞かせるとき、ついつい日本の演歌を口ずさんでしまいます。歌詞が本当に美しい。思春期の時分に戻るんです」

話しながら、女性の目にはうっすらと涙が浮かんでいた。初恋の思い出を語るような口調だった。思春期に覚えた日本語だから、話しているうちに時代を遡《さかのぼ》る。少女に戻る。

「同じように思う人もここでは少なくないと思います。大昔になるのかしら、釜山をフランク永井や山本譲二が訪ねたときは、大変な騒ぎでした。彼らはここでは大人気なんですよ」

じっと胸に手を当てたまま、彼女は絞り出すように声を出した。

「ごめんなさい、いろいろなことを思い出すと泣きたくなることもあるんです。でも、歌えば元気になる。私、死ぬまでここに通いつづけるつもりです」

それぞれが、それぞれの思いで日本を背負っている。私は、こうした人々もいる韓国社会を、日本の基準だけで「親日」「反日」と区分けしたくない。

そして、そこにどんな美しい記憶があったとしても、植民地支配の責任を考えずにはいられない。いま、私たちの国は美しいのか。演歌を歌い、古き時代を懐かしむ人々の思いに耐えられるのか。

釜山で歌う『ブルー・ライト・ヨコハマ』

そんなことを考えているときだった。

その瞬間が来ないことを願っていたのに、ついに恐れていた事態が私たちの身に降りかかった。

「さあ、きみたちもなにか歌いなさい。歌わないと帰ることもできないから」

崔さんの催促がはじまった。困った。私も金井さんも、そして釜山で通訳としてずっと付き添ってくれている在韓日本人女性のYさんも、カラオケにはまったく慣れていない。

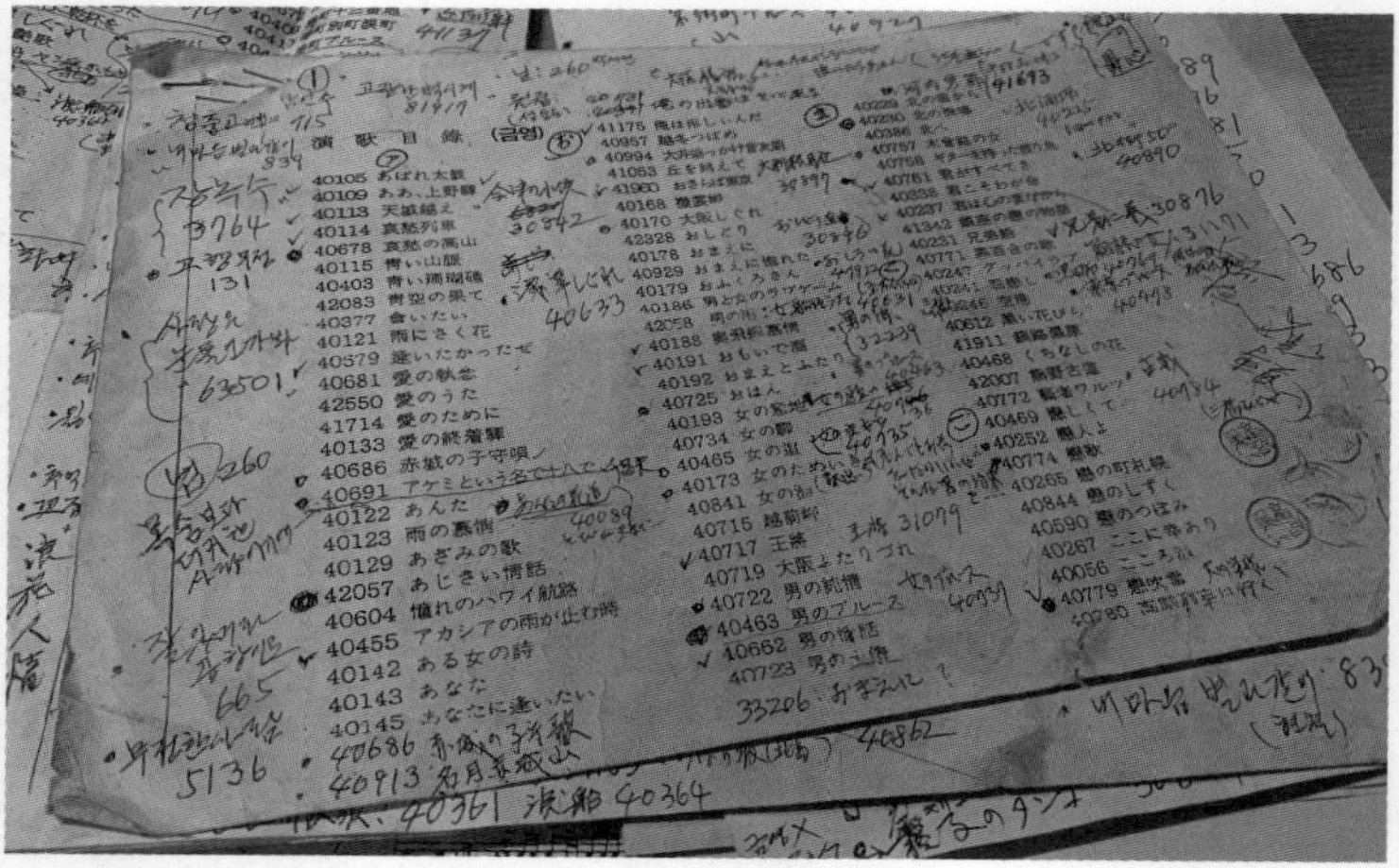

愛唱歌の番号と曲名が並ぶ崔さんのカラオケメモ

しかも、だ。この店の〝歌本〟に並ぶ曲のほとんどを、私たちは知らないのだ。金井さんが好きだという忌野清志郎も、私が好きな中森明菜や松田聖子の名前も見当たらない。星野源なんかはもってのほかだ。

まいったなあ、歌える曲がない。恥ずかしいから3人で一緒に歌おうということになったが、そうなると余計に曲が決まらない。これでは店を出ることができないじゃないか。

急かされ、焦りながら〝歌本〟のページをめくっていくうち、ふと目に留まったのが、いしだあゆみの『ブルー・ライト・ヨコハマ』だった。

このとき私が思い出したのは友人の小説家、深沢潮さんの同名小説だった。釜山で死んだ妹を思い出し、『ブルー・ライト・ヨコハマ』を口ずさむ在日コリアンのおじいさんと、その家族の物語だ。軍事政権下でも密かに釜山で歌い継がれた『ブルー・ライト・ヨコハマ』の逸話が、そこに描かれる。

そうだ、これしかない。釜山に住んでいる人ならば、知らないはずがない日本の名曲。金井さんもYさんもあまり乗り気ではなさそうだったが、一応はメロディーも知っているようだ。

これで決まりだ。私たちは並んでステージに立った。スポットライトが当たる。さあ、日本代表が歌います。『ブルー・ライト・ヨコハマ』！

歌の出来には触れまい。あれだけしっとりしたムード歌謡を合唱してどうする。そもそもはじめから気乗りしていない金井さんとYさんは声が小さいし、それをカバーしようとダミ声を張り上げる私にいたっては、いしだあゆみの世界をブチ壊しだ。

だが、それでもお年寄りの皆さんは喜んでくれた（と思う）。会場から拍手が沸き、崔さんも、よくぞ歌ったと肩をぽんぽん叩いてくれる。カラオケの無理強いといえばそれまでだが、満面に笑みをたたえた崔さんを見ていると、無理してでも歌ってよかったと思わずにはいられなかった。

そこでようやくカラオケルームをあとにして、ことさらご機嫌の崔さんと一緒に「海雲台温泉センター」へ向かったというわけである。

大きな背中

私は洗い場で、崔さんの背中をナイロンタオルでごしごし洗う。

「ありがとうねえ、ありがとうねえ」

崔さんが感謝の言葉を繰り返す。

大きな背中だった。

ここに、たくさんのものを背負い込んできたのだろう。日本のために。韓国のために。

〝アカ嫌い〟の崔さんが、息子のような年代の〝真っ赤っか〟な私に背中を磨かれる。ごしごし。どれだけ力を入れても、崔さんは気持ちよさそうに目を閉じたままだ。

背中を流し終えると、ふたたび浴槽に身を沈めた。

ここでは低温、中温、高温の3種の浴槽が並ぶ。崔さんは高温風呂にじっくり浸かるのが好きなようだ。海辺の温泉だから、湯を舐《な》めると少ししょっぱい。塩分はじわじわと肌を温める。

崔さんのおでこに玉のような汗が浮かんでいた。

「今日はうれしかったねえ」

独り言のように崔さんが漏らす。

歌った。風呂に入った。ただそれだけの1日だったけれど、崔さんは何度も「うれしかった」を繰り返す。

じつはね、と崔さんが秘密を打ち明けるように声を細める。

「背中を流してもらったの、今日が初めてなんだ」

一瞬、照れたような顔をして、そして、ざばーっと立ち上がった。

そろそろ行くか。崔さんは鼻歌交じりで脱衣所に向かう。

窓に映る釜山の街並みが夕暮れに染まっていた。

湯上がりの麦飯の味

「お嬢ちゃん」

と、こちらに笑顔を向けて崔さんが言った。

そんな呼ばれ方をしたのは16歳のとき以来30年ぶりだ。おそらく人生最後の「お嬢ちゃん」だろう。噛みしめる間もなく、崔さんは機嫌のいい声でせかせかと言った。

「何が食べたい？　なんでも好きなものを言いなさいよ」

「ええと……」

答えに窮して安田さんのほうをチラッと見ると、「崔さんは、いつも何を食べてるんですか」と逆質問をしてくれた。

「ぼく？　ぼくはねぇ、夜は軽くでいいの。麦飯かなんかさっと食べて終わり」

「じゃあ麦飯、連れていってください」

わたしと安田さんが声をそろえて言うと、崔さんは「若者が、麦飯でいいのかい？」と笑った。90歳から見れば、46歳は「お嬢ちゃん」で56歳は「若者」だ。わたしたちは夕暮れどきの路地をたどって、麦飯屋さんをめざした。

「フンフン〜♪」
カラオケとお風呂で歌った余韻が残っているると見えて、崔さんの鼻歌はボリューム大きめ。肌艶のよい顔で、歌いながらスタスタと歩いていく。
韓国の麦飯は「ポリパッ」といい、注文するとどんぶり一杯の麦ご飯に対してテーブルに乗り切らないほどのキムチ、ナムル、野菜のおかず、スープが付いてくる。好きな具材を麦ご飯の上に乗せて、スプーンで混ぜ混ぜして食べる。市場の一角にある崔さん行きつけの麦飯屋さんは、ドアを開け放した雰囲気もよく、味も最高だった。
そこで崔さんの物語を聞いた。大河ドラマのように波乱万丈で、演歌のように情が濃い90年の物語を。

広島で迎えた8月15日

「ぼくはね、昭和4年」

崔さんはあえてなのだろう、生まれ年を昭和で言った。昭和4年、1929年といえば日本統治時代の真っただ中だ。

「釜山の西隣に鎮海《チネ》っていう軍港都市があってね、そこで生まれた。姜尚中《カンサンジュン》さん知ってる？　彼と同郷よ」

政治学者の姜尚中さんは熊本県熊本市の生まれ。だから正確にいえば崔さんと「同郷」なのは姜さんのご両親だ。大正から昭和のはじめにかけて、生活の糧《かて》を得るために朝鮮半島から本土へと多くの人が渡った。姜さんの両親は熊本へ、崔さん一家は事業をやっていた伯父《おじ》さんを頼って広島県西条町（現・東広島市）に移住した。

「崔秉大《チェビョンデ》から月山秉大《つきやまへいだい》と名前を変えてね。日本の小学校に通ったわけ」

1940年に実施された創氏改名によって日本風の名に改めさせられたのだ。引っ越してすぐのころは、級友から「ニンニクくさい」とからかわれた。教師の中にも、説教にかこつけて「半島に帰れ」と侮蔑する人がいたらしい。はぁ？　それが教育者の態度か？

「だけどぼくは喧嘩が強かったしね、日本語さえ覚えたら勉強だってクラスで一番になったし、途中からはもうガキ大将よ」

と、崔さんがガキ大将そのままの顔で言うから、つられてわたしと安田さんの眉間のシワも緩む。肝が座っていてビビらないところ、みんなに目配りして慕われる感じは子どものころから変わらないんだろうなぁ。

１９４５年８月６日の朝、西の空にきのこ雲を見た話も衝撃的だった。

「ぼくは中学2年だったけれども、当時は学校で勉強なんかしない。朝から軍需工場に行ってヤスリかけたりするの。そのとき、広島市の方角に真っ黒な煙が見えたから、もうびっくりしてね。でも何が起きたかわからなかった。午後3時ごろ、大阪方面に向かう山陽本線が通ってね、汽車の中に焼け焦げた人がわーっと乗ってた。それで、あぁ広島でなんかあったんだなと」

家に帰るとラジオが「新型爆弾」と報じていた。

「ピカドンというやつでね。いっぺんに10万人以上の人が亡くなった」

と言ったあと、崔さんはポツンと付け加えた。

「朝鮮の人も、ものすごくたくさん」

即死した人と直後に亡くなった人は合わせて14万人前後とされている。そこには数万人の朝鮮半島出身者が含まれる。

8月15日、戦争が終わった。

「玉音放送はどこで聞きましたか？」

と言いながら、あぁ、わたしはこの質問をするが好きだった、と思い出す。かつては自分の祖父母にもしたし、酒場で年配の人と行きあって戦争の話になるとよく聞かせてもらった。どんな人も玉音放送を聞いたシチュエーションを細かく記憶しているのが興味深かった。しかし思えばこの数年、玉音放送の経験談を聞く機会はぐっと減っていた。

崔さんの答えは、「家で聞いた」だった。

「なんて言ってるのか、わかりました？」

「そりゃわかるよ。天皇陛下のあれだって」

ラジオの音が途切れがちで、あるいは詔《みことのり》のことばが難しくて、何を言ってるかわからなかった、という人も多い。これがほんとに天皇の声なのか疑ったと話す人もいる。でも崔さんは天皇が戦争の終結を宣言しているとすぐ理解できたらしい。

わたしはさらに聞いた。

「戦争が終わって、うれしかったですか？」

8月15日は、韓国では光復節。奪われていた主権を取り戻した祝日だ。崔さんは、麦ご飯をもぐもぐ食べながら、「うれしいも何も、うーん……」とことばを濁した。

「日本は戦争に負けたんだな、今後どうなるんかな、わしは国に帰っても知ってる人もおらんしな、とそんなことを考えてたよ」

その夜、崔さんの家に伯父さんがやってきて、大人たちが夜遅くまで話し込んでいたのを覚えているという。

結局、10月半ばに一家は海を渡り祖国に戻った。崔さんは馬山《マサン》中学に編入。卒業後はしばらく国民学校の先生をやり、そのあと米軍の船で働いた。崔さんの仕事は、釜山と佐世保を行き来する貨物船に乗り込み、日本語と韓国語で通訳することだった。

月に2回ほど佐世保へ通う暮らしが続き、１９５０年6月25日も船上で迎えた。それが崔さんの人生を思わぬ方向に転がしていく。

朝鮮戦争と密航

「その日ね、釜山を出航して間もないときに、2歳上の先輩が小さな声で言いにきたの。『大変だ、ラジオで戦争がはじまったと言ってるぞ。北がソウルに攻め込んできたらしい』って。その先輩は延世大学を途中でやめて通訳になった人だったんだけど、『戦争に巻き込まれるのはごめんだ。おれは佐世保に着いたらランアウェイする。お前はどうする？』って言うわけよ」

ランアウェイ（run away）は「逃亡する」の意味。先輩は朝鮮戦争を避けるために日本に密入国すると言うのだ。崔さんは動揺しつつも、必死に自分の身の振り方を考えた。

「戦争になったら若者の命が使われるでしょう。ぼくはまだ二十歳《はたち》そこそこでしたからね。日本語はペラペラだしさ、お金は300ドルくらい持ってたしね。じゃあ逃げるか、と」

佐世保に着き、ふたりは米兵に一時上陸許可証を見せてさりげなく下船。そしてそのままトンズラした！　先輩は親戚のいる大阪へ、崔さんは千葉県船橋市へ。

「馬山中学時代の友だち一家が船橋に住んでいて、『こっちにくれば日本の大学に通えるぞ。お前も来いよ』って手紙をくれていたことを思い出したのよ。鈍行列車を丸2日乗り継いで、住所もうろ覚えだったけどその友だちの家を探し当ててね」

友だち一家は、突然現れた崔さんに仰天しつつも快く迎え入れてくれた。崔さんは友だちのお母さんがやっていたアサリ売りの仕事を手伝った。当時、船橋の海ではアサリがよく獲れたとか。だが、「こんなことしてないで大学に行ったほうがいい」とそのお母さんがしきりに言うので、明治大学を受験することになった。

「釜山にいる妹に頼んで、馬山中学の在学証明書を送ってもらってな。ところがぼくは密航者だから偽名で暮らしてたわけ。そのままじゃ受験できんということになって」

崔さんは覚悟を決めて船橋市役所に出向き、正直に事情を打ち明けた。すると警察に連絡が行き、入国管理法違反で留置場に送られてしまった。

「だけどね、『私はこれから日本の大学で勉強して、そのあと国に帰って祖国再建のために働くつもりです』と言ったら4年間の滞在許可を出してくれた。あのころは、日本のお役所もそういうところがあったのよ」

晴れて明治大学に入ったが、仕送りなどはいっさいないのでアルバイトに明け暮れた。いちばん稼いだのが流しのバイト。友だちがギターを、崔さんが歌を担当し、ふたり組で夜の街を流して歩いた。

「学生帽をかぶってね、おでん屋なんかで歌うの。金持ちの社長が芸者さんみたいな女性を連れて飲んでるわけ。こっちは背が1メートル80で体格はいいしね、女性が『あら学生さん、色男ね。あんたお金あげなさいよ』なんて社長に頼んでくれたりさ。すると社長が名刺くれて『困ったらいつでも電話しなさい』なんてね、ワッハッハ」

崔さんのご機嫌な笑い声が響く。学生時代の写真を見せてもらったけど、いわゆる「昭和の甘いマスク」。雰囲気があって端正な顔だち、こりゃあモテるやつだ。崔さんの武伝は、得意の歌まで飛び出して、どんどんディープになっていく。

「そのころの流行歌を歌ってお金をもらう。たとえばそうだね、〝♪お客さんにせがまれて唄ったよ、生まれ故郷のあの唄を〜〟ってね、春日八郎の『苦手なんだよ』。あとは『別れの一本杉』だとか。すると、ヤクザが来て『おい、お前らどこのもんだ』なんて凄まれて。週に何度も喧嘩しましたよ」

「え、ヤクザと喧嘩!?」

「そうだよ。しまいにはヤクザの事務所に連れていかれて『お前ら、なんだ』と問い詰められてさ。『ぼくらは韓国学生同盟の友人どうしで、学費を稼いでいます』って言ったら、ヤクザたち感動してさ。夏になったら御殿場のナイトクラブで用心棒のアルバイトをさせてくれたよ」

当時、静岡県の御殿場は日本を代表する米軍基地の町だった。朝鮮戦争に出撃していく米兵たちが御殿場でつかの間の休暇を楽しむ。それを当て込んだナイトクラブが乱立し、「基地の女性」たちも集まってきて、札ビラが行き交う一大社交場となっていた。裏社会の親分と地元のチンピラの小競り合いが頻発し、崔さんは用心棒として雇われたのだった。丁半博打の現場で刃傷沙汰に巻き込まれた話なんかを聞くと、任侠映画の世界そのもの。若くて体が大きくて男前、機転も利くし度胸もある崔さんは、そちらの世界にスカウトされたらしい。

「あるキョッポ（在日韓国人）の親分にかわいがってもらってねぇ。組に入れと誘われたけどさ、『ぼくは大学を出たら韓国に戻ってお国のために働きます』って言ったの。『わかった。もう何も言わん。がんばれよ』って励ましてくれましたよ」

韓国で諜報機関に就職

崔さんが二度目の帰国を果たしたのは1959年2月。すでに両親は亡く、釜山の妹のところに身を寄せた。明治大学卒業の学歴を引っさげて戻ったものの、なかなか仕事を得ることができなかった。

不正選挙に対するデモが起きて李承晩が下野したり（四月革命、１９６０年）、朴正熙による軍事クーデターが起きたり（5・16クーデター、１９６１年）、政情は不安定。そんななかで崔さんがやっと見つけた就職先が韓国軍の諜報機関ＣＩＣだった。北朝鮮の工作員の摘発、反政府活動家の誘拐・拷問などをするおっそろしい組織である。かのＫＣＩＡ（大韓民国中央情報部）は、ＣＩＣのメンバーが中心となって結成されたとか。

「そう、ＣＩＣは怖い機関ですよ。アカを捕まえる特高警察みたいな感じ」

ひえ〜。多くを語らなかったが、張り込んだり、尾行したり、盗聴したり、という任務をこなしたのだろう。

「上司に見込まれてソウルに来いと言われたけど、ぼくは軍人じゃないからね。せっかくなら日本語を活かして韓国と日本の架け橋になるような仕事をしたいと思って5年くらいで辞めたの」

余談ながら、崔さんを引き立てようとしたキムという上司は、のちにＫＣＩＡ長官まで上りつめた人物だとか。ヤクザの親分にも情報機関のトップにも見込まれちゃう崔さん、やっぱりただ者じゃない。

できたての日本領事館で現地職員に

さて1965年6月、日韓基本条約が調印され、1910年の日韓併合はもはや無効であることがやっと明文化された。あいだに朝鮮戦争があったとはいえ、ずいぶん長くかかったんだなぁ。その年の12月、ついに日韓の国交が正常化。翌1月に釜山の日本領事館が開設された。

崔さんは、現地職員第一号としてこの領事館に採用された。当時、36歳。そこから65歳で定年を迎えるまでの29年間、崔さんの人間力が大いに発揮されることになる。

「反日デモなんかあると領事館前に人が詰めかけて日の丸を焼こうするの。ぼくはパッと日の丸を奪い返してね。当然デモ隊は怒鳴りますよ、『お前は日帝の犬か！』とね。逆に日本人職員のなかには『お前が余計なことをしなければ、堂々と韓国政府に抗議できたのに』と悔しがるやつもいて。まあぼくは、たとえどんな国の国旗だとしても群衆の面前で燃やすなんてことをしちゃいかんと思ってる、それだけよ」

崔さんのバランス感覚と、忖度《そんたく》しない行動力がまぶしい。

酒に酔った日本のチンピラが無抵抗の韓国人女性を連れて領事館にやってきて、こいつと結婚するからビザを出せと息巻いたときは、ガツンと叱りつけた。日本の漁船がうっかり領海侵犯して韓国警備艇に拿捕《だほ》されたときは、意気消沈する日本人漁師を銭湯に連れていって慰めた。どのエピソードにも人情味があって、多くの人が崔さんを頼りにしたことがうかがい知れる。

光州事件、邦人保護に奔走する

１９８0年5月の光州事件のときも現場に駆けつけたという。

「おぉ、光州事件」

安田さんとわたしは身を乗り出す。

学生や市民による大規模な民主化デモに対して、軍は光州市に通じる鉄道や道路をすべて封鎖、外との通信手段も遮断したうえで、戦車や火炎放射器で徹底的に民衆を弾圧したのだった。公式に認定された死者数は１５４人、行方不明者は70人。実際はもっと多くの人が密かに埋められたり、海に捨てられたりしたと言われている。映画『タクシー運転手　約束は海を越えて』を思い出して胸がぎゅうっとなるが、もちろん崔さんは民主化デモに参加したわけではない。

「当時、光州には在留日本人と日本人観光客が合わせて十人ちょっといたの。連絡がつかないし、内戦状態で命も危ない。それで担当領事とぼくが救出にいったわけ」

邦人保護は大使館や領事館のもっとも大事な任務だ。崔さんは人脈を駆使し、各所に手を回して厳重な通行止めを突破することに成功した。どうにか光州市郊外の旅館にたどり着くと、そこから日本人がいそうな場所に片っ端から電話をかけまくった（光州市内の電話は通じた）。自力で旅館まで逃げてくることができた日本人に食事を用意し、領事館の公用車を総動員して200キロメートル離れた釜山まで送り届けたという。

「なにしろあのとき、バスもタクシーもみんなデモに参加してたから、交通手段がなかったんだよね」

そうだった。映画『タクシー運転手』でもユ・ヘジン演じる地元のタクシー運転手たちが結束してデモに参加するシーンが描かれていた。軍の銃弾を浴びてタクシーの車体はボコボコになっていたっけ。

さらに崔さんたちは、流血の市街戦が終結した直後の市内にも潜入。身動きがとれなくなっていた邦人を保護し、安全な場所へ移送した。命がけの救出作戦から1カ月後、時の外務大臣・大来佐武郎《おおきたさぶろう》から崔さんの元に感謝状が送られた。

祖国で忘れられ、韓国で苦労した日本人女性

韓日のはざまでさまざまな事案に奔走してきた崔さんだが、領事館時代はもちろん、定

年退職後にもっとも心を砕いたのが「芙蓉会のおばあさんたち」のことだった。

芙蓉会とは、領事館ができたのと同じころに結成された在韓日本人妻の集まりだ。最盛期、会員は７００人以上。あの「日本の歌しばり」のカラオケにも、かつては芙蓉会のおばあさんたちがよく参加していたという。

「みんなね、日本からは忘れられて韓国では苦労して、大変な思いをした女性たちですよ」

崔さんはおばあさんたちの来歴を丁寧に話してくれた。

大戦前、朝鮮半島から多くの若者が日本に渡った。日本の大学に進学した人もいたが、大半は労働力として徴用された男たちだった。当時、若い日本人男性は片っ端から出征させられて国内に残っている男子が少なかったこともあり、結婚適齢期の女性が朝鮮半島からきた男性と一緒になるケースは珍しくなかった。女性からすれば、日本語を話し日本名を持つ「日本国民」である男性との結婚だから、国際結婚の意識は薄かった。日本政府も植民地支配の一環として、朝鮮人や台湾人との結婚を奨励していたのだ。

ところが終戦後、夫の故郷である朝鮮半島にやってきた推定５０００人の日本人女性は辛酸を舐めることになる。かつての支配者である日本人に対する強烈ないじめがあったり。じつは夫には地元に本妻や許嫁《いいなずけ》がいて、日本人妻が邪魔者あつかいされたり。朝鮮戦争で夫を亡くした人も少なくない。

「精神を病んでしまった人もいるし、家を追い出されてホームレスになった人もいるし、ほんとにかわいそう」

と崔さん。悲惨なのは、日本政府から「戦前に朝鮮人の夫の戸籍に入った人は、日本国籍を失う」との通達が出されたことだった。日本に帰りたくても帰れない状態で、女性たちは追い込まれていった。60年代も後半になってから、ようやく彼女たちの帰国支援制度が整えられていく。その最前線で奮闘したのが崔さんだった。

「女性たちが役所や入管で手続きをする際に同行を頼まれるの。役人ってのはね、ことばが不自由な女の人を邪険にあつかうんだよ。そのたびにぼくが横から出ていって喧嘩して。『日本を憎んでもいいが、彼女たちに罪はない。ただ韓国の男を愛しただけじゃないか！』って啖呵《たんか》切ってやったよ。ハハハ」

釜山総領事館の所轄である慶尚南北道《キョンサンナムブクド》、全羅南道《チョルラナムド》、済州道《チェジュド》に日本出身であることを証明する書類を持っていない女性がいると聞けば、訪ねていって聞き取り調査をするのも崔さんの仕事だった。

「出身地や親兄弟、通っていた小学校や覚えている同級生の名前なんかを聞くわけ。それを日本の外務省に送って、日本でも調べてもらってようやくビザが出せるの」

だが、日本にいる親族から帰国を拒否されるケースも多かった。念願の帰国が叶っても、今度は子どもが日本の学校でいじめにあい、また韓国に戻ってくる親子もいたという。さらに時代が下ると、反日教育を受けた世代が我が子の連れ合いとなって、姑いじめに悩まされるおばあさんが続出した。

「芙蓉会だけよ、おばあさんがホッとできる場所は」

同じ境遇で苦労するおばあさんたちが集まって、思う存分日本語でおしゃべりし、懐かしい日本の歌をうたった。崔さんも芙蓉会の会合にしょっちゅう足を運び、みんなで旅行を企画したり、日本人墓地をお参りしたり楽しい時間を過ごしたという。

「あぁ、崔さんがいて、みなさんほんとに心強かったでしょうねぇ」

わたしは心から言った。崔さんは何も答えず、穏やかな表情でトウモロコシ茶をすすっている。

ふたつの国を生きてきた思い

わたしはさっきカラオケの合間に聞いた話を思い出していた。

崔さんは妻を病気で亡くしたあと、70近くになって再々婚したと話してくれた。現在の妻は3人目なのだとか。最初の結婚相手は日本で出会った日本人女性だった。苦労を覚悟して韓国にも呼び寄せた。でも周囲からの強い風当たりを乗り越えることができず、彼女は日本に帰っていった。

崔さんははっきりそうと言わなかったが、芙蓉会のおばあさんたちへの思いの裏に、自身の苦い経験があるのかもしれない。

「北島三郎のねぇ」

突然、崔さんが言った。

「『川』って歌、知ってる?」

「知りません」

「その3番の歌詞がいいんだよ」

麦飯屋で低く歌いだした。

〝過去と恨みは流れても　流しちゃならぬ恩がある～

他人の情けをかりながら　明日へ漕ぎだす舟もある～

揺らぁれておとこは　川になる～〟

ご機嫌で歌い終えると、崔さんはふっと笑った。

「これ、日本と韓国のことだよ」

わー、そうなのか。わたしはちょっと泣きそうになりながら、歌詞をノートに書き留めた。「過去と恨みは流れても、流しちゃならぬ恩がある」ふたつの国を踏みしめて生きてきた崔さんの90年が、この一行に詰まっている気がした。

汗蒸幕とシッケ

「安田さんが初めて韓国に来たのはいつごろですか？」

ソウル、真夜中1時のチムジルバン。汗蒸幕《ハンジュンマク》と呼ばれるドーム状のサウナの床にドテーッと寝転びながら、わたしは尋ねた。

「1985年……かな」

安田さんもドテーッの姿勢のまま、顔だけこちらに向けて答えた。35年前、20歳そこそこの安田さんは、ひとりで韓国をぐるぐる巡ったらしい。

「バス停で女子大生に道を聞いたんだ。そしたら話が弾んで、彼女、結局丸1日観光に付き合ってくれたんだよね。もう名前も顔も忘れてしまったけど」

あぁ旅先の出会い、甘酸っぱい。

で、突如思い出した。わたしも20代のはじめ、ひとり旅のウィーンで韓国人の男の子とデートしたことがある。彼はまだ16歳で、音楽の勉強をするためウィーンに留学中の身だった。ふたりでオペラを観にいったら、小柄な少年のくせに丁寧にエスコートしてくれて「おぉ」と思ったんだった。帰国後もしばらく文通していた（文通！　便箋に手書き！　メールもSNSもない時代)。苗字はキムくんだったけど、下の名前は思い出せない。

「どうしてるかなぁ、立派な指揮者になったかなぁ」

わたしがそう言うと、安田さんがいかにも残念そうに、

「うーん、キムくんかぁ。それじゃあ探せないねぇ」

と応じたのがおかしかった。日本でいちばん多い苗字「佐藤さん」はせいぜい4パーセントらしいが、韓国の「キムさん」は20パーセントを占める。5人にひとりがキムさん……そりゃあ無理だ。なんて話しているうちに、全身から汗が噴き出してきた。うう、そろそろ限界。

「出ますか」

「よーし、シッケ飲もう!」

汗蒸幕を出ると、薄暗い床のそこここに寝ている人がいた。フェリーの二等船室みたいな感じ。眠りを妨害せぬよう、わたしたちは足音を忍ばせて売店へ行き、シッケというお米のジュースをごくごく飲んだ。冷たくて、甘くて、おいしい!

「チムジルバン」のサウナ作法

チムジルバンは近年、韓国で人気のサウナ施設だ。

汗蒸幕の原型は「汗蒸」と呼ばれる野外の蒸し風呂で、朝鮮王朝時代からあったらしい。直径3、4メートルの円形に石を積んで土で隙間を塞いだ壁に、藁《わら》で屋根を葺《ふ》いたドーム型。中で松の枝を燃やし、火が消えたら灰の上に濡れむしろを被せて蒸気を充満させる。そこに10人ほどが入って汗をかき、我慢できなくなったら外に飛び出してお湯やお茶を飲みながら休憩するシステムだ。

もともと病気治療用だったが、20世紀初頭には朝鮮半島各地で「汗蒸屋さん」が開業し、サウナ愛好者が集ったという。男性専用の店もあり、「昼は男性、夜は女性」などと時間で男女を分ける店もあったようだ。

この伝統を都会のビルの中に持ち込んで、24時間営業の健康ランド風に仕立てたのがチムジルバン。大浴場や休憩スペースも充実しており、宿泊することもできる。多くはビルの2、3フロアを使って営業していて、お風呂や更衣室の階は男女別、サウナの階は男女共用となっている。お風呂とサウナが好きな安田さんは、ソウルに来るとときどき利用しているらしい。

「ホテルに泊まるより安いしね。さすがにチムジルバンで原稿は書けないけど」

その日、安田さんとわたしはそれぞれ韓国で取材することがあり、ヘトヘトになって夜のソウルにたどり着いたのだった。チムジルバンを訪ねるころには、すっかり夜も更けていた。

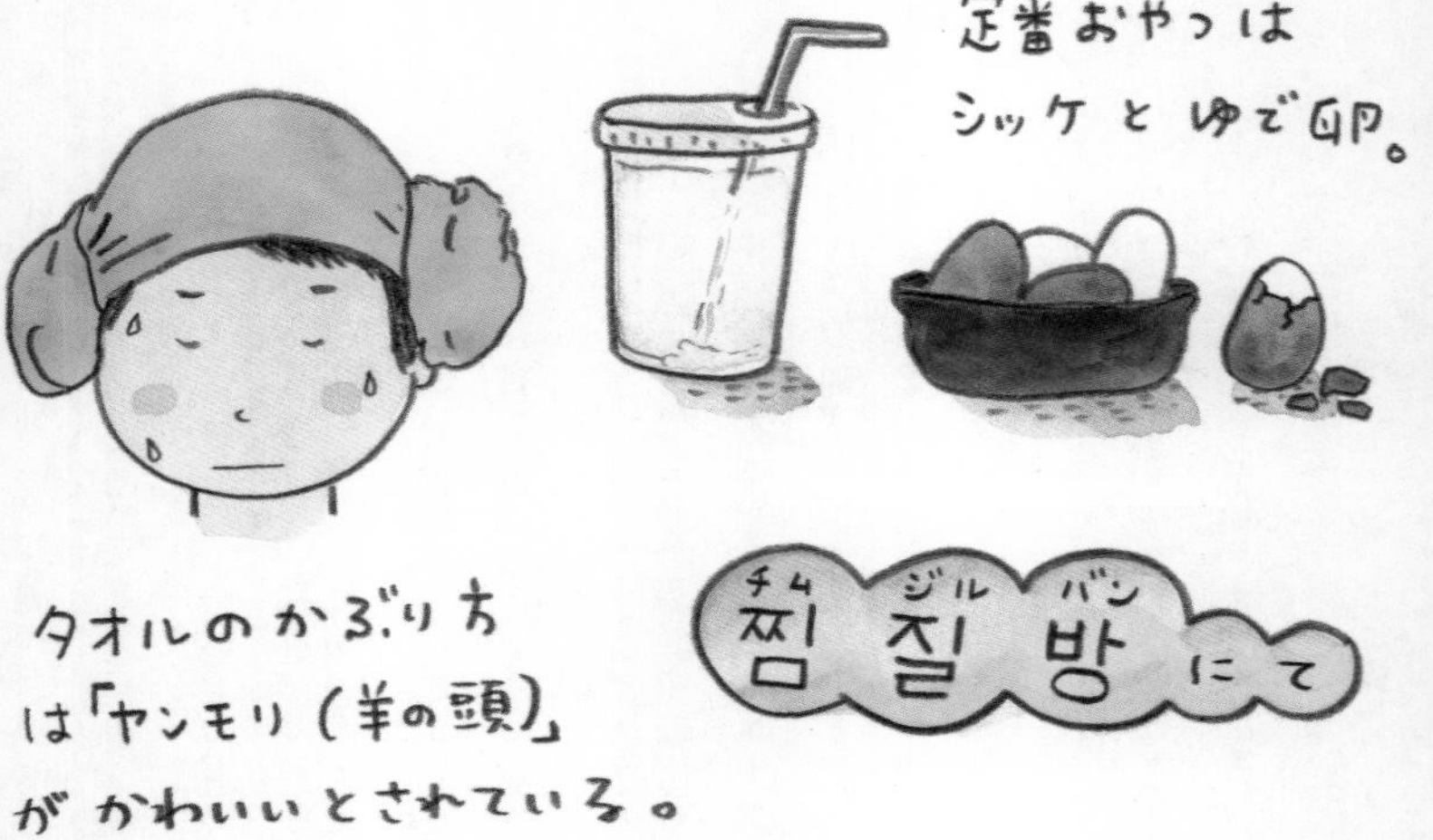
定番おやつは
シッケとゆで卵。
찜《チム》질《ジル》방《バン》にて
タオルのかぶり方
は「ヤンモリ（羊の頭）」
がかわいいとされている。

時間帯のせいだろうか、館内はどこまでもまったりしていた。男女とも受付で渡されたおそろいのサウナ着を身につけて、汗まみれになったり、床に伸びてダラダラしたり、思い思いに過ごしている。中国語で話し込んでいる女の子ふたり組がいたが、あとは人の声もほとんど聞こえない。

高温と超高温の汗蒸幕が並んでいて、交互に試しては冷凍庫みたいにひんやりしたクールダウンの部屋に駆け込んで「ホヘー」と息をつく。そうやって1時間くらいウロウロゴロゴロしていると、すっかり心身が整った。

「はー、堪能しました」

「じゃあ、そろそろ引き上げますか」

わたしと安田さんはお風呂があるフロアへ戻り、男湯と女湯に分かれた。

フェミニズムとタオル問題

女湯にはほとんど人がいなかった。わたしは汗を洗い流しながら、おぼろに聞きかじった韓国現代史の断片を考えていた。安田さんが初めて韓国に来た1985年といえば、全斗煥大統領の時代。多くの大学生が命がけで民主化運動に身を投じていた。あぁ、映画『1987、ある闘いの真実』はズシンと重く、つらかった……。

民主化運動のあと、フェミニズム運動も高揚した。大ヒット小説『82年生まれ、キム・ジヨン』には、産院で男の子が生まれた家族は大喜びし、女の子が生まれた家族は落胆を隠さないシーンがある。かつては、せっかく妊娠しても胎児が女の子とわかると中絶しちゃうことが珍しくなかったと聞く。おかげで男女の人口比がいびつになり、韓国の未婚化、少子化の一因となったとか。子どもにかける教育費も男子と女子では差があった。

90年代になると男女差別撤廃を求める声が大きくなり、窮屈さを強いられてきた韓国の女性たちは、少しずつ少しずつ手足を伸ばしていった。2000年代半ば以降、大学進学率は男子より女子のほうが高い。国会議員や閣僚の女性の割合も日本なんかよりよっぽど多い。近年の#MeToo運動だって、とても活発だった。第一、この国ではアメリカ合衆国より先に女性大統領が誕生したんだから、たいしたもんだ……。

そんなことを考えながらお風呂を出て、フロント脇のベンチで安田さんを待った。すでに午前2時を回っていたが、大都会ソウルは眠らない。この時間からチムジルバンを利用する人も結構いるのだ。水商売のおかみさん風、テンション高めのカップル、茶髪のにいちゃん……。受付にやってくる客を見るともなく見ていて、ふと、気づいたことがあった。

受付でお金を払うと、女性客にはタオル2枚とサウナ着、それにロッカーの鍵が貸し出される。わたしも最初にその3点セットを受け取った。でも男性客に渡されるのはサウナ着と鍵だけだ。なんでだろ？

「お待たせー」

ピカピカの顔で安田さんが戻ってきた。確認すると、やっぱり入館時の受付でタオルは渡されなかったという。

「男湯の更衣室にはタオルが山のように積み上げられてたよ。みんなそこから勝手に取ってじゃんじゃん使ってた。枚数制限なんてないよ、男は」

「ふーん。なんで、男女でちがうんでしょうね？」

「女の人のほうが髪が長かったりして、タオルたくさん使いそうなのにね」

この時点ではまだ、安田さんもわたしもタオル問題の本質に気づいていなかった。これこそ韓国の公衆浴場シーンに厳然と横たわるジェンダーギャップ、「男女のタオル格差問題」だったのである。

沐浴湯の盛衰

翌朝、安田さんとわたしは眠い目をこすりながらソウル市南西部の永登浦《ヨンドゥンポ》に向かった。町工場や個人商店が並び、下町の雰囲気が漂っている。交差点でタクシーを降りてキョロキョロしていると、「安田さーん」と呼び声がかかった。長髪を後ろでキュッと縛って、ジャケットを羽織った男性が笑顔で近づいてくる。

「おー、監督！　今日はありがとね」

友人である映画監督のイ・イルハさんの登場に安田さんの顔もほころぶ。監督は、今日の取材の通訳を買って出てくれたのだ。ご挨拶を済ませて、さっそく目的地へ向かう。

「住所からすると、このあたりなんだけど」

イルハ監督が雑居ビルの案内プレートを覗き込むので、わたしも後ろから一緒になって覗き込む。ハングルは読めないが……。

「ここで間違いない！」

「ですね！」

そこには温泉マークを模したエンブレムが輝いていた。３人でニコニコうなずき合い、エレベーターに乗り込む。

韓国沐浴業中央会のエンブレムはラブリーだった。

これから訪ねるのは社団法人韓国沐浴業中央会。韓国にも日本の銭湯に相当する公衆浴場は広く普及していて、名を「沐浴湯《モギョッタン》」という。わたしたちは韓国の沐浴湯事情を調査すべく、組合本部を取材するところなのであった。

扉をノックすると、「ようこそようこそ」と3人のおじさんが出迎えてくれた。前もってイルハ監督がアポを取りつけておいてくれたので話はスムーズだ。会議室に通され、名刺交換をする。

開口一番、事務総長のキム・スチョルさんが、

「ぼくたちは日本の銭湯組合とも交流しているんですよ」

という話をしてくれた。近年、街のお風呂屋さんの廃業が相次いでいるのは日本も韓国

も共通の課題。両国の組合で連携をはかりながら、対策を練っているのだとか。

「韓国には昔から入浴文化がありましたが、現代の沐浴湯の形態は日本統治時代にもたらされたものですからね。もともと日本の銭湯とはゆかりが深い」

事務総長は穏やかな表情で、そんな言い方をした。記録によれば、朝鮮半島で最初の沐浴湯は1920年代初頭に平壌《ピョンヤン》で開業した。

「ソウルにも割と早い時期に沐浴湯ができました」

「日本人がつくったんでしょうか？」

「そうねぇ、日帝時代は多くの商権を日本人が独占していたから、沐浴湯も日本人の経営が多かったでしょうねぇ」

1945年に日本の統治は終わったが、その後もお風呂屋さん文化は残った。

「昔の家はお風呂がなかったから、沐浴湯の数もいまよりずっと多かった。高度経済成長の時代は市民の必需品でした」

というのは日本と同じだ。日本の銭湯の最盛期は1968年の約2万軒。現在は3500軒ほどに減ってしまっている。韓国では90年代後半まで隆盛が続き、約1万軒をキープしていたという。

「韓国では朝湯に入る人が多くてね、だいたい朝6時にオープンして、夜は7時か8時で終わりという営業形態です」

70年代生まれのイルハ監督もうなずく。

「ぼくも子どものころ、週末になると父と一緒に朝いちばんで沐浴湯に行きましたよ。まずお風呂に入って、そこから一日がはじまるって感じでした」

自宅に風呂を持つ人が増えるにしたがって、利用者は減っていった。

「そこに追い打ちをかけたのがチムジルバンの登場です。99年2月に制度が変わって、あいう24時間営業で男女別なくサウナが楽しめる浴場施設の営業が許可されることになった。それで沐浴湯は衰退していきました」

そうだったのか。昨夜お世話になったチムジルバンは、たしかにのびのびとリラックスできる空間だった。日本でも街なかの古い銭湯は次々と廃業していくのに、スーパー銭湯や規模の大きなスパは賑わっているのだから、状況は似ているのかもしれない。

「いまうちの組合に登録している公衆浴場は7000軒くらいあります。そのうち2000軒はチムジルバンだから、昔ながらの沐浴湯として営業しているのは5000軒くらい」

ちなみにチムジルバンは沐浴業組合に加盟する義務はなく、非加盟の店も入れたら実際には2000軒よりずっと多いだろうとのこと。

沐浴湯の経営者たちも必死の抵抗を見せている。10回通ったら1回分がタダになるキャンペーンをしたり、年間パスを売り出したり。少し前には沐浴湯を舞台にしたテレビドラマがつくられ、人気を博したとか。

「そうそう、ソン・ヘというコメディアンを知っていますか？　あの人は毎朝、沐浴湯に入るので有名なんですよ」

事務総長がうれしそうに言った。国民的人気番組「ＫＢＳ全国のど自慢」の司会を長くやっているソン・ヘさん、なんと93歳のいまも現役。長寿の秘訣は朝4時に起きてお風呂に入りにいくことなのだとか。お風呂好きの大先輩だ。

日韓お風呂屋さん考と「イテリ」

日本の銭湯と韓国の沐浴湯は、形態も置かれた状況もよく似ている。だけど、ところどころに微妙なちがいがあって、それがなんともおもしろい。事務総長はおおらかな口調で日韓の差を語ってくれた。

沐浴湯にはペンキ絵はない。

「日本の銭湯の富士山は見事ですねぇ。ああいうのはこちらにはないんです。ときどき古い沐浴湯に行くとタイル絵がありますけどね」

沐浴湯に入れ墨の人が入ることは法律で禁じられており、本人に10万ウォン未満の罰金が課せられる。

「だから、かならず沐浴湯の入り口に〈入れ墨お断り〉って書いてあります。ま、誰も守っていませんけどね。全身に彫り物を入れた人も普通にお風呂に入ってますよ、ワッハッハ」

沐浴湯にサウナが付いている場合、別料金ではない。

「日本の銭湯の多くはサウナ別料金ですよね。韓国ではお風呂でも食堂でも別料金なんてありえないです。私、日本に行ったとき、食堂でみそ汁をおかわりしたら追加料金を取られてびっくりしましたよ」

たしかに韓国の食堂では、メインの料理を頼んだだけで小鉢のおかずやスープがいろいろ付いてきて、しかもおかわり自由。それに慣れた韓国の人が日本に来たら、頼んでもいないお通しが出てテーブルチャージを取られたり、大盛りもおかわりも追加料金が発生することに面食らうだろう。もちろん日本にだってキャベツおかわり無料のとんかつ屋さんもあるが、お好み焼き屋さんでマヨネーズを頼むと別途30円取られることもある……。

さて、日韓のお風呂屋さんのいちばんのちがいは、なんといっても「アカスリ」の有無だろう。沐浴湯の片隅にはかならずといっていいほどアカスリ用の寝台が置かれていて、男湯には男性の、女湯には女性のアカスリ師が待機している。

わたしが「アカスリをまだ体験したことがない」と言うと、沐浴業組合のおじさんたちは口々に「それはいかん」「ぜひやってみなさい」「気持ちいいから」と勧めてくれた。

「これから釜山に行くから、釜山のお風呂でチャレンジしてみます」

と告げると、おじさんたちは一斉にうなずいた。

「それがいい！　アカスリ用のタオルは釜山発祥だからね」

「釜山の人が、イタリアの布をアカスリに使ったのが最初なんだよ」

「だからあのタオルをイテリって呼ぶわけ」

イテリとは、国名「イタリア」の韓国風の呼び方だという。なにそれ、おもしろい。わたしと安田さんは、慌ててノートに「イテリ」と書きつけた。釜山に行ったら、アカスリとイタリアの関係を調査しなければなるまい。

タオル格差の謎

さて、いろいろな話をお聞きして、そろそろ取材は終わりというムードが漂ってきた。最後に聞いておきたいことがふたつあった。

「北朝鮮にも沐浴湯はありますか？」

「ありますよ」

朝鮮半島で最初に沐浴湯が誕生した地は平壌だった。やはりあちらにもお風呂屋さん文化は根づいているのだ。とはいえ、ここではそれ以上の情報は持っていないらしかった。

いつかぜひ行ってみたいものだ。

もうひとつ、最後の最後に聞いた。

「昨日チムジルバンに行ったら、女性は受付でタオルを2枚渡されるシステムで、でも男性はタオル使い放題だったんです。これって、よくあることですか？」

するとキム事務総長はあっさりと言った。

「どこでもそうです。女性はタオル2枚だけ」

「えっ、それはどういう理由で……？」

「そりゃもちろん、女性はタオルを家に持って帰っちゃうからです」

「!?」

事務総長も、あとのふたりのおじさんも、通訳のイルハ監督までもが「当たり前じゃん」という表情をしている。どうやら冗談を言っているわけではなさそうだ。わたしは舌をもつれさせながら聞いた。

「えっと、あのあの、つまり女性はタオルを盗むと？　そんな、だって、男性は盗まないんですか？」

「はい、男性は盗みません。盗むのは女の人だけです」

わたしが憤然としているのを見てとった安田さんが横から、

「男性が盗まないってどうして言えるんですか？」

と質問を投げかけてくれたが、

「男性客は沐浴湯に手ぶらで来るでしょう。女の人はバッグを持ってきますからね」

と事務総長。あきらかに「女はタオルを万引きするためにバッグを持っている」と言っているわけで、ことばだけ聞くとずいぶん失礼な気がする。女はタオル泥棒だと決めてかかっているんだもん。でも事務総長は終始おだやかで、悪意はまったく感じられない。

うーん、どういうことなんだろう？　安田さんとわたしは顔を見合わせた。

やや解せない思いを残しつつ、わたしたちはお礼を言って中央会を辞した。ビルの外に出ると、日差しが強くなっていた。イルハ監督に見送られながらソウル駅に向かい、そこから釜山行きの列車に乗った。

で、「男女タオル格差問題」。

結局この旅のあいだじゅう、本件はついて回った。温泉施設でも沐浴湯でも、かならず入り口で女性のわたしだけがタオルを2枚渡されるのだ。そして安田さんはつねに男子更衣室に山積みにされたタオルを使い放題使うのだった。

「はー、どこに行っても女はタオル泥棒と思われるんですねー。物のない時代ならともかく、いまどきお風呂屋さんで使い回してるヨレヨレのタオルなんか盗む人いるのかなー？」

わたしが口を尖《とが》らせて言うたびに安田さんも、

「男女で差をつけるなんて、ひどいよねぇ」

と同調してくれた。

だが、沐浴湯関係者から「実際に女湯では年間200~300枚のタオルがなくなる」との証言も得て、どうやら完全な冤罪というわけではないらしいこともわかってきた。

「つまり、女はタオル2枚まで持って帰っていい、ということなんですかね?」

さらに踏み込んで尋ねると、

「ふふふ……」

曖昧な笑み。実際になくなっているのだからそういうことなのだろう。

それどころか自らの前科を告白するかのように、「沐浴湯のタオルは洗車に使うのにちょうどいい」なんてうそぶく人もいた。車を買う金があるならタオルくらい買えよ、と思わないでもないが、そういう問題じゃあないのか。なんとも奇妙なルールで頭をひねるばかりだ。

しばらくすると安田さんが、「このタオル問題はたしかに男女差別だと思う。だけど同時に、男のダメさを示すエピソードなのかもしれない」なんて言いだした。

安田さん曰く、男は自分の家にタオルが何枚あるのかなんて気にもかけずに暮らしている。手ぶらでお風呂に行って、手ぶらで帰るだけ。いい気なもんだ。それにひきかえ家を預かるお母さんは、毎日タオルを洗濯し、雨の日が続けば乾かないとやきもきし、古くなったら雑巾にして使い、つねにタオルを気にかけて暮らしている。その差が出ているのではないか、と。

そういえばうちの母もタオルを大事に思っていて、

「地震がきたら絶対にタオルを持って逃げる」

なんて言っていた。タオルに執着するのが世の母ちゃんの性《さが》なのだろうか。

でも。だからって。いくらなんでも。男女でこんなあからさまに差をつけるって、どうなんだ。あぁ、かつてフェミニズム運動に立ち上がった韓国の先輩たちに、ご意見を聞いてみたい。

安田浩一

「イテリ」を探して

釜山に着いた私たちが真っ先に足を運んだのは「国際市場」だ。雑貨、コスメ、衣料品、食品など、ありとあらゆる商品が並ぶ釜山随一の常設市場。昨今では韓国の国民的大スター、ファン・ジョンミン主演の映画『国際市場で逢いましょう』の舞台としても知られ、日本人をはじめ海外からの観光客の姿も目立つ。

市場ができたのは朝鮮戦争の休戦直後、1950年代半ばだった。米軍放出品や釜山港に密輸入された物品をあつかう闇市が形成され、それがのちに一大ショッピングゾーンへと発展した。

私たちが国際市場を訪ねたのは、ソウルで話を聞いたアカスリ用タオル「イテリ」を探すためである。韓国沐浴業中央会によれば、イテリは釜山発祥とのこと。ならば〝本場〟で探してみようじゃないかと市場の迷路に突入したわけである。

はたして、イテリは――「探す」なんて意気込む必要もなく、市場じゅうの商店で当たり前のように売られていたのであった。さすが釜山名物。

ある店で「イテリ イッソヨ？（イテリはありますか？）」と片言の韓国語で話しかければ、店のアジュンマ（おばさん）は、「ほら、そこ」とばかりに店頭に積み上がったイテリの山を指さす。

あらあら、なんということ。イテリといっても種類はさまざま。赤、青、黄、緑など色とりどり。形状もハンカチ型からミトン型まで、生地の硬さもソフトからスーパーハードまで各種そろっている。

それにしても、本当に「イタリアの布をアカスリに使った」ことがその名称の由来なのか。念のために複数の商店で聞いて回ったが、返ってくる言葉は同じだった。

「その通りです」

そのうえで「日本人もたくさん買っていく」のだと付け加える。

もちろん私たちも購入した。10枚入りで約900円の手のひらサイズ。

いま、私はそれを自宅の浴室に置いて、ときおりひとりでアカスリをしている。イテリのザラザラした感触に触れるたび、国際市場の喧騒と活気を思い出す。

釜山・沐浴湯界の重鎮

その国際市場から数ブロック離れた場所に、韓国沐浴業中央会釜山支部が入居する雑居

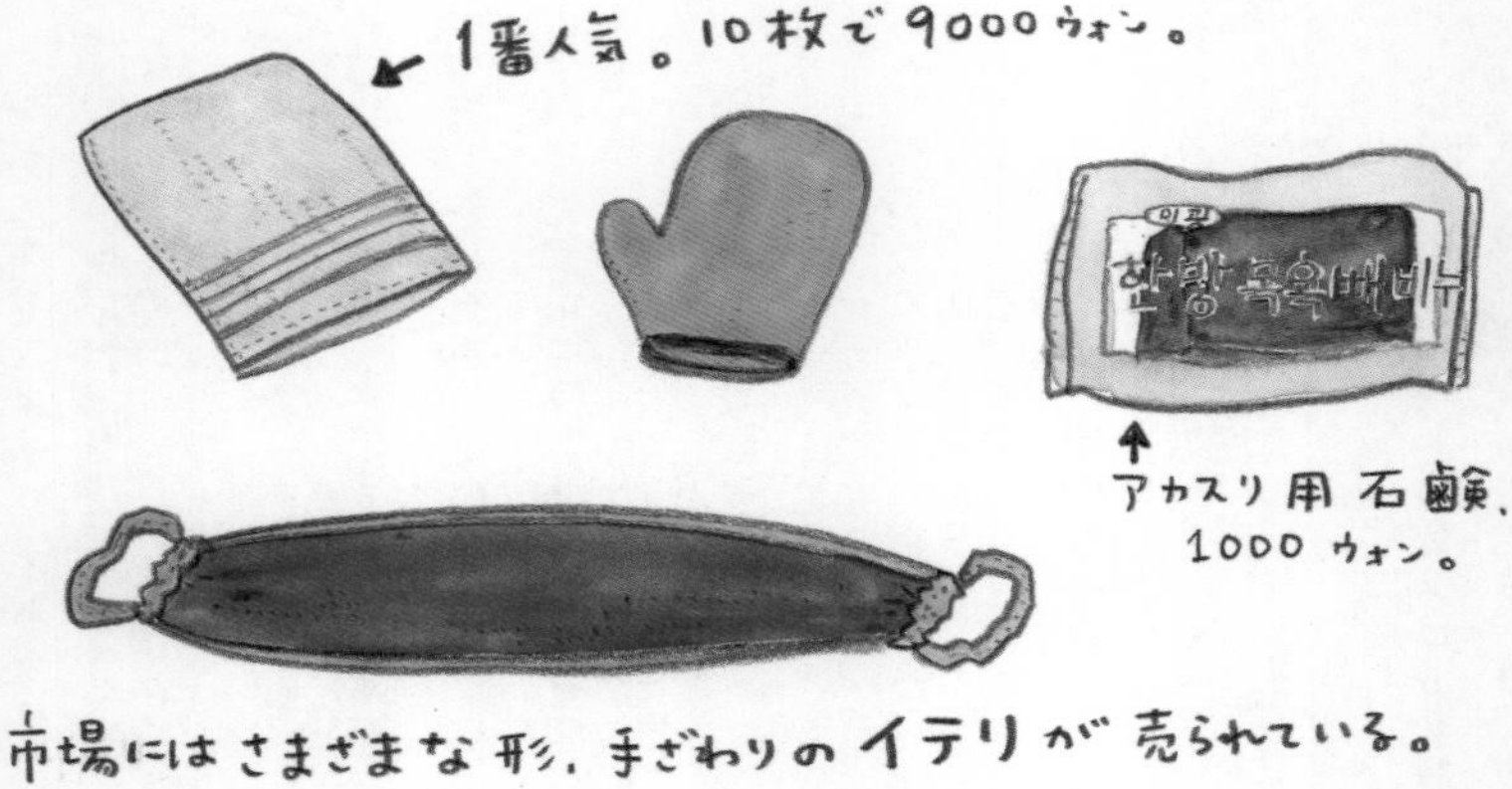
1番人気。10枚で9000ウォン。
アカスリ用石鹸、
1000ウォン。
市場にはさまざまな形、手ざわりのイテリが売られている。

ビルがあった。釜山の「お風呂事情」を聞くために訪ねた私たちを迎えてくれたのは、支部長のチョン・ソンテさん（59歳）。自身も市内で3軒の沐浴湯を経営する業界の重鎮である。

　チョンさんは沐浴湯の経営者というよりも、ファッション関係のビジネスでも手掛けていそうな洒脱な雰囲気を漂わせていた。この日は薄いブルーのサマージャケットを着こなし、胸元からさりげなくポケットチーフが覗く。「おしゃれですね」と伝えると、「いやあ、家の中ではジャージで過ごしてます」と返ってきた。

「それに仕事だって地味なものです。早朝から夜遅くまで、風呂のことしか考えていません。お湯はちゃんと出ているか、トラブルはないか、そんなことばかり。でも、それが生

きがいなんです」

　チョンさんによれば、釜山もまた沐浴湯の経営は「厳しい状態」だという。燃料費などのコストがかかる。建物や設備の維持管理も大変だ。社会が豊かになるにつれ、風呂やシャワーを持たない家などなくなった。客足は当然、減っている。支部が管轄する釜山や近隣地域でも、今世紀に入ってから500軒もの沐浴湯が廃業したという。

　それでもチョンさんは悲観しない。

「沐浴湯の数が減っても、風呂に入る習慣そのものが消えたわけじゃないですからね」

　もともと釜山の人は風呂好きだ。海雲台や東莱《トンネ》などの温泉地を抱え、公衆浴場はつねに身近な存在だった。港町という環境も、かつては沐浴湯の発展に手を貸した。

「船員や港湾労働者など、潮風を浴びて暮らしている人たちには〝風呂好き〟が多いのです」

チョンさんの父親がそうだった。

「船乗りだった父も風呂が大好きで、気がついたら船を降りて沐浴湯を経営していました」

いまから約60年前のことである。

朝鮮戦争がひとまず休戦し、釜山の人々もようやく日常を取り戻した時期だ。

「そのころの沐浴湯といえば、大きな浴槽の真ん中を板で仕切って男女を分けるといったつくりでしたね」

簡素な沐浴湯は、それでも人々の社交場として発展した。戦争の緊張感から抜け出し、人々の顔に屈託ない笑顔が戻った。チョンさんにとって混雑する浴槽は「平和の風景」だった。

そんなチョンさんも、沐浴湯経営だけで生きてきたわけではない。

20代になって父親の仕事を引き継いではみたものの、若さゆえの野望もあった。そのころすでに沐浴湯は成長産業のカテゴリーには入っていない。飲料品の流通やスーパーマーケットの経営も手がけ、事業家としての道を歩んでいく。

しかし15年ほど前から、事業を沐浴湯一本に絞った。流通やスーパーで失敗したわけではない。ではなぜ、よりによって斜陽産業の沐浴湯だけを残したのか。

「文化の継承という大事な使命感を覚えたんです。若いころは私にとって沐浴湯はビジネスのひとつに過ぎなかった。でも、いまはちがう。こんなに喜ばれる仕事って他にないですよ。風呂に入って落ち込む人なんていませんからね。みんなが必要としてきたんです。必要とされるものは残る。いつまでも残るものこそ文化です。ビジネスとしては大変だけれど、それでも韓国人の生活と健康を支えているんだという自負はあります。だから片手間でやってはいけないような気持ちになったんですよ」

そしてこう付け加えるのだ。

「沐浴湯に人生を賭けてます」

使命感を燃料として、チョンさんも湯のように熱く生きているのだった。

アカスリが愛される理由

じつはチョンさん、日本の温泉が大のお気に入りだという。これまで何度も日本の温泉地を訪れている。自宅のある釜山から福岡まで、飛行機でわずか1時間。そこから九州各地の湯治場に足を伸ばす。

「お湯の質も、独特の情緒も気に入っています」

ただひとつだけ、日本の温泉に「もの足りないもの」を感じているという。

女湯のアカスリ師たち
お客さんの皮膚の強さを瞬時に見抜き、絶妙の力加減でこする！
前髪を上げている
黒い下着
きゅうりをすりおろして顔パックしてくれた。ひんやり気持ちいい〜

「アカスリのできるところが少ないんですよね」

ここでいう「アカスリ」とは、簡易ベッドで横になった入浴客の全身をくまなく磨き上げる〝韓国式〟のことだ。

私も何度か経験がある。全裸のまま簡易ベッドでうつぶせになると、パンツ一丁のアジョシ（おじさん）が、ナイロンタオル「イテリ」で、まずは背中をごしごし。次に腕、足の順番にアジョシの手は移動して、さらには仰向けとなってからも胸や腹、わずかに微妙な股の付け根までも同じように磨き上げる。ときに消しゴムかすのような大量の垢が落ちることもあり、終わってみればまさに〝一皮むけた〟爽快感。イテリのザラザラした感触はマッサージ効果も相まって、クセになる気持ちよさをあたえてくれる。

沐浴湯でもチムジルバンでも、そして温泉地でも、韓国の公衆浴場でこのアカスリは欠かすことのできない存在だ。

「アカスリの技術ひとつで客足も変わってくるほどです」

だからどこの公衆浴場でも、腕っこきのアカスリ師の確保は至上命題だ。ちなみに、このアカスリ師、かつては「アカスリおじさん（おばさん）」と呼ばれていたが、現在では「沐浴管理士」「洗身士」などと呼称されることも多く、専門の養成学校まで存在する。基本的に歩合給のフリーランスだが、腕が良ければ好条件でスカウトされる。公衆浴場の経営を左右するほどに大事な存在なのだ。

日本でも大型サウナやスーパー銭湯などの都市型温浴施設では、この韓国式アカスリを売りとしているところも少なくない。しかし昔ながらの温泉地や銭湯では、たしかにアカスリのできるところはまれだ。

チョンさんが九州のある湯治場を訪ねたときのことだった。露天風呂でたっぷりと湯浴みを楽しんだ後、洗い場で自身の体を磨いた。丹念に、時間をかけて、手指のあいだにもタオルを通し、「しっかりアカを落とした」。アカスリの設備がなかったので、自身で〝ゴシゴシ〟したのである。

それを見ていた日本人の友人が、呆れたような表情を浮かべて言った。

「日本の温泉では、ふつう、そんなことしないんだけどな」

なぜだろう。チョンさんは、いまでもずっと考えつづけている。

たぶん――と、チョンさんは言葉を継いだ。

「そもそも入浴に対する考え方にちがいがあるのではないか」

以下はチョンさんの考察だ。

日本では気持ちを落ち着かせるために風呂に入る。のんびり湯に浸かり、心の平安を得る。一方、韓国において風呂は英気を養う場所だ。体に刺激をあたえ、垢を落とし、湯に入って活力を得る。

「心の平安」か「活力」か。私は自我を保つために、そのどちらをも風呂に求めているし、アカスリの有無を単純な文化の相違で紐解いてもいいのだろうか、といった思いもなくはない。

実際、かつて日本の銭湯には、客の背中を流す「三助」と呼ばれる人たちがいた。日韓以外の国に目を向ければ、たとえば中東の伝統的な公衆浴場・ハマムでも垢すりのサービスはある。古代ローマの浴場にも垢すりを生業《なりわい》とする人々の存在があった。スタイルに差異はあれど、公衆浴場における垢すりの習慣じたいは、世界じゅう多くの地域が持っているものだろう。

しかし、韓国のアカスリは、少なくとも日本の「三助」とは趣がちがうのもたしかだ。目の粗《あら》い「イテリ」で、それこそ垢を〝そぎ落とす〟さまには、洗身を目的とした「三助」にはない迫力が存在する。なんというか、攻めの姿勢。アグレッシブ。「イテリ」の刺激は細胞を目覚めさせる。アカスリはある種の〝闘い〟だ。

活力重視の早朝入浴

さらにチョンさんが指摘する日韓入浴文化のちがいも興味深い。

「韓国の沐浴湯は、その多くが早朝から営業しています。なぜだと思いますか？」

えーっと。私が答えをひねり出す前に、チョンさんが〝解答〟を示した。

「出勤前にひと風呂浴びる人が多いからです。風呂で目を覚まし、気合を入れてから仕事に向かう習慣が一部の人にはあります。日本の銭湯は仕事を終えた人が対象ですから、夕方から営業をはじめるところがほとんどですよね」

なるほど、攻めの入浴。早朝の景気づけ。沐浴湯の早朝利用者のなかには、併設されたジムで体を動かし、風呂で汗を流してから颯爽と会社に向かう人も珍しくないという。朝の二度寝、三度寝が常態化している私には別世界の風景だ。

アカスリ同様、風呂が供するのは「活力」だと、チョンさんは強調した。聞いていることちらも弛緩する暇《ひま》がないほどに刺激的な韓国の風呂習慣ではないか。

「風呂は病院と同じ。弱った人に力をあたえるために機能しています」

さすが長きにわたって風呂の世界で生きてきた人だけのことはある。話に含蓄がある。

アカスリ普及の立役者

さて、公衆浴場に欠かせないアカスリの話に戻る。

いつごろから韓国では、いまのスタイルのアカスリが普及したのだろうか。チョンさんは「おそらく70年代に入ってからだと思う」と記憶の糸を手繰《たぐ》り寄せた。

それまで、多くの人は軽石で自らの体をこすっていた。それが70年代に入ってから、浴場に簡易ベッドが置かれ、専門のスタッフによるアカスリサービスがはじまった。

その動きをうながしたのが、じつは釜山発祥のイテリなのである。

「60年代、釜山の織物業者がアカスリ用のタオルとしてイテリを販売し、それが大当たりしました。これを契機に人々はアカスリに目覚めます。沐浴湯が競ってそのサービスに乗り出すきっかけとなりました」

かつて釜山に、キム・ピルゴンさんという織物業者がいた。このキムさんこそがイテリ生みの親である。イテリの開発秘話には諸説あるが、代表的な物語は以下の通り――。

60年代、キムさんはイタリアから大量の布地を輸入した。ビスコールレイヨンと呼ばれるものだ。ところが布地の表面がザラザラしているため、洋服をつくるには適していない。

思案を重ね、たどり着いたのがタオルとして活かすことだった。これを軽石に巻きつけて体を擦ってみたらどうだろう。試しに沐浴湯で使ってみたら、垢がぽろぽろと落ちるではないか。

すごい！　瞬く間に評判となり、ろくな使い道のなかったイタリア製布地が、イテリとして生まれ変わり、沐浴界の必需品となったというわけである。

ちなみにイテリで大当たりしたキムさんはその後、ホテル経営にも乗り出し釜山有数の実業家となったらしいが、今世紀初めに亡くなっている。

他には「単にイタリア製の織機を使っていたから、イテリと呼ばれるようになった」という説も一部にある。

いずれにせよ、釜山港は地中海とつながっている、という話だ。釜山ではじまった〝イテリ革命〟は韓国全土に波及し、風呂文化に新しい風を吹き込んだのである。

自動アカスリ機に挑戦

しかも釜山は発祥地だけあって、市民の〝イテリ愛〟〝アカスリ愛〟は、とんでもないものまで生み出した。自動アカスリ機——である。

「ボタンを押せば背中のアカスリをしてくれる機械です。これまた釜山発祥の釜山名物です」

話には聞いていたが、私も実際に目にしたことはない。ぜひ体験したいと申し出てみれば、「では、うちの沐浴湯にご案内しましょう」ということになった。

そんなわけで、私たちが向かったのはチョンさんが経営する沐浴湯「新天地」である。市の中心部から車で20分ほど離れた郊外。「新天地」は5階建ての近代的なビルだった。目印は赤いネオンの温泉マークである。私の世代ともなると、この真っ赤な〝逆さクラゲ〟は、いわゆる〝連れ込み旅館〟のシンボルでもあったのだが、韓国では多くの場合、そこが沐浴湯であることを意味する印だ（一部、例外もある）。

まずはビル1階の受付で6500ウォンの入浴料を支払う。日本円にして約600円。銭湯と比較すればやや高いのだが、サウナやジムの利用もできるとあれば、それほどの割高感はないだろう。

ちなみにこのときも金井さんと通訳のYさんには2枚のタオルが手渡された。「備えつけタオル使い放題」の私としては、なんだか申し訳ない気持ちになる。案の定、金井さんは「ムッ」とした表情を浮かべていた。

ビルの2階が男湯、3階が女湯だ。さらに上階には休憩室やジムがある。更衣室でロッカーに荷物や服を押し込んでから浴室へ、という流れは銭湯とまるで同じ。そして肝心の大浴場。これがまた、広くて清潔で、気持ちを弾ませる。大きな浴槽に浸かりながら、あらためて考えた。「活力」か「心の平安」か。

入浴客が次々と浴槽に体を沈める。みんな、タオルで前を隠すことなどせず、堂々としている。じつは、これもまた韓国における公衆浴場の特徴的な風景だ。

たまたま常連客が多かったということもあるのだろう。湯舟で瞑想しているような人は少なかった。おしゃべりを楽しみ、大声で笑い、湯船から出たら大股で歩く。

「風呂は弱った人に力をあたえる」

チョンさんはそう繰り返したのだっけ。その意味がわかるような気がした。

私もそうだったのかもしれない。

子どものころ、いじめられっ子だった私は、どれほど激しいいじめを受けても、親の前では泣かなかった。夜、風呂の中で泣いた。さんざん泣いて、頭から湯をかぶり、翌日からの地獄に備えた。

大人になっても私は風呂場に逃げ込んだ。明日からはきっと良いことがありますように。そう祈りながら湯に浸かる。出張先で取材がうまくいけば、日帰り温泉を探して自分へのご褒美にしている。

そのたびに私は生き返っている。いろいろなことを忘れて、捨てて、小さな希望を湯の中から拾い上げている。

――と考えているとき、不意に目に飛び込んできたのが、洗い場の隅に置かれた自動

なんとも言えない風情の自動アカスリ機

アカスリ機だった。そうだ、これだ。これを体験したくてここに来たのではないか。

釜山で生まれ、釜山で愛され、しかし釜山以外ではあまり普及しなかったと言われる自動アカスリ機。なんだか時代遅れのロボットのようにも見えた。たたずまいがどこかさびしそうだ。

少しも飾り気のない長方形の箱の中央部に、イテリをかぶせた円盤が備えつけられている。ただそれだけだ。青いスイッチを押すと、円盤が高速回転をはじめ、そこに背中を当てることで、セルフアカスリができるという仕組みらしい。

大きさの割には単純すぎるくらい単純な機能だし、欲しいかと問われれば、間違いなく欲しくない。それでも一度は試したい。

早速、椅子に座ってスイッチを押してみる。ぐわーん。回転音が響いたかと思うと、たちまち背中が痛痒い感覚に襲われた。うん、悪くない、感触だけでいえばまさにアカスリのそれだ。

ただし円盤は固定されているので、まんべんなくアカスリするとなれば、背中を上下左右に動かさないとならない。そのたびに腰を浮かせ、上半身だけでゆっくり弧を描く。なんというのか、あれですよ、あれ。ＥＸＩＬＥの「CHOO CHOO TRAIN」。体をぐるぐる回すダンス。それをひとりでしているわけだ。しかも腹の出たオヤジが。

とはいえ、円盤にかぶせたイテリの摩擦はけっこう力強く、羞恥を忘れさせるだけの快感があったことは事実だ。釜山で愛された気持ちは、わかる。そして、他の地域で流行らなかった理由も、わかる。

やっぱり、人の手にはかなわない。体の隅々まで丁寧に、丹念に、汚れた薄皮を剝いでくれるようなおじさんの技術こそ最高だ。私は結局、「新天地」でアカスリおじさんの世話になり、一皮むけてからふたたび浴槽に体を沈めた。

どうだろう。やっぱり体が喜んでいる。

きっといいことがある。

大股で歩く。前も隠さない。力を得た私は堂々と風呂を上がった。

安田浩一

金井さんの磁力

釜山市内の南北を結ぶ地下鉄1号線は、教大《キョデ》駅を過ぎると地上の高架線を走る。暗闇を抜けると視界が一気に開けた。車窓に住宅街の風景が流れる。このあたりが東莱《トンネ》と呼ばれる地区だ。

住宅街のその先に、盆を伏せたように緩やかな曲線を描く山が見えた。金井山《クムジョンサン》。標高800メートル、釜山の最高峰だ。東莱の街は、その金井山に抱きかかえられるような形で広がっていた。

当然ながら、金井さんが喜んでいる。

「ほれ、きましたよ。また金井ですよ」

タイの温泉取材ではワット・ワンカナイなる寺に遭遇し、今度は釜山郊外で〝金井〟山と出合う。そういえば沖縄で銭湯を取材した際も、何の脈絡もなく「ニライカナイ（沖縄で伝わる理想郷の伝説）が導いてくれた」と誇らしげに話していた。

行く先々で「カナイ」が待ち受ける。狙ったわけではない。この人は、何かを引き寄せる力を持っている。寺も山も伝説も。そして人も。これこそが〝絵ッセイスト〟の磁力。その類まれな能力は金井山麓の温泉街でも発揮されることになるのだが、後に詳述しよう。

東莱温泉に乗り込んだ日本人

さて、釜山といえば海や市場のイメージが強く、繁華街の南浦洞《ナンポドン》や西面《ソミョン》、リゾート地の海雲台ばかりが「見どころ」として紹介されるが、かつては東莱こそが地域の中心地だった。朝鮮王朝時代に行政庁としての東莱府がこの地に置かれ、内政のみならず、地理的に近い日本との外交の舞台ともなっていた。

20世紀に入ると釜山港を中心とする一帯が急速に発展し、地域は徐々に港湾都市としての風貌を整えていく。行政の中心も海側に移っていくことになるのだが、それでも東莱の一角には、存在感を維持させるだけの〝名所〟があった。温泉だ。

「東莱温泉」は古くから韓国を代表する温泉地として知られている。

開湯の時期は明らかでないが、高麗時代に編まれた『三国遺事』には、７世紀ごろに新羅の王族が同地で温浴したことを伝えている。日本でいえば「飛鳥」の時代だ。少なくとも１４００年以上の歴史を持つ〝古湯〟なのだ。

また15世紀の地理書『東国輿地勝覧』でも、東莱温泉について次のような記述が見られる。

「その熱は鶏子を熟すべし。帯病者はこれに浴し、すなわち愈ゆ」（湯温は高く、ゆで卵をつく

ることができるほどで、病気の人も湯に浸かればたちまち治る）

効能も古くから認められていたのだ。

こうした東莱温泉の来歴について書かれた日本語の文献としては、先にも触れた『韓国温泉物語』が群を抜いて詳しい。

同書によると、東莱温泉は日本との関わりも深い。

たとえば歴史書『朝鮮王朝実録』には、15世紀半ば、公務で東莱を訪ねた「倭人」が、温泉に入浴するために決められた通行ルートを外れ、近隣住民が困っている、といった記述がある。湯治のついでに寄り道をして、どうやら勝手に人や馬を「使役」していたらしい。

すみません。うちの役人、昔から迷惑かけてます。

こうして室町時代の日本人にも好まれた東莱温泉だが、それでも19世紀半ばまでは数十戸の民家と公衆浴場が並ぶだけの小さな村落に過ぎなかった。鄙《ひな》びた湯治場が、一気に「保養地」として発展する過程には、これまた日本が大きく関わっている。

１８９８年、釜山の日本人居留民会（在韓日本人の集まり）が、公衆浴場の賃貸権利を得た。これがきっかけで日本人利用者がさらに増加し、日本人相手の旅館が相次いで開業する。朝鮮半島における日本の影響力、いや、支配力が高まっていた時期だった。

日韓併合は１９１０年だ。日本の植民地支配がはじまった。資本力を持った日本人が、

「日本人のため」に、東莱温泉の開発を進める。市中心部と東莱温泉を結ぶ軽便鉄道が開通し、日本人観光客を当て込んだ浴場施設、旅館、さらには料理屋などが軒を連ねた。

１９２０年代に入ると満鉄（南満州鉄道）が資本投下し、温泉地経営に乗り出す。開発に拍車がかかる。朝鮮総督府も各種の割引切符や浴場の優待券などを用いた宣伝・広報に力を入れ、東莱温泉への観光客誘致を積極的に進めた。植民地下の「GoToトラベルキャンペーン」である。

こうして温泉街の整備は進み、在韓日本人に箱根や有馬、別府を連想させる一大温泉地として認知されるようになったのだ。同時期、韓国人経営による旅館もつくられたが、街の開発主体はあくまでも日本人だった。

これを他のインフラ同様、発展は「日本のおかげ」と声高に論じたがる者もいるが、よく考えていただきたい。温泉は古くから湧いていた。そこに目をつけた支配者が、支配者の愉楽を目的に開発したのである。

釜山駅から地下鉄に乗った私たちが下車したのは、その名も「温泉場」と名づけられた駅である。文字どおり、東莱温泉の中心部だ。

駅に隣接して大規模ショッピングセンターが建ち、その横を全6車線の幹線道路が走る。駅前で周囲を見渡せば、郊外の小都市といった風景が広がるだけで、いわゆる日本的な意味における〝湯治場〟の雰囲気には遠い。

朝鮮戦争時、このあたりには多くの避難民が押し寄せたという。そうしたことから住宅も急増し、温泉街も宅地の波に呑み込まれた。その後、60年代から徐々に再整備がはじまり、宅地造成は抑制され、現在は乱開発ともいうべき状況は収まっている。洗練された街並みを実現したのはよいものの、それがかえって駅前から〝温泉臭〟を遠ざけてしまったことになるのかもしれない。

しかし、駅から離れ、温泉川と名づけられた小川に沿った道を進んでいくと、旅館やホテルが立ち並ぶ温泉街らしい雰囲気の漂う一角が現れた。真っ先に目に飛び込んできたのは「ホテル農心」と、同ホテルに併設する大型スパ施設だ。「農心」とは「辛ラーメン」のブランドで知られる韓国有数の食品メーカーである。

ここには数年前、仕事で釜山を訪ねた際に泊まったことがある。もちろんスパも利用した。3000人を同時に収容できる「東洋最大級」が売りの温泉施設だ。露天風呂をはじめ、さまざまな風呂が並ぶ大浴場ゾーンはさすがに圧巻で、じゅうぶんに楽しませてもらった。

葛ジュースの屋台にロックオン

とはいえ、今回の取材ではもう少し庶民的な風呂を味わいたい。

そう考えながら温泉街の奥に進み、路地に迷い込み、さらにもと来た道を戻り、といった散策を繰り返しているうちに――ふと気がつくと、先ほどまで真横に並んで歩いていた金井さんがいない。

振り返ると、少しばかり離れた場所で立ち止まっていた。何かを凝視し、私のことなど眼中になく、呼びかけても微動だにしない。まるで根の生えた樹木のように動かない。

これまでの温泉取材から得た経験で、それが何を意味するのか、私は理解している。

金井さんは「発見」したのだ。何かを。

おそらく、ネタになるのかどうか、といった判断ではない。〝絵ッセイスト〟のアンテナは、当たり前でないものを見つけると反応する。麻薬犬か金属探知機のようなものである。ただし金井さんが見つけるのは麻薬でも凶器でも金銀財宝の類でもない。ただただ「当たり前でない」「おかしな」ものなのだ。

金井さんの視線のその先には、小さな屋台があった。そこで年配の男性がひとりで〝作業〟に打ち込んでいた。金井アンテナは、その一挙手一投足をとらえて離さない。てこでも動かない金井さんであるから、私が近づくしかない。いや、彼女自身が発する磁力というか霊力は、早足で歩く私を引き戻す。

屋台の上には何かの〝根っこ〟が置かれていた。男性はそれを包丁で細かく刻み、鍋のような器に放り込む。上からふたをすると、万力にも似た道具でそれをぎりぎりと締め付ける。圧縮機だ。

上から圧を加えられた木くずは、器の下部から黒い液体を吐き出す。

「なんですか、これは」

金井さんがようやく口を開いた。通訳のYさんを通して、男性に問いかける。アンテナは疑問をけっして放置しない。

はたして黒い液体の正体は――葛《くず》のエキスだった。

「女性の更年期障害や疲労回復に効果があるんだよ」

男性がそう教えてくれる。骨粗しょう症や高血圧に悩む人にも効くという天然の健康ドリンクだ。

ソ・キヨンさん（80歳）。この場所で20年間、葛ジュースの屋台を出しているという。コップ1杯で2000ウォン（約200円）である。煮詰めたコーヒーのような色をしたこのジュースを、私たちもおそるおそる飲んでみた。

苦い。というか、完膚なきまでに不味《まず》い。漢方薬を水に溶かして飲むようなものだ。

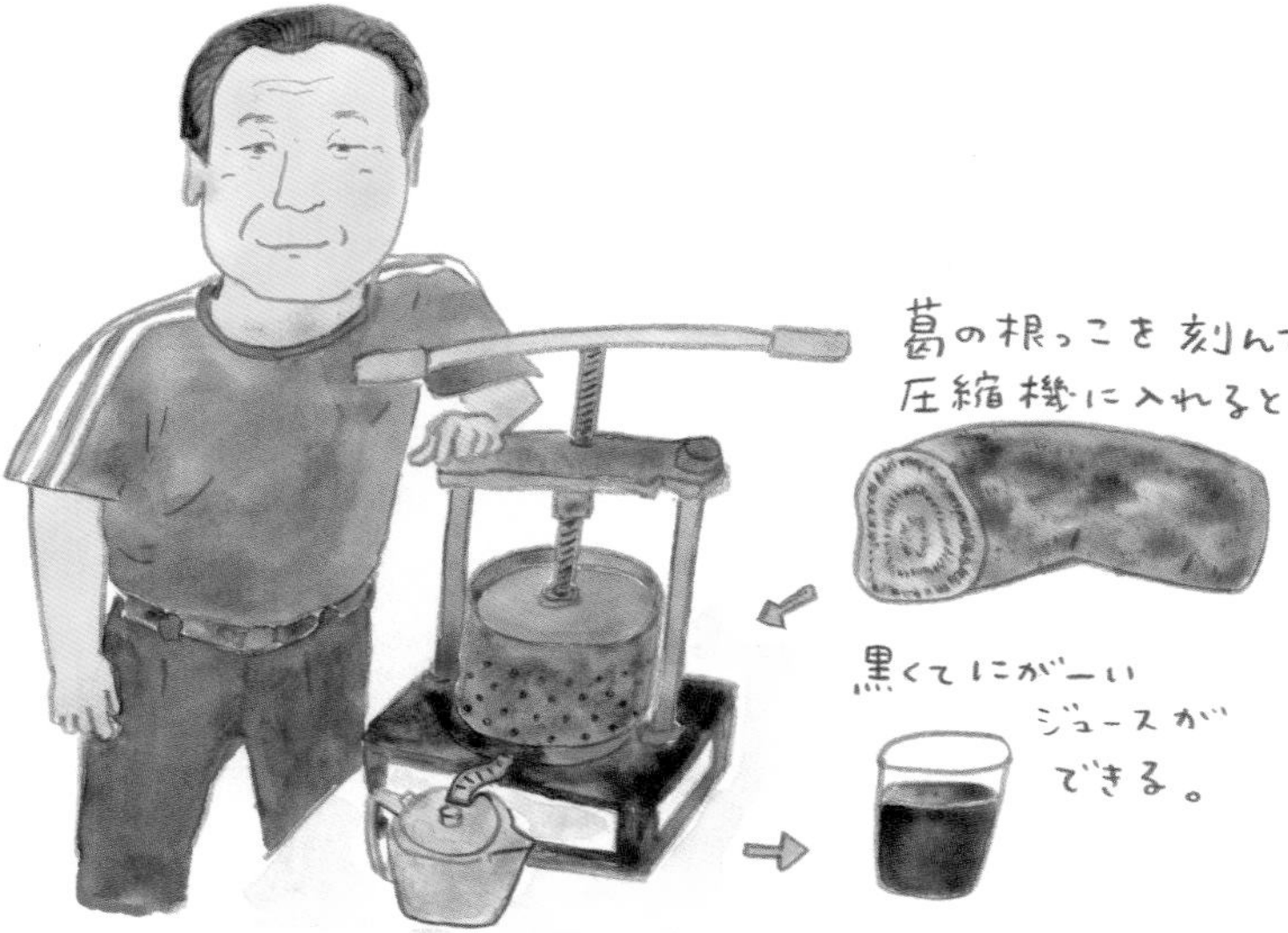
葛の根っこを刻んで
圧縮機に入れると
黒くてにが〜い
ジュースが
できる。

私たちが渋い表情をしながら飲み干すさまを、ソさんがいたずらっ子のような笑みを浮かべて眺めている。

「美味しくありません。でも、それだけに何かとても良い薬を飲んだような気持ちになります」

私がそう伝えると、ソさんは「そうでしょ」と深くうなずいた。ソさんは毎日、これを2杯飲むことで健康を維持しているという。たしかに年齢の割には若く見えるし、動きも俊敏だ。テーブルの上に並べた葛の根をひょいと掴み、包丁で細かく刻んで圧縮するまでの動作には独特のリズムがある。

ひょい、とんとんとん。

そして、ぎりぎりぎり。

素早くて、なめらかで、どこか優雅だ。

そしてドラマは動きだす

そんな工程を繰り返すソさんに金井さんが質問を重ねた。

「このあたりに良いお風呂はありますか?」

するとソさんは、くるっと向きを変えて指をさした。屋台のすぐうしろ。そこには8階建てのこぎれいなホテルが建っていた。

「鹿泉《ノクチョン》ホテル」と看板には記されている。

「このホテルのお風呂は最高ですよ。日帰りだったら、併設の公衆浴場を利用すればいい。たぶん、ここの湯は東莱でいちばん」

そう言いながら胸を張る。まるでホテルの宣伝マンのようだった。実際、ソさんもほぼ毎日、ここの風呂を利用しているのだとか。葛ジュースと東莱一の温泉で健康を保つソさんの顔艶には、説得力がある。おそらく間違いない。

ほう、なるほど。となれば、まずはここの風呂に入ってみますか。

そんなことを金井さんと話していたとき、ソさんが「おっ」と小さくつぶやき、今度はホテル入り口のほうを指さした。ひとりの女性がホテルに向かって歩いている。観光客、という感じではない。なんとなく「ビジネス」然とした雰囲気が伝わってくる。

「誰ですか？　あの人」

金井さんが尋ねた。

はい、やっぱり金井さんは引き寄せました。彼女が道端で立ち止まったときから、ドラマははじまっていたのだ。私はこの後、ダッシュで女性を追いかけることになるのであった。

東莱の鹿伝説

「ほれ、あの人がここの社長さんだよ」

路上で葛の根っこジュースを売るソさんが言った。

「えっ?」

あわてて振り返ると、カツカツ……とヒールの音を響かせて遠ざかっていく女性の背中。彼女はこの鹿泉ホテルの経営者だという。

「ちょっと声かけてみようか」

と安田さん。正確に描写すると、「ちょっと」と言いながら距離を目測し、「声かけて」で体の向きを変え、「みようか」で走りだしていた。わはは、元週刊誌記者の瞬発力。取材したいと思ったら、体が勝手に動いてしまうのだ。わたしと通訳のYさんは、あわてて後を追った。

「アンニョンハシムニカ」（丁寧な「こんにちは」）

安田さんのきれいな韓国語に社長が振り返る。ヒョウ柄に百合の花が描かれた、個性的だけど上品なブラウス。きちんとメイクをして、口紅はオレンジ系。おしゃれなご婦人だということがひと目でわかる。年のころ、50代。Ｙさんの通訳を介してお願いしてみる。

「わたしたちは日本から来て東萊温泉の取材をしている者です。すこしお話を聞かせていただけませんか」

「ええ、いいですよ」

　女社長は優雅にほほえみ、わたしたちはホテルの1階ロビーに通された。社長のお名前は韓愛京《ハンエキョン》さん。息子の朴沖烈《パクチュンヨル》さんも出てきてくれた。

　まずは簡単にホテルの歴史を聞く。

「ここ東萊では１５００年くらい前から温泉が出ていました。李朝の王様がお風呂に入りにきたこともあって」

　そして今から60年ほど前、というから朝鮮戦争の混乱がひと段落したころだろうか、韓社長の義父が家の敷地を掘ったら湯が湧き出てきたのだとか。

「それで沐浴湯と温泉宿をはじめたんです。当時はいまよりずっと小さな建物でした」

　東萊温泉には「白い鹿が眠っているところを掘ったら温泉が出てきた」という伝説がある。で、それぞれを「鹿泉湯」「鹿泉ホテル」と名づけた。そういえば日本でも、鹿とか熊とか鶴とか、温泉物語にはさまざまな動物が登場する。だいたいは動物が温泉で傷を癒していて、それを見つけた人間が湯に浸かってみたら名湯だった、みたいな話だ。ドイツの温泉保養地バーデンバーデンも鹿がシンボルマークになっていて、やっぱり鹿伝説があるらしい。

義父が掘り当てた温泉は、この界隈でも「いちばん温度が高く、いちばん体にいい」と評判になった。アルカリ性の柔らかいお湯で神経痛、関節痛、皮膚病などに効果があると韓さんは胸を張る。

「人気が出たので、思い切って8階建てのホテルを建てて、沐浴湯は道を挟んだ向かい側に3階建てのビルでつくり直しました」

ホテル用に3つ、沐浴湯用に3つ、合計6つの源泉の取水穴を持っていて、「これほどふんだんにお湯を汲み上げている施設は、他にありません」とのこと。

お湯の温度は55度から70度。いったん屋上まで引き上げて、そこで冷ましてから供給している。

3代目と松の木

しかし温泉経営が軌道に乗っていくその裏で、一家は思わぬ不幸に見舞われていた。2代目を継ぐはずだった創業者の長男、つまり韓さんの夫が若くして急死してしまったのだ。心臓麻痺だったという。

「それで私がホテルの経営を引き継いだんです。お向かいに移った沐浴湯のほうは義弟がやっています。やっとこの子が一人前になってくれたんで、ホッとしているところです」

そう言って韓さんは、隣に座る息子の肩に手を置いた。沖烈さんは現在31歳。いただいた名刺の肩書きは「室長」だが、そう遠くないうちに3代目社長を継ぐことになっているらしい。

「このあたりで3世代目に入るのはうちが最初だと思います。東莱のホテル業界では、この子がいちばん若い経営者になりますね」

とお母さんはうれしそう。聞けば沖烈さんはアメリカの大学で美術の勉強をしたり、彫刻家の修業をしたり、そこそこ遠回りをして、1年前に家業に参加したとか。お母さんの前なので突っ込んで聞くのはためらわれたが、すんなり家業を継ぐことへの葛藤もあったんだろうなぁ。

「どうですか、温泉ホテルの仕事は？」

と尋ねると、沖烈さんははにかみながら答えた。

「ぼくらの世代は温泉のよさを知らない人も多くて。ぼくだって子どものころは、ただ水を温めたお風呂だと思っていて、温泉のありがたみが全然わかっていなかったですから、へへへ。祖父のように多くの人に開かれた場をつくっていきたいですね」

開業当時の写真はありますかと尋ねると、母と息子は顔を見合わせて、

「それがないんだよねぇ」

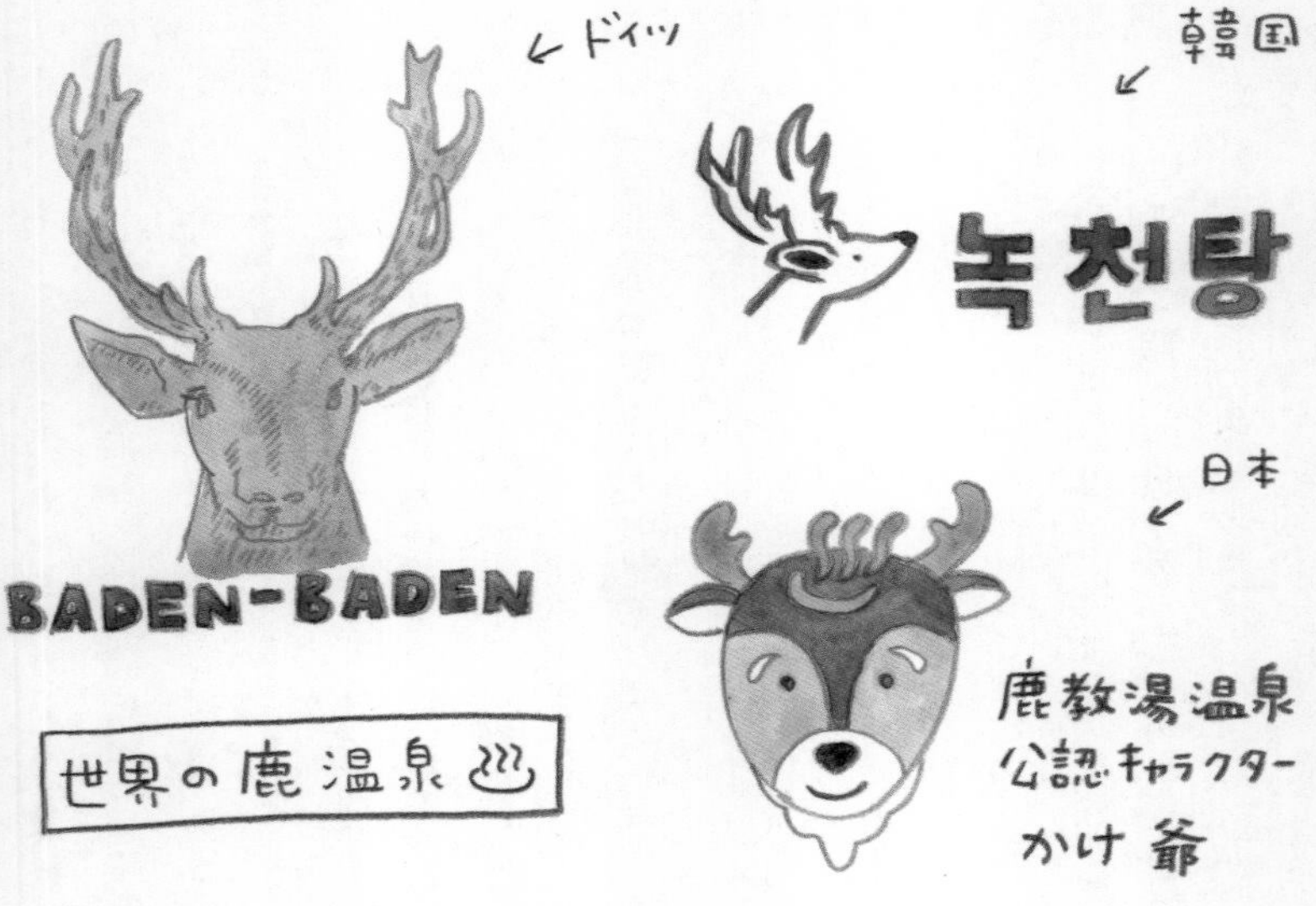

「なにしろ夫が急に亡くなったもんだから、いろんなことが引き継げていないんですよね。どこかにあるのかもしれないけど、わからない……」

と言った。そのまま帰すのは申し訳ないと思ったのか、

「昔を偲ばせるものは、ホテルの裏にある松の木くらいじゃない？」

「そうそう、あの木はおじいちゃんの代から変わらずあるね」

なんて言いながら、親子は松の木を見せてくれた。ホテルの裏手に、ちょうど3階の窓の高さまで大きく伸びた松が植わっている。その向こうに、薄い雲を刷《は》いた東菜の青空。仰々しい創業者の写真を見せられるよりもよっぽど印象に残る風景だった。

ピンクおばばとの出会い

突然のインタビューに応じてくれたことにお礼を言ってホテルを辞する際、お向かいの沐浴湯、鹿泉湯のチケットをいただいた。

「いいお湯だから、ぜひ入っていってください」

断る理由は何もない。わたしたちはありがたく鹿泉湯に入れてもらうことにした（通常の入浴料は6000ウォン〈約600円〉）。

通訳のYさんには事前のやりとりで「もしお風呂に入る展開になったら、一緒に入ってほしいんですけど……」と無茶なお願いをしてあった。だからYさんも「いよいよお風呂ですね」とノリノリで同行してくれることに。もうひとり、ホテルの外で葛の根っこジュースを売っていたソさんまで身を乗り出してきた。

「お前さんたち鹿泉湯に入るのか？　初めてだろ？　じゃあ案内してやるよ。なにしろおれは60年前からこのお湯に浸かってんだから」

ソさんは山と積まれた葛の根っこと屋台をほったらかして、わたしたちと一緒にお風呂屋さんへ向かった。わは、なんかおもしろい展開。

1階の受付でチケットを渡し、わたしとYさんは2階の女湯へ、安田さんとソさんは3

階の男湯へと分かれた。各階の床面積は240坪、脱衣所にはロッカーがずらりと並び、お風呂場には温度ちがいの大きな浴槽が4つ、サウナやアカスリコーナーも充実の大型温泉施設だ。これだけの設備を銭湯価格で提供しているのだから、地元の人に愛されるのは当然だろう。

女湯はそこそこ混んでいた。まだ外は明るい時間帯、お客の年齢層は高め。お湯は無色無臭で柔らかい。

「はあ〜」

わたしはぬるめの浴槽で手足を伸ばしながら、周囲をさりげなく観察した。せっかく通訳のYさんが一緒なのだから誰かに話しかけてみたい。それも「取材です」って感じじゃなくて、さりげなく雑談できる相手がいるといいんだけど。わたしは川の中から目だけ出して獲物を探すワニと化した。

浴槽のいちばん奥に、どピンクのヘアバンドを頭に巻いた小柄なおばあさんがいて、向こうもこちらをチラッと見た気がした。ワニはあわてず騒がず、水中をすーっと移動し、ピンクおばばのほうへ近づいていく。Yさんもワニの後ろをすーっと付いてきてくれた。

隣まで行って笑いかけると、ピンクおばばもニコッとした。酒場でも銭湯でも、見知らぬ人に話しかける定番の第一声はこれだ。

「ここへは、よくいらっしゃるんですか」

Ｙさんがすかさず通訳してくれる。ピンクおばばは、

「あら、あんた韓国語できないの。日本人か」

と少し驚いた顔をした。近所に住んでいて、鹿泉湯にはしょっちゅう来るという。そのあとおばばはＹさんに向かって、何事か語りだした。Ｙさんは神妙にうなずきながら「イエー」（丁寧な「はい」）を連発している。しばらくして話が止み、Ｙさんが会話の内容を教えてくれた。

「この方がおっしゃるには、『むかし韓国は日本にめちゃくちゃにされた。ひどいことをしたら謝るのが当たり前ではないか』と」

あぁ。わたしは目を伏せた。ゆらりゆらりと揺れるお湯の水面。

東莱温泉を訪ねたころ（２０１９年７月）、日韓関係は悪化の一途をたどっていた。徴用工訴訟をめぐる対立から、日本政府による輸出規制強化が発表され、対する韓国政府は軍事情報包括保護協定（ジーソミア）破棄をちらつかせる……。日本のメディアは連日、交流イベントが中止されただの、不買運動が起きただの、不仲を焚きつけるようなことばかり報じていた。Ｙさんの話では、韓国のテレビでも日本のひどさを言い募る報道があったらしい。

「それでこの方は、九州の温泉に行く計画を立てていたけど、こんなときに日本に行きたくないからやめたんですって。『あなたは日本人として、どう思うの？』と言ってます」

わたしはおずおずと視線をピンクおばばの顔に戻し、おずおずと自分の考えを言った。

「かつて日本人がこの国でしたことは、許されないことです。朝鮮半島の人たちを無理やり連行して戦争に行かせたり、過酷な労働をさせたことに、なんの正当性もない。それをちゃんと謝らない今の日本政府に、韓国の人が腹を立てるのは当然です。わたしは、歴史をゆがめたり、忘れたふりをすることがもっとも罪深いと思います」

日本人には名前を教えたくない

軽い気持ちでお風呂取材に同行してくれたYさんは、いきなりこのデリケートな問題の通訳を任されて、さぞ大変だったと思う。しかも全裸だし。ピンクおばばは、Yさんが訳したわたしのコメントをふんふんと聞いたあと、

「それで、あんた結婚してるの？」

不意に質問の方向を変えてきた。わたしは同居人はいるが結婚はしていない。だからこの手の質問に対しては「はい」と答えても、「いいえ」と答えても、「まあ」と濁しても、どれも嘘じゃないので便利である。このときはシンプルに「結婚してないです」と答えた。

おばばは大きくうなずき、

「結婚なんてしなくたっていいんだよね。自分でお金を貯めればいいんだから。そのほう

が苦労しなくて済むし」

と明るい口調で言った。日ごろわたしは人に対して「結婚しているか」と尋ねないたちだが、このときばかりはこの話題にすがった。

「あなたは結婚していますか」

「うん、27歳で結婚したよ。相手は公務員。あたしはいま75だから、結婚生活は50年近いね。お見合い結婚だったけど、夫のことは誰より大事に思ってるよ。子どもがふたりできてね。まあでも、夫はいま病気なのよ」

話を聞きながら、このおばばの人生はわたしの母と重なるなぁと思った。うちの母も20代後半でお見合い結婚をして、ふたりの子を育て、70歳を過ぎた現在は病気になった父の面倒を見ている。にわかに親しい気持ちが湧いて、

「これまでで一番うれしかったことはなんで

すか？」

なんて質問をしてみた。おばばは即答した。

「子育てが最高におもしろかったわね。そのころのことを思い出すと、なんか涙が出てくるのよ。本当におもしろかったから」

いい答えを聞いた、と思った。おもしろかった時代を思い出すと涙が出る。心はそういう仕組みになっている。

お湯の中で長話をして、だいぶのぼせてきた。わたしはそろそろお湯から上がろうと思い、さりげなく確認した。

「お会いしたことを本に書いてもいいですか」

「いいよ」

「よかったら、お名前を教えてもらえませんか」

おばばはチラリとYさんのほうを見て、またわたしのほうを見て、早口で言った。

「日本人には名前を教えたくないの。ごめんね」

そうか、日本人には教えたくない、か。気を遣って「ごめんね」と付け足してくれたことを含めて胸に迫るものがあった。この人のことを忘れないでおこう。わたしは頭の中のスケッチブックにおばばの顔を記憶させ、お風呂から上がると脱衣所の隅で急いでペンを走らせた。

鹿のお風呂の神様

着替えて1階に降りると、安田さんが汗を拭きながら待っていた。

「お待たせしましたー」

「ね、あそこでパッピンス食べない？」

安田さんは、沐浴湯に併設された小さなカフェスペースを指さした。パッピンスとは韓国のかき氷。いまどきはマンゴーとかチョコレートとかハイカラなパッピンスが多いが、ここには昔ながらの小豆と練乳のパッピンスが売られていた。３０００ウォン（約３００円）でドカンと大盛りだ。わたしたちはひとつ頼んでスプーンを3本もらい、3人で氷の山をつつき合った。

安田さんと一緒に男湯に入った葛の根っこジュース屋のソさんは、すでに屋台に戻ったらしかった。

「あの人、すごいんだよ。タオルを使って足の指のあいだから体毛の一本一本まで、ものすごく丁寧に洗うの。お風呂の達人だよ、ソさんは」

「こっちはYさんに通訳してもらって、75歳のおばあさんと話しました」

ざっと概略を話すと、安田さんはパッピンスをザクザクと崩しながら言った。

「お風呂の中だからこそ、聞けた話かもしれないねぇ」

言われてみれば、そうかもしれない。ピンクおばばは明らかに日本人を厭《いと》わしく思い、警戒していた。もし街で日本人に会っても接触を避けるだろうし、本音で話すことはないだろう。

だが、わたしたちは最初から最後まで素っ裸だった。お湯の中には逃げ場もない。おかげでことばを交わし、心をやりとりすることになった。あれは鹿のお風呂の神様がアレンジしてくれた会話だったのか。

パッピンスの冷たさが、キーンと側頭部を駆け上がる。

第4章

引揚者たちの銭湯と秘密の工場

寒川

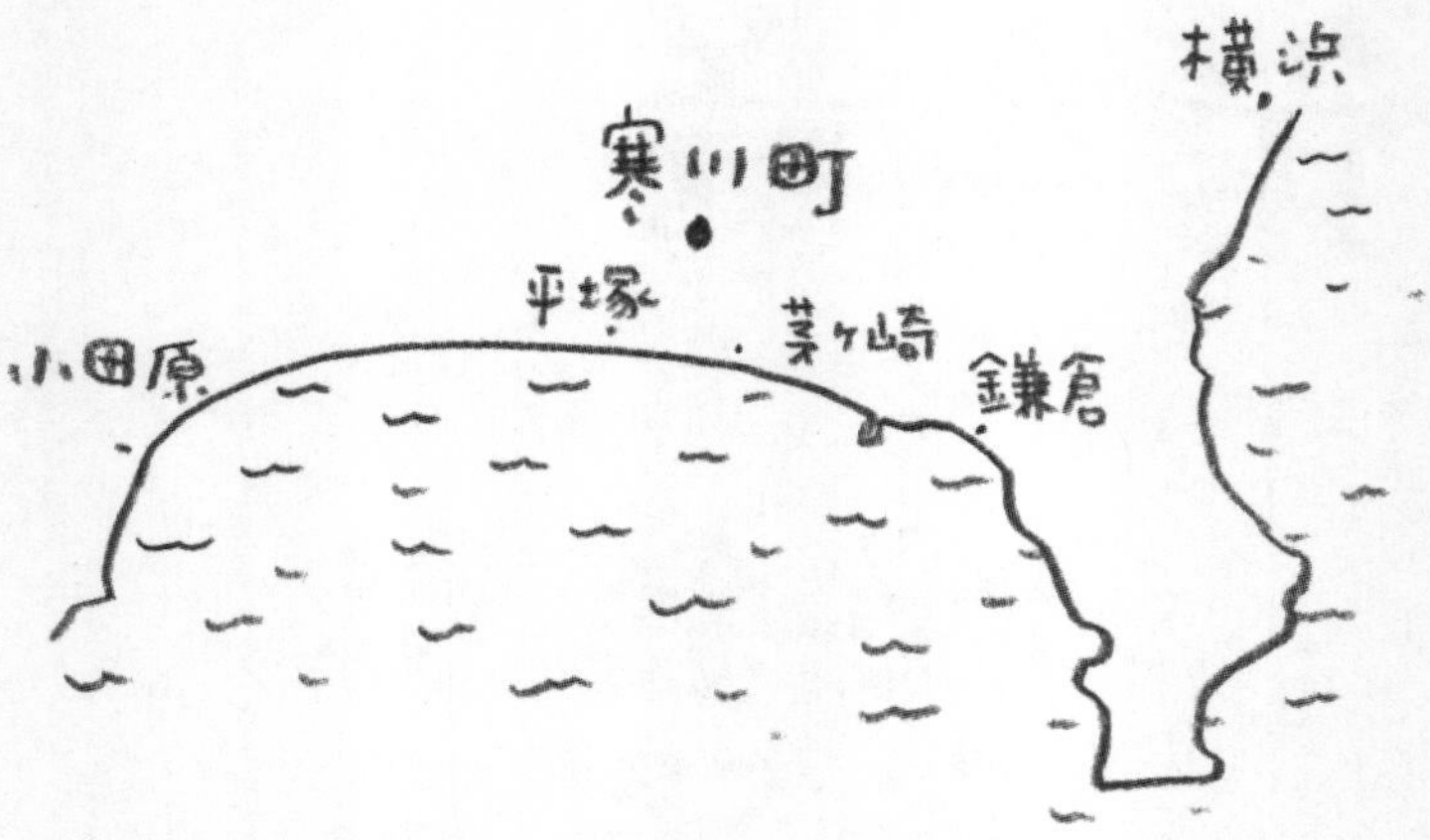

神奈川県高座郡寒川町。

東日本でもっとも人口の多いこの「町」は、

戦後、多くの引揚者を受け入れた。

引揚者住宅には風呂がなく

町議会に銭湯開業の嘆願書が出された。

風呂の記憶を求めて彷徨ううちに

見えてきたのは相模海軍工廠の暗部。

秘密の工場で働かされていた生き証人は

製造していた武器の絵を描いてみせた——

その名は「すずらん湯」

銭湯はなくなっていた――。

すでに廃業したとの情報はネットにも書き込まれていた。実際、電話をかけても通じない。それでも現場を直接目にするまでは、一縷《いちる》の望みを捨てなかった。何かの間違いであってほしい、ネットの書き込みなんて当てにならないし。そんな気持ちで私と金井さんは足を運んだのだ。

だが、やはり跡形もなく銭湯は消えていた。

あるはずの場所に、ない。

見回しても、見上げても、かがみ込んでも、ないものはない。

ため息が漏れる。全身から力が抜ける。

心の中は、湯の抜けた空っぽの浴槽と同じだ。乾いた風が吹き抜ける。

ただし、この場所がこれからはじまる長い物語の起点となることには気がついていない。

私たちはその時点で、先の展開をまったく読めていなかった。

「どうします？」

「ご飯でも食べて帰りましょうか」

そんな気の抜けたやりとりをしながら、途方に暮れるばかりだった。

神奈川県のほぼ中央、相模川の下流に位置する寒川町。「湘南」と呼称される地域の一角にありながら、田園風景の広がる落ち着いたたたずまいが特徴の町だ。地元では多少の自嘲も込めて〝海のない湘南〟と口にする人もいる。

そんな町の中心部、JR相模線寒川駅近くの「すずらん湯」こそ、私たちが狙い定めた銭湯だった。それにしても、だ。なぜ私たちは「すずらん湯」に興味を持つことになったのか。

じつはこの銭湯、寒川が経験した〝戦後の事情〟によってつくられていた。

引揚者住宅があったころ

事の経緯は次のとおりだ。

敗戦直後、この町に引揚者住宅ができた。引揚者住宅とは文字どおり、旧満州（現在の中国東北部）などからの引揚者のために建てられた住宅のことである。

敗戦時、海外には約629万人の在外邦人がいた。戦争が終わり、日本の占領が解除された外地（朝鮮、満州、樺太など）から、一気に人々が帰国する。

そこで深刻な事態が発生した。引揚者の住居問題だ。焼け野原となった都市部では、ただでさえ住宅事情は最悪だった。空襲などで家を失った人々が多く、かろうじて罹災を免れた家屋で数家族が身を寄せ合うように生活する光景も珍しくなかった。そんな都市部に次々と引揚者が押し寄せる。

引揚者のなかには、もともと日本国内での貧困から脱するために外地へ足場を移した人が少なくなかった。いや、外地へ追いやられたといってもよいだろう。この人たちもまた、日本の植民地主義と棄民政策の犠牲者ではある。戦争に巻き込まれ、すべてを失い、着の身着のままの状態で帰国したのだ。

もともと国内に土地も資産も持たない人々だ。長きにわたる外地生活で、係累、縁者とのつながりも失っていた。住む家を求めて、引揚者は焼け野原を彷徨うしかない。

当時の様子をまとめた『引揚者の戦後』島村恭則編（新曜社）には次のような記述がある。〈住居のない引揚者は、壕舎（防空壕）や橋の下、寺社の軒先、仮小屋などに仮住まいするという状況であった〉

つまり、路上生活を強いられたのである。戦後という時間がはじまったばかりのころ、引揚者の戦争はまだ終わっていなかった。

さすがに行政もこの問題に対応せざるを得なかった。各地の役所に設けられた引揚援護局が中心となり、急増する引揚者のための住宅確保がはじまる。

行政が真っ先に目をつけたのは旧日本軍の施設である。なかでも工廠（いわゆる軍需工場）とその関連住宅（社員寮など）は、日本軍解体と同時にもぬけの殻となっていた。住宅として使うにはもってこいの物件だ。住宅不足解決の決め手として、各地の工廠跡地で引揚者住宅の整備が進められた。

１９４５年12月、寒川にも引揚者住宅ができた。同地には１９４３年に操業開始した相模海軍工廠があり、その周囲に建てられた従業員寮がそのまま引揚者住宅に転用されたのだ。

住民の請願で誕生した銭湯

さて、ここでようやく銭湯の話につながる。

私と金井さんは、風呂を通して社会や歴史にまつわるさまざまな問題を考えている。いや、深く考えることはできなくとも、触れてみたいとは思っている。そうしたなか、多くの資料を渉猟する過程で発見したのが、寒川の引揚者住宅の住民たちによる「浴場新設請願書」だった。

これは１９５０年に町議会に提出された書面で、風呂を持たない住民たちが、町営浴場の開設を請願するものだった。これを受けて議会は「町営」ではなく、事業者に建設資金を貸し付ける形で予算化し、１９５4年12月、住民待望の銭湯「すずらん湯」が開業したのである。

そのころ、家庭風呂はまだ普及していなかった。どこの地域にも当たり前のように銭湯が存在した。だが、住民の請願によってつくられた銭湯は珍しい。しかも、請願の主体となったのは引揚者である。

そこに私たちは戦後の空気を感じた。歴史の断面を見たような気持ちになった。だからこそ、その銭湯が〝生きている〟のであれば、ぜひ触れてみたかった。湯に、浴槽に、ひとつひとつのカランに、そして歴史に。

大きな浴槽で、思いっ切り手足を広げ、くつろぎたかったことだろう。戦争のない時代、脅えながら逃げる時代がようやく終わったのだ。引揚者はきっと、それぞれが苦渋に満ち満ちた物語を持っている。生き延びるために、逃げ切るために、引揚者は混乱の暗闇を駆け抜けてきた。

ほっと落ち着いたとき、熱い湯に体を沈めたくなる気持ちは痛いほどわかる。だからこそ、人々は議会に願い出た。湯の中でようやく獲得した自由と平和を全身で感じたいと願った。

念願叶って開業した「すずらん湯」で、人々は暗い思い出を洗い流したはずだ。

だが、前述したように「すずらん湯」はすでになかった。

いま、跡地には大手進学塾の瀟洒《しょうしゃ》なビルが建っている。どれだけ想像力を働かせても、そこに銭湯の姿を重ね合わせることはできなかった。もちろん、どれだけ耳を澄ませたところで、浴槽から湯があふれ出す音も、風呂桶が床をこする音も、聞こえてこない。風景は銭湯のあった時代をまるごと洗い流していた。

寒川町文書館の導き

気落ちしたまま、私たちはそれでも残骸のひとつでもないかと、周囲を歩いた。

「すずらん湯」が残した記憶の欠片《かけら》は、近くの質店に落ちていた。

――この近くに銭湯がありましたよね？

おそるおそる話しかけた私たちに、店主は満面の笑みで応えてくれた。

「ええ、すずらん湯のことですね」

店主によれば、「すずらん湯」は2014年まで営業していたらしい。

「一時期はそれなりに賑わっていましたよ。このあたりで銭湯は珍しかったからねえ」

番台があり、大きな浴槽があり、壁にはペンキ絵が描かれ、といった普通の銭湯だったが、「やっぱり自宅の風呂に入るよりも気持ちよかった」と述懐する。

だが、今世紀に入ってからしだいに客足が遠のいた。

すずらん湯跡地に立ちつくす安田浩一

全国どこにでも見ることのできる〝銭湯離れ〟は、家庭風呂の普及だけが原因ではない。露天風呂やサウナ、豪華な休憩所が併設されたスーパー銭湯がブームとなり、人々の関心はそちらに移った。大きな浴槽は生活のために存在するのではなく、娯楽のひとつに位置づけられるようになったのだ。このあたりとて例外ではない。近隣の平塚、茅ヶ崎、藤沢にはいくつものスーパー銭湯がある。

時代の流れに抗することはできず、「すずらん湯」は、その歴史に終止符を打った。

ちなみに質店の店主は「すずらん湯」が引揚者の要請で開業した経緯を知らなかった。「へえ、そんなことがあったんですか」と興味深げに問い返すばかりだった。

無理もない。70年近く前の開業の経緯など、まだ生まれてもいなかった店主が知る由もないだろう。
かろうじて「すずらん湯」の記憶をすくい上げた私たちが次に向かったのは、寒川町の図書館内に設けられた同町文書館である。せめて何かの資料が残っていないだろうか。銭湯がなくなっていても、せっかく同地に足を運んだのだから、あとひとつくらいは土産話が欲しい。その程度の期待で文書館を訪ねたのである。

同館館長の髙木秀彰さんは、すこぶる親切だった。相模海軍工廠の成り立ちから、その機能に至るまで、丁寧に資料を広げながら説明してくれた。

ただし、「すずらん湯」に関係する資料はごくわずかしか残されていなかった。件《くだん》の「請願書」以外には、開業を報じた町の広報紙があるだけだ。１９５５年１月に発行された「広報さむかわ」。「すずらん湯」開業直後の同紙には、「新装成った寒川町公衆浴場すゞらん湯」の見出しの下、次のような記述を見ることができる。

〈寒川町の真ん中に温泉ができました？　といつても熱海や伊東のそれとは違います〉

〈この度寒川町公衆浴場「すづ《ママ》らん湯」が新春を待たずして寒川駅西側に新装なり、去る十二月二十三日から営業開始をしました〉

〈これで今迄、金二十円也の電車賃を使い、厳寒の夜空をはる〲隣接の茅ヶ崎までセントウに行つておられた人達にとつては、近くて、安くて、しかも新しいのでは、まさに一石二鳥、どんなに喜ばれることでしょう〉

書き手までもが高揚しているような弾んだ記事からは、銭湯への期待がじゅうぶんに伝わってくる。なるほど、「すずらん湯」ができるまで、人々はわざわざ列車に乗って茅ヶ崎の銭湯まで出かけるしかなかった。「厳寒の夜空をはる〲」では、さぞかし帰路は湯冷めしたことであろう。

ちなみに同記事には初日の客数が350人にものぼったこと、そして開業時の入浴料が15円であったことも記されている。

当時の物価統計によれば、大卒初任給が約1万円。たばこ（ゴールデンバット）1箱が30円、はがき1枚が5円である。つまりはたばこ半分、はがき3枚分の入浴料だった。現在の物価に反映させても、相当に安価だったことになる。それだけ銭湯は、日常に欠かすことのできない存在だった。

THE SAMUKAWA （月４回発行）

十二月二十三日から営業開始

新装成つた 寒川町公衆浴場 すゞらん湯

近代設備に浴客は喜ぶ

寒川町の真ん中に浴場ができました? といっても熱海や伊東のそれとは違います。数年前から町民の要望でありました町内浴場設置はその後関係の事情から実現困難でありましたが、この度寒川町公衆浴場「すゞらん湯」が新築なり、去る十二月二十三日から営業開始をしました。

初日には早くも三百五十人の浴客があり、経営者もこれならば……と今後の経営に自信を得。これで今迄、金二十円也の電車賃を使い、厳寒の夜空をはる〲茅ヶ崎までセントウに行つて帰られた人達にとつては、近くて、安くて、しかも新しいのでは、まさに一石二鳥、どんなに喜ばれることでしょう。

一、皆さんに愛され親しまれる清潔な浴場として
二、サービスをモットウとして
三、楽しく明るい集合場所として
四、働く者の休憩所として
五、老人、子供の慰安所として
六、社会施設の拡充と町発展の中心として

とその抱負を以上のように語られました。

すずらん湯の開業を伝える「広報さむかわ」

ところで、銭湯開設を請願した人々はいまどうしているのだろうか。

「もう、この町にはいないと思いますよ。そもそも開業当時におとなだった人は、その多くが亡くなっていてもおかしくありませんからねえ」

髙木さんの説明に、私たちはうなずくしかない。引揚者住宅もすでにない。

そして、髙木さんは窓の外を指さした。

「ほら、あそこ。集合住宅が並んでいますよね」

視界に数棟の5階建て住宅が飛び込んできた。文書館にほぼ隣接した一角である。

「いまは県営住宅ですが、あの場所に、かつて海軍工廠の従業員寮があったんです」

ということは……。

「そう、戦後の一時期、そこに引揚者住宅がありました」

窓の外で、県営住宅の白い壁が陽の光を浴びて輝いていた。どうせならこっちにも来なさいと、手招きしているようにも感じた。

文書館を後にした私たちは当然、迷わず県営住宅に向かったのである。何かの磁力に引っ張られるように。

引揚者住宅の影を追って

5階建ての県営新橋アパートは全部で6棟。敷地内には集会所と小さな公園があった。子ども時代を団地で過ごした私には懐かしい風景だった。

私たちはここで、引揚者住宅の時代を知っている人を探したかった。もちろん望み薄で

県営新橋アパート（神奈川県高座郡寒川町）

あることはわかっていた。引揚者が、県営住宅に建て替えられた後も住みつづけているとは考えにくい。実際は他地域においてはそうした事例もあるらしいが、なんといっても敗戦から75年が経過しているのだ。証言者を見つけることなど困難に決まっている。

昼間だというのに県営住宅は静まり返っていた。おそらく高齢者の住民が多いからであろう。しんとした気配のなかで、私たちが交わす声だけが響いた。歩いている人の姿もほとんどなかった。それでも私たちはときおり人の気配を感じると駆け寄り、無遠慮に質問を重ねた。

――ここに引揚者住宅があったことを知っていますか？

――そのころから住みつづけている人を知りませんか？

みなが一様に首を横に振った。何かを売りつけようとする怪しいふたり組だと感じたのか、逃げるように去っていく人もいた。

夕方になっても手応えゼロ。収穫なし。

真冬の風が身に染みる。

銭湯もなければ、引揚者住宅を知る住民もいないじゃないか。

その日、私たちは空振りの無念を噛みしめるしかなかった。

まあ、こんな日もある。仕方がない。まさに「厳寒の夜空をはるぐ〳〵」の気分を抱えて、私たちは寒川を後にした。

取材の神さまを信じて

「ぼくは無神論者だけど、取材の神さまだけは信じてるの」

安田さんは、ときどきそんなことを言う。お百姓さんが田の神さまを、漁師さんが水神さまを、おすもうさんが土俵の神さまを信じるように、ジャーナリストは取材の神さまを信仰しているらしい。

「現場に10回足を運んで、10回空振りして、それでもまた行くと11回目に欲しい情報に出会える。そういうとき、あぁ取材の神さまはいるなぁと思うわけ」

ははぁ、安田さんの神さま、けっこう厳しい。執念や粘りをお求めになるようだ。行き当たりばったり、だいたいでオッケーのわたしの神さまとは大ちがい。これまで安田さんは取材の神さまに鍛えられ、歩き回り、走り回り、靴底を減らす代わりにいくつもの真相にたどり着いてきたのだった。

だから、前回の取材からひと月ほど経つと安田さんは当然のように言った。

「もう一度、寒川の県営アパートに行ってみよう」

あの、ほとんど人通りのない団地でもう一度張り込みをしようというのだ。えー、何度

トライしたところで、昔を知っている人に会える確率は低そうですけどね、と口から出かかったことばを吞み込んで、

「じゃあグローブを持っていって、キャッチボールしながら人が来るのを待ちましょうか」とわたしは提案した。前回、団地の敷地内をひたすらウロウロしているわたしたちは明らかに不審者じみていた。せめて広場でキャッチボールでもしていれば間がもつかもしれない。

取材ノートとICレコーダー、そしてグローブを鞄に入れて、わたしたちはふたたび東海道線と相模線を乗り継いだ。湘南は冬晴れだった。

自治会長に会う

穏やかな平日の昼下がり、県営新橋アパートは相変わらず人影もなく、シーンと静まり返っていた。一応、1号棟から6号棟まで巡回してみるが、猫一匹いない。こうなったら片っ端から呼び鈴を押してみようか、と一瞬思ったが、そんな聞き込みの刑事のような行動は最終手段だ。まずは鞄からグローブを出すか。長期戦を覚悟した、そのとき。

頭上からパーンパーンパーン……と何かを叩く音が降ってきた。見上げると、3号棟の2階のベランダに、干していた布団を取り込もうとするご婦人の姿。わたしは思わず駆け

寄って、下から叫んだ。

「すみませーん！　ちょっとお聞きしたいことがあるんですー」

ご婦人は驚きながらも、「じゃあ玄関へどうぞー」と叫び返してくれた。急いで階段を上がって玄関の扉をノックすると、ご婦人の夫と思しき白髪の男性が顔を出してくれた。

「この団地はもともと戦後の引揚者住宅だったと聞いて……その時代のことをご存知の方を探しているんです」

事情を話すと、「わたしらは数年前に越してきたから昔のことはわからないねぇ。そういうことなら自治会長さんに聞いたらいいかもしれない」と、５号棟の自治会長宅を教えてくれた。安田さんとわたしはいそいそと５号棟へ。

幸い自治会長さんは在宅していた。歳のころ70前後の女性。茶色く染めた髪を結って、きちんとお化粧もしている。１９８２年からここに住み、長く自治会長を務めてきたという。

「自治会長を10年くらいやってね、５、６年前に一度やめたんだけど、他の人だとうまく回らないからと頼まれて、結局また引き受けちゃったの」

明るく、ちゃきちゃきとした口ぶり。周囲から頼りにされているのだろう。

「ここは昭和53（１９７８）年にいまの鉄筋コンクリート５階建てのアパートになったんだけど、その前は戦争中からあった木造２階建てだったのよ。そこに引揚者の人もいたみたいねぇ」

引揚者という単語が出てきて、安田さんとわたしは前のめりになる。

「木造のアパートはもうボロボロで、つっかえ棒して住んでたんだって。5階建てが6棟できて、木造のころからの住民は1号棟と2号棟に入ったのよ。でももうみんな亡くなってしまって……」

そう言ったあと、自治会長さんはハッと顔を上げた。

「あ、ひとりいるわ」

最後の生き証人

「いますか！」

「うんうん。Aさんていってね、もう80を超えていると思うけどお元気よ。きっと木造時代を知っているのはあの人だけね。Aさんに聞いたらいいわ。いまの時間、家にいるんじゃないかしら」

「行ってみます！」

その「最後の生き証人」は、1号棟の5階に住んでいるという。わたしたちは1号棟に急行し、そのまま5階まで一気に上った。はぁはぁ、ぜぇぜぇ……エレベーターのないアパートの5階に住むのは大変だ。

ちを笑った。

「アハハハ、あんたたち若いのに、はぁはぁ言って」

ドアを開けて顔を出したAさんはまず、階段を上っただけで息を切らしているわたした

「あたしなんか40年以上この階段を上り下りしてるから、へっちゃらよ。うちの母なんて90過ぎても毎日お買い物に行ってたわよ」

「ひえー、すごいですね」

Aさんは突然訪問したわたしたちを警戒することもなく、昔の話を聞かせてくれた。その物語には引揚者も出てくれば、すずらん湯も出てきた。まさに欲しいと思っていた貴重な証言だった。それどころか、思いもよらないエピソードが飛び出して、わたしと安田さんは思わず顔を見合わせた。

取材の神さま、ここに降臨せり！

Aさんは幼いころに父親を亡くし、ずっとお母さんとお姉さんと3人暮らしだった。戦時中、お母さんは寒川にあった相模海軍工廠で炊事係の職を得て、女手ひとつで姉妹を育てた。

「この場所は、海軍工廠で働く人たちの従業員寮だったんですよ。だからあたしたちはここに住むことができた。そうそう、そのころは木造2階建て。母はここから海軍工廠まで歩いて通ってました。自転車なんて乗れないわよ、あの時代の人だもの」

Aさんが小学校に入ったのは1945年。その年の春から夏にかけて、寒川にはしょっちゅう空襲警報が鳴っていた。

「B-29に狙われたこともあります。爆弾が落ちてくるのも見ましたよ」

とりわけよく覚えているのは7月16日の平塚空襲。2時間で44万発の焼夷弾が投下され、数百の民間人が亡くなった。隣町の寒川にも多くの米軍機が飛来したという。

「うちは近くに鉄塔があったおかげで助かったの。飛行機は鉄塔にぶつかることを恐れて、それより低く飛べなかった。もし低空飛行で爆撃してたら、木造アパートなんてひとたまりもなかったでしょうねぇ。防空壕なんてなかったし」

「引揚者さん」がやってきた

戦後、海軍工廠の跡地は、いくつかの民間工場に払い下げられた。そのひとつ、日東夕イヤでお母さんは再雇用され、Aさん一家は戦後も同じ木造アパートに住みつづけることができた。

「1階に2世帯、2階に2世帯、だからひとつのアパートに4家族が住んでたわけね。3棟ずつ組分けされてて、全部で8組まであったかしらね」

ということは、全戸が埋まっていたら96家族が住んでいた計算になる。けっこうな規模のアパートだったのだ。

「戦後しばらくして、引揚者の人が来たの」

引揚者はどんな感じの人たちだったのか。どこから来たのか。満州か、南洋か、それとも……。具体的な答えを求める安田さんとわたしに対して、それまで淀みなく話していたAさんの口調が少し変わった。

「んー。あたしは子どもだったから、よくわからない」

安田さんが、ゆっくりと質問を繰り返す。

「いま、このアパートに、引揚者やそのご家族は、住んでいますか？」

Aさんはまた「んー」とつぶやいたのちに、「いや、あのね、当時からどの方が引揚者さんなのかわかりませんから。見てわかるってものでもないし」と答えた。

「ただ大人たちが『あそこのうちは引揚者さんみたいだね』と話してて、あたしはそれを耳にしただけでね」

歯切れの悪さと「引揚者さん」という言い方に、それ以上しつこく聞くのがためらわれた。

厚生労働省の統計によると、戦後、海外から引き揚げた軍人・軍属は310万人、民間人は318万人、合計約629万人にのぼる。生まれ故郷に戻る人は限られていた。ほとんどが貧しい村や家に居場所がなく、生き延びるために国策に乗って「外地」へ行った人たちだ。帰る場所などない。戦後、命からがら引き揚げてきたあとは、また見知らぬ土地にゼロから根を張るしかなかった。

日本各地で「引揚者差別」があったと聞く。

戦後の混乱が続いている最中、地縁も血縁もない「引揚者さん」が突如やってきた。土地のことばをしゃべらないよそ者だ。どうやら着の身着のままで、食べるものにも事欠くほど貧しいようだ。みんな、家の物を盗《と》られないように気をつけろ。そんな警戒心が生まれた。いつでもどこでも人間は、よそ者を怖がって、疑って、差別するのだ。自分もその一味なのだ、とうなだれる。うなだれたのちに、どうにかその差別心をぶん投げたいと、そっと空を見る。

もちろん、寒川で引揚者に対する明確な差別があったかどうかはわからない。ただ、Aさんの口ぶりは「あの人は引揚者だ」と表立って言うことが憚られた過去をうかがわせた。遠巻きに噂話はするけど、個別の事情には踏み込まない。それが戦後を生きる「大人たち」の知恵だったのだろうか。

工員用の風呂からすずらん湯へ

「あ、そうだ。すずらん湯を覚えていますか？　駅前にあった銭湯」

話題を変えると、Aさんは朗らかな表情に戻ってすぐに乗ってきてくれた。

「もちろん！　よく行きましたよ。あの銭湯ができて本当に助かったの」

Aさんによれば、お風呂がなかった木造アパート時代、裏庭に自前の風呂小屋を設置していた家もあったらしい。

「それができるのは、男手がある家よね。うちは女3人だからお風呂をつくるなんてこと、とてもできなくて。母の職場に〝もらい湯〟をしにいってました」

戦中は相模海軍工廠の、戦後は日東タイヤの敷地内のお風呂に通った。

「工員さんが入るお風呂だからね、けっこう大きかった。大人たちは『ここは電気風呂なんだ』って言ってましたね。電気で沸かしていたのかしらね」

女性が入れてもらえる曜日は限られていて、母と姉と3人で手ぬぐいを持って出かけたという。子どもの足だとけっこう遠くて、歩いて帰宅するあいだにすっかり湯冷めしてしまった。近所にはわざわざ電車に乗って茅ヶ崎の銭湯まで通っている人もいて、「寒川に銭湯を！」は多くの町民の悲願だった。

「すずらん湯の開業が町議会で決まったなんて経緯までは知らなかったけどね、できたときはみんなで喜んでねぇ。とにかく毎日開いてるし、きれいだし、近いし、ほんとにありがたかった」

Aさんは懐かしそうにほほえんだ。

結局Aさんのお母さんは、日東タイヤの炊事係を定年まで勤め上げた。引揚者住宅を兼ねた木造2階建24棟が、鉄骨5階建6棟からなる県営新橋アパートに建て替えられたのは1978年のこと。各戸に内風呂が付き、Aさん一家がすずらん湯へ行く機会は減った。90歳を過ぎても5階までの階段を元気に上り下りしていたお母さんが亡くなって、すでに10年以上経つという。

相模海軍工廠での毒ガス製造

「相模海軍工廠のお風呂の話まで聞けて、よかったです。ありがとうございました」

ご挨拶してお暇《いとま》しようとしたときだった。

「あそこの海軍工廠では、毒ガスをつくってたのよね」

Aさんはさらりと言い、安田さんとわたしはアッと顔を見合わせた。毒ガス――それは寒川町史の暗部とつながっているワードだ。太平洋戦争が勃発する15年以上も前に、戦争での毒ガス使用は国際的に禁じられていた（1925年、ジュネーヴ議定書）。だが、相模海軍工廠では極秘裏に毒ガス製造がおこなわれていたのだ。工廠内では厳しい箝口令が敷かれ、その事実は近隣住民にも徹底的に伏せられていた。

Aさんのお母さんは、毎日海軍工廠に通って、工員たちの食事をつくっていた。もしや極秘情報を摑んでいたのだろうか。

「なんかね、敷地内のある建物で『あそこは変なにおいがするね』って話があったんですって。それで『あそこは毒ガスつくってるんだよ』なんて噂があったと言ってましたよ。戦後はほら、高砂さんができたでしょ（平塚にあった相模海軍工廠化学実験部の跡地に高砂香料の工場ができた）。それで『あー、今度はいいにおいだねー』なんてみんな言ってね、アハハ。高砂さんの工場のそばを通ると、いつもいいにおいがしたの」

安田さんが「すごい話だなぁ」とつぶやいた。

あそこは変なにおいがするね、とはなんて生々しい証言だろう。毒ガスのにおいはどんなにおいなのか。わたしたちは最後の最後に聞いた話に圧倒されながら、黙って5階分の階段を降りた。踊り場から、冬空にくっきりと富士山が見えた。

「ダメ元で、もう一回新橋アパートまで足を運んでよかったですねぇ」

わたしは、取材の神さまと神さまを信じて進む安田さんを大いに讃えた。

諦めなかった者に神はほほえむ。

わたしたちは大いに気をよくして、さむかわ中央公園の芝生でキャッチボールをした。

寒川町にひっそりとある石碑。
相模海軍工廠は70万4000 m²
の広大な軍需工場だった。

キャッチボールは
野球の神さまの
領域。

毒ガス兵器「イペリット」

「かつて寒川にあった相模海軍工廠で、毒ガスをつくっていたと聞きました。それに関連する資料はありますか？」

安田さんとわたしが寒川文書館に勢いよく飛び込むと、館長の髙木秀彰さんが穏やかな表情で応対してくれた。

「ええ、ひと通りの資料はそろっていますよ」

閲覧室に他の利用者はいなかった。窓から冬晴れの空が見えた。向かい合って座ると髙木さんは、「あのう、最初にちょっとお伝えしておきますけれども……」と断って、ご自身は「毒ガス」ということばの取り扱いについて気をつけているのだと語った。

寒川町で毒ガスをつくっていた、と大雑把に言うことを嫌がる町民がいる。たしかに「毒ガス」ってずいぶんざっくりしているし、得体が知れなくて怖い。だから髙木さんたちは「イペリット」などと具体的な名称を言うように心がけているのだとか。

相模海軍工廠でつくられていた「毒ガス」の正体はイペリット。その呼称はベルギーの都市イーペルに由来する。第一次大戦の激戦地で、ドイツ軍が初めてこの化学兵器を使った場所がイーペルなのだ。このイペリット、「ガス」といいながら常温では液体で、触れると皮膚がただれ、吸い込むと気管支や肺にひどいダメージを受ける。主な使用法は、砲弾に詰めて空中で爆発させ、その恐ろしい液体を空からばらまくというもの。風上でこの兵器を使えば、風下の広い範囲に甚大な被害が出る。市民が巻き込まれると、とんでもなく悲惨なことになる。それで第一次大戦後、化学兵器の使用はジュネーヴ議定書で禁じられたのだった。

にもかかわらず、日本軍はこそこそ隠れてイペリット爆弾を製造していた。

「戦時中、陸軍は広島県の大久野島《おおくのじま》という離島でイペリットをつくっていました。当時、大久野島は日本地図から消されていた。それくらい極秘事項でした。一方、海軍がイペリットを製造していたのが寒川。やはり徹底的に秘密にされていて、ようやく真相が語られるようになったのは戦後ずいぶん経ってからでした」

相模海軍工廠では、1941年から1944年までの4年間で約500トン、砲弾にして約4万3000発のイペリット爆弾が製造されていたことが判明している。

「多いときには3000人が働いていたようです」

髙木さんはそう言いながら、冊子を出してきた。町では1985年から寒川町史編纂事業を進めており、髙木さんはかつて海軍工廠で働いた人を訪ね、丁寧な聞き取り調査をおこなってきた。その成果がこの冊子「寒川町史研究」に収録されている。

まず驚くのは、相模海軍工廠で働いていた人の幅広さだ。薬学の技術者、全国各地から徴用されてきた男性、近隣の町ごとに集められ「女子挺身隊」と呼ばれた若い女性、高等女学校や旧制中学ごとに集められた勤労動員学徒、それに朝鮮半島出身の徴用工もいた。「イペリット原液の製造と砲弾への充塡がもっとも危険な作業でした。徴用工員が担当していたようです」

と髙木さん。

「白紙」で徴用された若者たち

日本政府は1938年に国家総動員法を、翌年に国民徴用令を公布して、軍需産業に携わる国内外の労働力として職業・年齢・性別を問わない国民の徴用を可能とした。戦況が厳しくなると、若い独身者はもちろん、年かさの既婚者もどんどん徴用された。

わたしはこれまで、「赤紙」と呼ばれる召集令状が届いて軍隊に入らなければならなかった人の話を聞いたり読んだりするたびに、あぁ、もし自分だったらどれだけ絶望するだろうかと暗い気持ちになった。戦地に行って、上官に殴られ、食糧の補給もなく、なにより敵を殺さなければならない。まわりの人は「出征おめでとう！」とか「バンザーイ！」とか言うだろうが、これほどめでたくないことってあるだろうか。

だが今回、「白紙《しらがみ》」が届いて徴用されるのもつらいことだと思い知った。限りある人生の時間を奪われ、軍施設などで寮生活を強いられ、慣れない作業に従事させられる。多くは人殺しの道具をつくるのだ。そして、無事に帰れる保証はない。

相模海軍工廠でつくっていたのは、イペリット爆弾の他に焼夷弾や三式弾といった火工兵器、防毒マスクや除毒剤。物資が不足してくると、こんにゃく糊と和紙を使った風船爆弾なんてものまでつくらされた。

第二工場での恐ろしい労働実態

徴用工として相模海軍工廠に送られ、イペリット爆弾をつくる部署に配属された河中《かわなか》修厂《しゅうえい》さんの話が壮絶だ。

1924年、福井県の大工さんの家に生まれた河中さんは、高等小学校卒業後に上京し、東京・神田の金物商に勤めた。金物をリヤカーに積んで、それを自転車で引いて、都内を元気よく走り回っていた。戦局が悪化していた1944年6月に徴用された。19歳だった。配属されたのは相模海軍工廠の第二工場。以下「寒川町史研究」第8号（1995年）より引く。

作業はこういうことをしていました。第一工場からパイプで原液を送っていったものを、タンクのなかへ入れる。そのさい、四メートル四方のガラスでぜんぶ仕切った作業場があるのですが、そこに穴が二つあるんです。その穴に手袋をした手をいれ、防毒用のマスクをして、完全にゴムガッパを被って爆弾の信管にイペリットの原液を詰めるわけです。五〇センチメートルの高さに、直径三〇センチの真ん中にイペリットを詰めるようになっていたのです。この原液をいれる作業は三〇分やって、一時間休みというサイクルでやっていました。（中略）

夏の暑いときに、汗がでるでしょう。ところがもう悪いことというか、自分の体を守らなければいけないのに、防毒面のところに一円ほどの小さい玉を一つ入れるんです。そうすると、そこから通気がいくらか入るものだから、楽なんです。それをしたら自分が肺をやられるのもわかっているんですが。やっぱり暑くてたいへんだから。それで吸い込んで、要領の悪いのは、僕らのように働いているうちに、五人も六人も死んでいます。

河中さんが相模海軍工廠にいたのは1年ほど。その間だけで5、6人の死者を見たというのだ。亡くなった人について公式記録はいっさい残っていない。

工廠内の運動場で、いろいろな体操などをして、解散といってみんな散らばる。ところが僕らが働いていた第二工場と第一工場のものはかけ足ができないんです。ほかの工場のものはみんなかけ足でダーッと散らばるんですけれども。かけ足したらもう咳き込んで、もうそこで一〇分か二〇分、みんな咳が止まらないんです。肺をやられてしまっているものだから。

1945年5月、河中さんは軍に入隊するため寒川を離れる。ところが石川県の小松海兵隊に入隊直後、雨の中で作業をしたら3日間40度の高熱が続いて病院送りになってしまう。イペリットを吸い込んだ後遺症だった。そしてほどなく終戦を迎える。

戦後、河中さんの体が元に戻ることはなかった。家業を継いで大工さんになったが、土壁を解体するときに埃《ほこり》を吸うと咳が止まらなくなった。雨が降ると高熱が出た。徴用される前は、荷物満載のリヤカーをつけた自転車を元気よく漕《こ》いでいたのに、その後の生涯で走ることは二度と叶わなかった。

工員たちのサッカー日韓戦

「第二工場では、やばいものをつくっている」という噂は、海軍工廠に勤めていた人はみんな耳にしていた。「寒川町史研究」に収録された聞き書きや座談会の中でも、再三そのことが語られる。

●第二工場の人は顔が黒くただれてボコボコで、目は真っ赤に充血していた。
●耳が溶けたり、鼻が半分ダメになったりした人もいた。
●第二工場で作業をする人が休憩で日向ぼっこしていると、風が吹くだけで（毒ガスの）においがした。近くを通ると目がしょぼしょぼした。
●運動場に集合するときも、第二工場の人は全力で走ることができず、少し動くだけで咳き込んで、血を吐いていた。

誰の目にも、第二工場がまともじゃないことは明らかだったのだ。

第二工場で働かされたのは、一体どういう人たちだったのだろう。女子挺身隊のメンバーだった女性たちの回想では、秋田や新潟から徴用されてきた人が第二工場でイペリットを製造していたことが語られている（「寒川町史研究」第10号、１９９７年）。

１９８５年9月、かつて動員学徒として相模海軍工廠で勤労した学生１６０人が集まった。その席上で、当時女学生だった主婦がこんな発言をした。

「朝鮮半島から来ている少年工の人たちがいた。毒ガス工場にいたのでしょう。初めのうち『おはよう』と無邪気にあいさつしてくれたのが、次第にすれ違っても下を向いたきり。まぶたがはれて、赤黒い顔になって、服もぼろぼろ。娘心に胸が痛んだのが忘れられません」（「寒川町史研究」第6号、1993年）

ううう、つらい……。相模海軍工廠でイペリット製造に従事したのは、各地からはるばる集められた徴用工だった。作業中の事故で亡くなった人や、共済会病院の寒川分院に送られてそこで亡くなった人の死は、遺族にどういう形で伝えられたのだろうか。戦後、地元に戻って後遺症に苦しんだ人も多かったはずだ。長らく健康調査がおこなわれるわけでもなく、周囲には事情を理解する仲間もいなかった。国の補償につながった人はごくわずか、それも戦後50年以上経ってからだ。元に戻らない自分の体と向き合った人たちの孤独を思うと、ことばもない。

最後に、『花もつぼみも　相模海軍工廠勤労動員学徒の回顧録』（1989年刊）から印象深いエピソードを紹介したい。

男子生徒ばかりの宮前寮に、途中より朝鮮半島からの徴用工が入ってきた。（中略）素足にゴム靴、勿論家からの仕送りの食糧や布団などありようがない。寒さと飢餓感は我々以上である。その様子は見るに耐えぬ程気の毒だった。（中略）それが一日、見違えるばかりに溌剌とした。その日は晴天で、本部前の大運動場で日本の工員とサッカーの対抗試合が行われた。両方とも素人の混成チームだが、蹴球を国技のようにする朝鮮・韓国である。蹴り上げる角度もスピードも違う。一方的に得点を重ねる。その度に肩を抱いて喜ぶ。大差で勝ち、歓呼を爆発させようとしたとき、リーダーの何人かの青年がグラウンドを走り抜けながら、手でそれを抑えた。日本チームに勝ちすぎ、その上今までの鬱憤を晴らすかのように気勢を上げれば、今後の関係が更に悪化すると判断したためのようにおもわれた。僕はこの情景に植民地民族の悲哀と、リーダーの苦衷を知って粛然とした。（豆陽中学・飯田十郎氏の回想より）

相模海軍工廠でおこなわれたサッカーの日韓戦。ここに出てくる朝鮮半島から連れてこられた徴用工は、はつらつとプレーできたのだから、イペリットの作業をしていた人たちとは別だろう。無事に終戦を迎えることができただろうか。戦後、元気に生きただろうか。ときどき、この日のサッカーの試合のことを思い出しただろうか。

57年後に姿を現したイペリット

高木さんの説明を聞き、貴重な資料を片っ端からコピーさせてもらって、安田さんとわたしは寒川文書館を辞した。

「いまどうなっているのか、ちょっと見にいきましょうか」

「行こう行こう」

視界の端をコメダ珈琲店の看板がかすめたが、わたしたちはシロノワールの誘惑を物ともせず、南西に向かった。寒川駅前の住宅地を抜けると、広大な工場地帯が広がっていた。

「このあたり一帯が、相模海軍工廠だったわけですね」

大きな化学工場の先にまた別の化学工場。冬空にそびえる煙突が、白煙をもくもくと吐き出している。通行人の姿はいっさいなく、時折トラックが行き来するのみ。殺風景な通りをさらに進んでいくと、自動車道路の高架が見えてきた。

「あれが圏央道か！」

安田さんが声をあげた。

「事件現場はあの道路の下ですね、きっと」

わたしたちは向かい風に逆らって、ガシガシと歩いた。

事件が起きたのは、2002年9月25日。さがみ縦貫道路(圏央道)の工事現場から液体が入った古いビール瓶が出てきた。掘削作業中だったため、瓶の一部が破損した。すると、その場にいた作業員11人の顔、胸、足などに痛みをともなう水ぶくれができ、喉の痛み、視野狭窄、下痢などの症状が出たのだ。後日、防衛庁の分析で、ビール瓶の中身はイペリットなどであることが判明する。相模海軍工廠の遺物にちがいなかった。

国土交通省の調査で、現場から毒入り瓶11本を含む約800本のビール瓶が見つかった。環境省は事件の翌年、この場所を旧日本軍の化学兵器が残っている可能性のある「A事案区域」に定めた。

地中に遺棄されていたイペリットが、21世紀になって出てくるとは。寒川の戦後はまだ終わっていなかったのだ。もっとも重症だった作業員は、10年余の闘病生活ののちに肺がんを発症して亡くなったという……。

わたしたちは圏央道の真下までやってきた。道路を支える橋脚が等間隔に並んで、枯れ花をつけたセイタカアワダチソウが風に揺れている。

「もう少し北だな、きっと」

スマートフォンで国土交通省のページを開き、現場写真と実際の風景を見比べながら慎重に進む。

「ここ……ですかね？」

「うん、橋桁《はしげた》の番号も一致してるね」

「背景に写ってる鉄塔やタンクの位置も同じ！」

「ここだね、間違いない！」

ついにわたしたちはイペリット入りのビール瓶が埋まっていた場所を特定した。一瞬、徳川埋蔵金でも見つけたかのようにはしゃいでしまったが、そのあとスーッと虚しさが押

2002年にイペリット等が入ったビール瓶が出土した場所。「A事案区域」の看板だけが生々しかった。

し寄せる。事件から18年、いまさら場所を特定したところでなんの意味もない。

それでも何かちょっとしたエピソードでも拾えないかと思って、付近の工場の人たちに「2002年9月のことを覚えていますか」と尋ねてみたが、「知りません」の答えばかり。ひとりだけ、「あぁ、そんなこともありましたっけ」と思い出してくれたおじさんがいたが、話はそれ以上ふくらまなかった。

あぁ、平成は遠くなりにけり。いわんや昭和をや。わたしたちはなんとなく不完全燃焼の思いを抱えて寒川を後にした。

ところが、話はそこで終わらなかった。なんと昭和の生き証人が見つかったのである。

生き証人が描いた絵

「たしか、こんな形をしていたと思うんですよ」

石垣肇さん（92歳）はテーブルの上に置かれていた飲食店の宣伝チラシを裏返すと、さらさらとペンを走らせた。チラシ裏の余白に手慣れた感じで描いたのは〝爆弾〟の絵だった。

椀を被せたような先端部から寸胴がつながり、下部に尾翼が取り付けられた、典型的なミサイル形状だ。

「あなたたちが言うところの毒ガス兵器、つまりイペリット爆弾です」

閑静な住宅街である。真冬の優しい陽射しがリビングを明るく照らしていた。暖気でまどろみを覚える平和な時間帯。その穏やかな空間とはあまりにも不釣り合いな言葉が、ザラザラした感触をともなって耳奥に突き刺さる。

私たちは会話の接ぎ穂を失う。「そうですか」とうなずくしかない。

90歳を超えてなお、「イペリット爆弾」の残像を抱えているのだ。あの日の少年の網膜に焼き付いた風景が、私たちに迫ってくる。

戦時中、寒川にあった相模海軍工廠で毒ガス兵器の製造に従事した人を私たちは探していた。どうしても〝生き証人〟の話を聞きたかった。

当時の状況を記した資料によれば、最盛期の1943年ごろには約3000人の労働者が同工廠で働き、そのうち約300人がイペリット製造に従事していたという。働き盛りの男性の多くが出征しているなか、労働力の確保には苦労したらしい。国内外から徴用工員、動員学徒、女子挺身隊員などを集め、操業が維持されていた。

戦後70年以上が経過したいま、当時の記憶を持った人は、どれだけ若くとも80代後半ということになる。すでに鬼籍に入った人も少なくない。当然ながら私たちの証言者探しは難航した。各所に問い合わせの電話をかけては「ダメだった」と互いに報告し合う日が続いた。

風呂をテーマとした企画なのに、気がつけば風呂からどんどん遠ざかっていく。すっかり湯冷めした体で暗い森を彷徨っているようなものだった。かまうものか。「幻の銭湯」が私たちを毒ガスに導いたのだ。

わずかな疑念を開き直りで跳ね返しながら、ようやく見つけたのが石垣さんだった。石垣さんは動員学徒のひとりとして、相模海軍工廠で働き、毒ガス兵器の製造にも関わっていた。

2021年1月、私と金井さんは日野市（東京都）に住む石垣さんを訪ねた。

92歳という年齢を感じさせることのない人だった。かくしゃくとした立ち居振る舞い。情景の細部まで再現できる記憶力。口調に熱がこもっていた。コロナ禍にあって体調を気遣う私たちに向けて、「体験を伝えることが私の役目」なのだと力強く訴える。

勤労学徒動員で寒川へ

石垣さんは伊豆半島の先端に位置する下田（静岡県）の出身だ。戦時中は地元の豆陽中学（現・県立下田高校）に通っていた。

終戦前年の1944年、政府は深刻な労働力不足に対する解決策として「緊急学徒勤労動員方策要綱」を定めた。中等学校以上の生徒や学生を軍需工場などに動員する施策である。

これによって同中4年生（16歳）だった石垣さんは同級生たちと一緒に、寒川の相模海軍工廠へ派遣されることとなったのだ。もちろんその時点で、同工廠が何を製造しているのか、まったく知る由もなかった。10代半ばの少年にとっては派遣先の仕事内容よりも、親元から離れることじたいが最大の不安でもあった。

「当初は県内の沼津の工廠に派遣されると聞いていましたが、出発直前になって急きょ、行き先が寒川に変わったんです。がっかりしましたね。いくら隣県とはいえ地元から出たことがなかったものですから、すごく遠くへ連れていかれるような気がしました」

8月8日、いよいよ寒川に向けて出発する日だ。家族とは「最後の別れ」となるような気持ちになった。両親は涙ぐんだまま、何も言葉を発しなかった。いまでもはっきり覚えているのは、出がけに祖父と交わした会話だった。「どこまで行くのか」と尋ねる祖父に、石垣さんは「寒川だ。厚木の近くらしい」と答えた。

「寒そうな場所だな」

と祖父は漏らし、続けてこう言った。

「おまけに厚木（厚着）とはねえ」

雪が降ることなどほとんどない温暖な下田の住人からすれば、寒川は字面からして北国を連想させたのだろう。

同日午後、生徒たちを輸送する海軍のトラックが2台、学校前に横付けされた。1台につき50人の生徒が荷台に押し込まれ、下田の地を離れた。少年たちを満載したトラックは相模湾に面した伊豆半島の東海岸を北上する。

途中、温泉町として知られる稲取を通過した際、地元の女子中学生たちが沿道から手を振りながら見送ってくれた。

「あのときの光景も忘れがたい。ああ、これで賀茂郡の女の子の姿を見るのは最後だ、と思いました。兵隊に行くような感じでしたから」

石垣 肇さん
1928(昭和3)年生まれ
「13歳の6月30日から 昨日まで
1日も欠かさず日記を
つけています」

寒川に着いたときは夜の9時を過ぎていた。全員が寒川神社近くの「宮前寮」に入寮することとなった。工廠が管理する従業員宿舎である。

「ひどい寮だった」と石垣さんは述懐する。

寮の屋根は弁当を包むような経木で葺《ふ》かれていた。吹けば飛ぶような貧弱な屋根である。じつは天井がなかった。焼夷弾が落ちたら天井で引っ掛かってしまうので危ないという理由だった。だからその後、幾度も雨漏りに見舞われることになる。夜風で経木がめくれると、隙間から月が顔を覗かせた。

中学生の大乱闘

近くの寮には、山梨県の日川中学（現・県立日川高校）の生徒たちがすでに入寮していた。

「寒川に到着早々、日川中学の生徒たちと集団で殴り合いの大ゲンカをしたんです。理由？　ウチの中学のひとりが日川中の生徒に『山猿』と言ったことが原因らしいけれど、本当のところはよくわからない。まあ、よくある学校対抗の乱闘です。日川中が夜中に奇襲を仕掛けてきたんですよ。木刀やカミソリの刃を手にした者もいましたねえ。たまたま近くに伊東高女（現・県立伊東高校）の女子生徒がいてね、同郷だってことから私たちを応援してくれた。それでも日川中は強かった。日川中はアッツ島で玉砕し、軍神とも呼ばれた山崎保代《やまさきやすよ》大佐の出身校ですからね。そのことを誇りに思っているのでしょう。とにかく威勢がよかった」

結局、大乱闘は駆けつけた海軍大尉によって止められた。食堂で両校の生徒が向かい合って整列し、相互にビンタを張らせるといった罰を課せられた。なぜか乱闘にはまったく関わらなかった湘南中学（現・神奈川県立湘南高校）の生徒までもが、巻き添えでビンタ罰を喰らうことになった。だが、これによって各校との交流と友情が生まれ、以後、つまらないことでぶつかり合うことはなかったという。

第二工場だけは嫌だった

石垣さんら豆陽中学の生徒たちは当初、工場内の草むしりをさせられた。万が一、工場内の火薬が爆発した際、周囲に引火するのを防ぐために必要な作業だった。

しばらくして、いよいよ工場への配属となった。相模工廠には第一、第二、第三、第四と4つの工場があった。配属が決まる前、石垣さんが望んでいたのは「第二工場だけは避けてほしい」ということだった。

「イペリット爆弾は第二工場で製造されていたからなんです」

その当時、イペリットが毒ガスを指すものであることを知っていたのか——。

私の問いに、石垣さんは首を横に振った。

「最初のうちは毒ガスかどうか、はっきりとは認識していなかったと思います。ただ、イペリットなるものを製造している事実と、それがどうやら危険なものらしいということだけは理解していました」

第二工場で製造しているものに触れると手が腐る、気管や肺を病む人が多い、といった噂はすでに耳に入っていた。

「軍事機密ですから公式に教えてもらったわけではありません。ただ、第二工場が危険だという話は私たち動員学徒だけでなく、近隣の町の住人でも知っていたと思います」

実際、第二工場で働いている人は、総じて顔色が悪かった。

「土気色というのでしょうか、いや、むしろ黒ずんで見えましたね。それだけでも、第二工場が危険であることは誰の目にも明らかでした」

朝になると工廠の全従業員が集まって始業前の海軍体操をすることが日課となっていたが、同工場の人だけは、その黒ずんだ肌で周囲からも浮いていた。不健康そのものの肌色は、第二工場への忌避感を強くした。

結局、石垣さんは機関銃の弾やパラシュート製造を主業務とする第三工場への配属となる。

だが、安堵したのもつかの間、じつは第三工場でも、一部でイペリット爆弾の製造に関わっていた。第二工場でつくられたイペリットを爆弾容器の中に詰める作業だ。当時は炸《さく》塡《てん》と呼ばれていた。よりによって、石垣さんは、これら作業を担当する「炸塡班」に入れられてしまったのである。

「第二工場からイペリットを詰めた筒状の缶がトロッコで運ばれてきます。これを火薬と一緒に爆弾の中に炸塡するわけです。けっこうな難作業でしたよ。イペリットの入った缶だけでも60キロくらいの重さがありますからね。炸塡を終えたら、そこへパラフィンを注入し、固定したうえでビス止めをするんです。さらにこれを木箱の中に収めます。このときには木箱も含めて100キロほどの重量になっていました」

木箱を牛車に積んで、引き込み線の西寒川駅へ運ぶまでが炸塡班の仕事だった。

それにしても、牛車である。吸い込めば人間の内臓を破壊し、ときに死に至らしめる残酷な化学兵器が、牛に引かれて運搬されていたのだ。その奇妙な組み合わせが、私にはかえって恐ろしく感じられた。戦争の狂気と暴力は、田舎の素朴な風景のなかにも溶け込んでいた。

石垣さんは一連の作業を振り返りながら、よりわかりやすく私たちに伝えるために図解で示してくれた。冒頭で触れたイペリット爆弾の絵は、その際に描いてくれたのだった。

「ここに信管が通っていて、ここに火薬があって、尾翼がここに付いていて……」

チラシ裏で、ペン先が爆弾を組み立てていく。16歳の少年の体に染み込んだ作業工程は、いまなお消えていない。戦争が、体のなかで生きている。

石垣さんはそれを自覚しながら、あえて語り部の役を引き受けているのだ。その心情を思うとせつなさがこみ上げてきた。

毒にまみれて死にたくない

ところで、危険なことはなかったのか。

そう問いかけると、石垣さんは「たくさんあった」と即答した。

「私たちは普通の中学生でした。溶接の専門家でも何でもない。ですから、完璧な炸填作業なんて、そもそもできっこないんです。不良品も少なくなかった」

典型的なのは液漏れである。容器の隙間からイペリットが漏れ出てくるのだ。

「これはにおいでわかるんですね。なんて表現したらよいのだろう。強烈な悪臭。シンナーのにおいなんてかわいく感じられるくらいの。ああ、これが毒のにおいなんだなあと思いましたね。問題は漏れた液に触れてしまった場合。私も何回か触れてしまったことがありますが、ミトンのような分厚い手袋を着用していたので無事でした。ただ、友人の中には液漏れした部分に腰かけて、ズボンに穴が開き、尻を怪我した者もいます」

なお、液漏れした不良品は、敷地内の「退避壕」（いわゆる防空壕のこと）に運ばれた。処分されるまでの間、壕の中に積み上げられていたのだ。

寒川に派遣されて最初の冬を迎えるころになると、米軍機による空襲も激しくなった。幸い、工廠が爆弾に直撃されることはなかったが、「退避壕」に逃げ込むたびに、積み上げられた不良品のイペリット爆弾が破裂しないかと、生きた心地がしなかったという。

「米軍の爆弾で死ぬならばまだしも、自分たちでつくった爆弾が破裂し、毒にまみれて死ぬことだけは嫌でした。友人のなかにはそれを避けるために、あえて退避壕には逃げ込まず、空襲のたびに工廠の敷地を越えて、相模川の土手まで走っていく者もいました」

そう、そのころになると中学生であっても工場で働く誰もが知っていたのだ。イペリット爆弾の恐ろしさを。

1945年に入ると資材や原料が不足し、徐々に仕事が減ってきた。同年6月、石垣さんたちは故郷に帰ることになった。毒ガス兵器と隣り合わせの生活は10カ月に及んだ。

石垣さんの戦争と戦後

「たかだか16歳の子どもですよ。そんな子どもが戦争の手伝いをしていた。イペリット爆弾はね、人を傷つけることだけが目的じゃないんです。こいつにやられた兵隊さんは激しい苦痛に見舞われる。そのために医師や看護師なども動員されます。すぐに死なないからこそ、多くの人の手を煩わせることになる。敵軍の弱体化に効果的な兵器なんです。そんなものに、私たちは関わっていた。いや、関わることを強いられていたんです」

石垣さんは寒川で過ごしたときに持ち歩いていたスケッチブックを私たちに見せてくれた。描かれていたのは戦闘機や銃を撃つ兵士の絵ばかりだった。

あの時代に生きていたからこそ、戦争から逃れることなどできなかった。子どもには子どもの戦争があった。戦う兵士の姿を思いながら、石垣さんは毒ガス兵器とともに戦時を生きていた。

それが石垣さんの戦争だった。

大人になった石垣さんは都内の有名ホテルに就職し、役員まで務めてからサラリーマン生活を終える。幸いにも戦争とは無縁の時間を過ごしてきた。

だが、記憶は残る。ときに寒川の風景が蘇る。

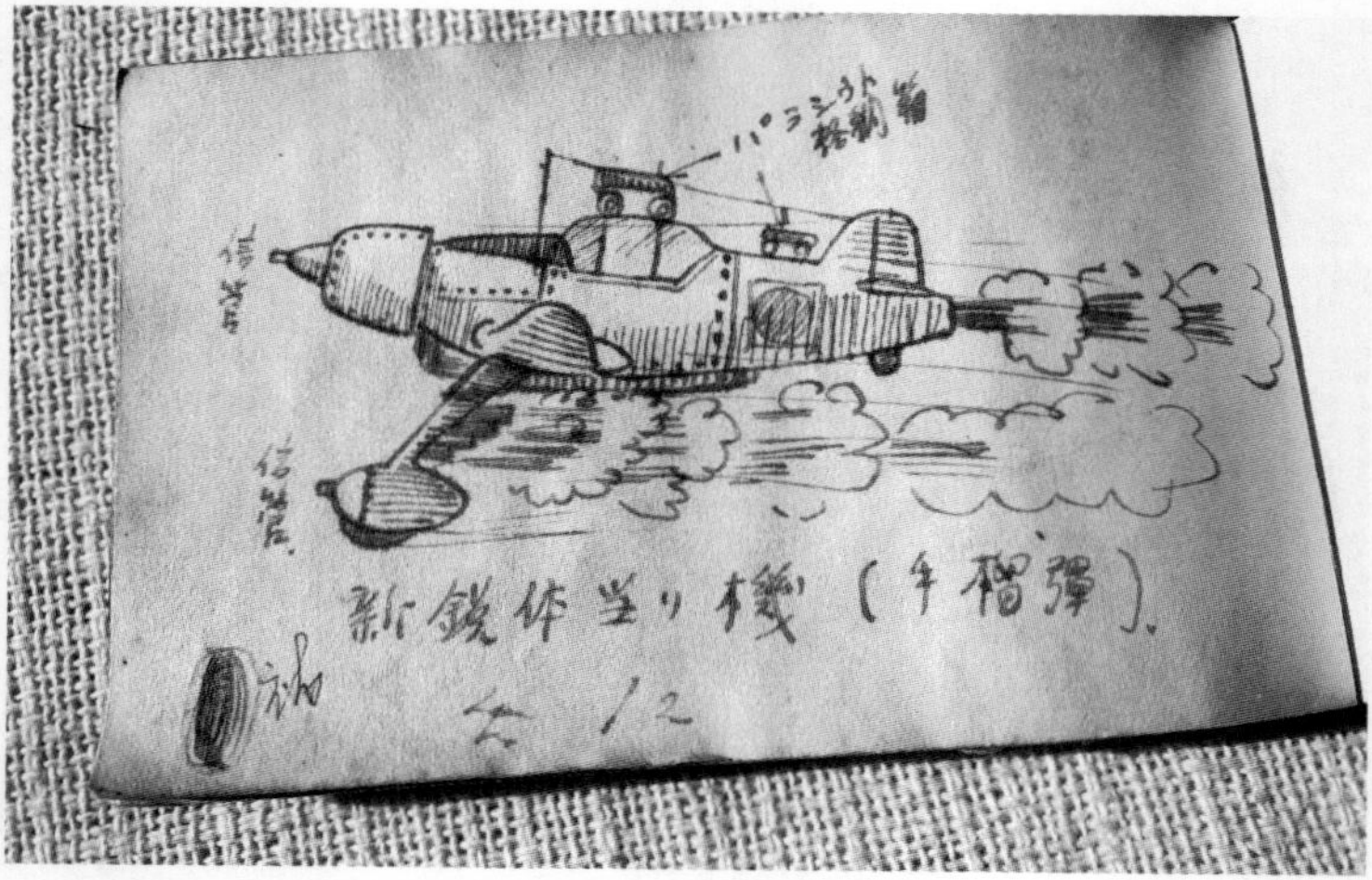

16歳の石垣さんが描いた「新鋭体当たり機」の絵

過酷な労働を強いられていたことがうかがえる

たとえば約20年前、寒川の工事現場でイペリットの入ったビール瓶が発見され、作業員が健康被害を受けた事件が報じられたときには、自分のなかで何かが疼《うず》いた。痛みにも近い感覚。

「工廠にあったイペリット爆弾が、その後、どこに運ばれたのか、どのように遺棄されたのか、私なんかにはまったくわかりません。ただ、まだ終わっていないのだという事実に、気持ちが乱れました」

相模海軍工廠で働いていたのは、子どもだけじゃない。東北などの地方から、朝鮮半島から、多くの人が連れてこられた。戦争が、いや、戦争を引き起こした国家があらゆる人を巻き込み、暗い記憶を植えつけた。

いま、石垣さんは毒ガスとはまたちがった、毒気を含んだ「におい」を感じている。

「ある種のきな臭さと言ったらよいのでしょうか。勇ましい言葉が飛び交う時代には、どうしても警戒心がはたらいてしまいます」

子どもや孫に戦争だけは経験させたくないのだと、石垣さんは何度も繰り返した。

戦時の寒川の風景に触れて、私たちはなおいっそう暗い森のなかに足を踏み入れてしまった。

毒ガスをめぐる旅は、さらに続くのである。

第5章

「うさぎの島」の毒ガス兵器

大久野島

広島県竹原市の港からフェリーで15分。

風光明媚な瀬戸内の小島には温泉が湧き、

各所でうさぎが跳ね回る。

かつてここに巨大な毒ガス兵器工場があった。

極秘裏に作業に従事させられた人たちの

皮膚はただれ、肺は破壊された。

毒ガス兵器は中国大陸に送られ

むごたらしい作戦に使用されたのだった。

歴史を直視する語り部たちと出会う旅——

国民休暇村の「小沓の湯」

風呂の中から瀬戸内海を望む。

なんと贅沢なことだろう。浴室の大きな窓ガラスの向こう側に広がるのは、瀬戸内の誇る〝多島美《たとうび》〟だ。鏡のように凪《な》いだ海面に、椀を伏せたような小島がいくつも浮かぶ。

しかもこの日、この時間帯に、入浴客は他にいなかった。完全に貸し切り状態（金井さんによれば女湯も同じだったという）。それならそれでいい。思いっ切り手足を伸ばし、湯に溶け込む。そう、浸かるというよりも溶けていく感覚。身も心も、これ以上ないほどに弛緩させたまま、その瞬間だけは世間とのつながりを絶つ。そんな〝大浴場ひとりぼっち〟も、私は嫌いじゃない。

大久野島――。広島県竹原市の忠海《ただのうみ》港から南へ3キロメートルの沖合に浮かぶこの島で唯一の宿泊施設、国民休暇村の「日帰り入浴」を利用した。

同施設の大浴場「せと温泉」の湯は、その名の通り天然のラドン温泉（単純弱放射能冷鉱泉）だ。男女それぞれにふたつずつ浴室が備えられ、大きめの浴室は「大沓《おおくつ》の湯」、小さめの浴室には「小沓《こくつ》の湯」とネーミングされている。前者は広さが、後者は海を一望できる景

大久野島の国民休暇村の「小沓の湯」から瀬戸内海を眺める安田さん。

観が自慢だという。当然、私は迷うことなく「小沓の湯」を選んだ。せっかく瀬戸内海まで来たのだから、ここでしか目にすることのできない景観を堪能したい。それに小さめとはいっても、大人が5人くらい同時に入っても手足を広げることのできる広さを持った浴槽なのだ。じゅうぶんに大浴場である。

空を見上げる。海を感じる。窓から吹き込む潮風に打たれる。

それだけで心地よかった。無色無臭ではあるけれど、絹のようにさらりとした肌触りを感じさせる湯も体に優しかった。

ちなみに浴室の大小を表す「大沓・小沓」には、言い伝えがある。かつて神功皇后率いる軍船がこのあたりを通過した際、海路安全を願った皇后が大小の沓（履物）を海中に投じた。その際、皇后は大きな沓が漂着した島を大沓島、小さな沓が漂着した島を小沓島と命名したという。それが現在の大久野島と、お隣に位置する小久野島である。

伝説は想像をかきたてる。海賊がこの地域を支配していた。海を舞台とした抗争もあった。そして、歴史の荒波は履物だけではなく、悲劇も苦痛もこの島に引き寄せた。

そのひとつが「毒ガス」である。

日本最大規模の毒ガス工場

前章で、私たちは寒川（神奈川県）の廃業した銭湯を端緒に、同地における戦時中の毒ガス工場の存在に行き着いた。取材の過程で判明したのは、国内で最大規模の毒ガス工場は、じつは大久野島にあったという事実である。

風呂をテーマにはじまった企画ではあるのに、私たちはいつしか毒ガスに導かれていた。なぜだろう。たぶん、毒ガスの歴史を紐解くなかで、「日本」が透けて見えたからだと思う。「加害」の歴史を持つこと。それを忘れようとすること。隠蔽《いんぺい》すること。そして歴史を書き換えること。そんな流れが見えてくる。歴史の悲鳴が聞こえてくる。

だから私たちは毒ガス工場のあった大久野島に飛んだ。戦争の罪科を知るために。網膜と心に歴史を刻み込むために。

島を回り、かつての関係者を訪ね、資料を集めて、そして風呂に入った。

穏やかな海を眺めながら温泉を堪能した。湯船に溶け込んで体にラドンを吸収させながら、しかし、意識のどこかは大久野島の歴史に向かっている。結局、洗い流すことはできないものだって、あるんだ。

〈むかしは要塞・毒ガス　いまは温泉・休暇村〉

たとえば——湯船の中で「はぁー」と大きく深呼吸したとき、なぜか急に思い出したフレーズがある。1965年、大久野島にできたばかりの国民休暇村が宣伝用に作成したパンフレットの表紙に記載されていたキャッチコピーだ。

〈むかしは要塞・毒ガス　いまは温泉・休暇村〉

集めた資料の中からこの文言を発見したときは、妙な感覚に襲われた。観光パンフのなかで「毒ガス」の文言だけが浮いていた。「いまは温泉」と必死に過去を打ち消そうとしているようにも見える。それが風呂の中で不意打ちのように蘇った。

後に詳述するが、「毒ガス」の歴史はまだ終わったわけではない。いまなお毒ガスによって健康被害を受けた元工場労働者が地域に存在する。ましてやこのパンフレットが作成された当時は、さらに多くの人たちが毒ガス被害の後遺症に苦しんでいた。国による救済がはじまったのは70年代に入ってからだ。
毒ガス工場はすでにない。だが、毒ガスの傷跡は消えていない。
この島に足を運んで、私たちはそのことを知った。

大久野島が毒ガス島になるまで

大久野島は周囲約4キロメートルの小さな島だ。島内には宿泊施設としての国民休暇村は存在するが人家はない。つまりは無人島である。休暇村の従業員も、対岸の忠海港から船を利用して通勤する。昭和の初めまでは数世帯が農業や漁業を営んでいたという記録もあるので、大昔から無人島であったわけではない。

この小さな島に旧軍が着目したのは20世紀初頭に入ってからである。瀬戸内海の中央に位置する大久野島を、軍事的な要衝として利用することを考えた。1901年、日露戦争を目前にして、外国艦隊の侵入を防ぐことを目的に島の要塞化がはじまる。22門の大砲が設置され、瀬戸内海に睨みを利かせた。

そして1927年、陸軍造兵廠は、大久野島に火工廠をつくると発表した。要塞ではなく、軍需工場の島にするのだという。地域に繁栄をもたらすものだと多くの人がこの決定を喜んだ。

当時の地元紙「藝南時報」も、浮かれた記事を掲載している。「陸軍造兵廠の火工廠が忠海町に設置決定」の大見出しを掲げ、「此れで忠海町は愈々浮み上る譚」と続けた。つまり、これで地元の景気が良くなるとはしゃいでいるのだ。原発誘致に沸く過疎の町を連想させなくもないが、この提灯記事は毒ガスのことにはまったく触れていない。しかし、その2年後に完成したのはれっきとした毒ガス工場だった。

海に囲まれた要塞の島。秘密保持には適所であると軍部も考えたのであろう。

第一次大戦以降、列強各国の軍隊は、化学兵器として毒ガスを戦争に利用してきた。毒ガスは敵を殺すことが主目的ではない。一生にわたって消えることない障がいや苦痛をあたえることで、戦力そのものに損害を加える兵器なのだ。場合によっては死ぬこと以上に悲惨な結果を招く。だからこそ1925年のジュネーヴ議定書では、戦争における毒ガス・細菌など化学兵器の使用は禁止されたのだが、日本はこれを批准しなかった。国内外で密かに毒ガスの研究開発を続け、大久野島に製造工場をつくったのである。

つまり、国際的にも知られたらマズい工場であった。

いま、私の手元には陸軍参謀本部陸地測量部（国土地理院の前身）が作成した、1938年の忠海周辺の地図がある。縮尺5万分の1の同地図には大久野島がない。正確にいえば、大久野島の部分が白く塗りつぶされているのである。秘密保持のために地図から消された島。それが戦前、戦中の大久野島だった。

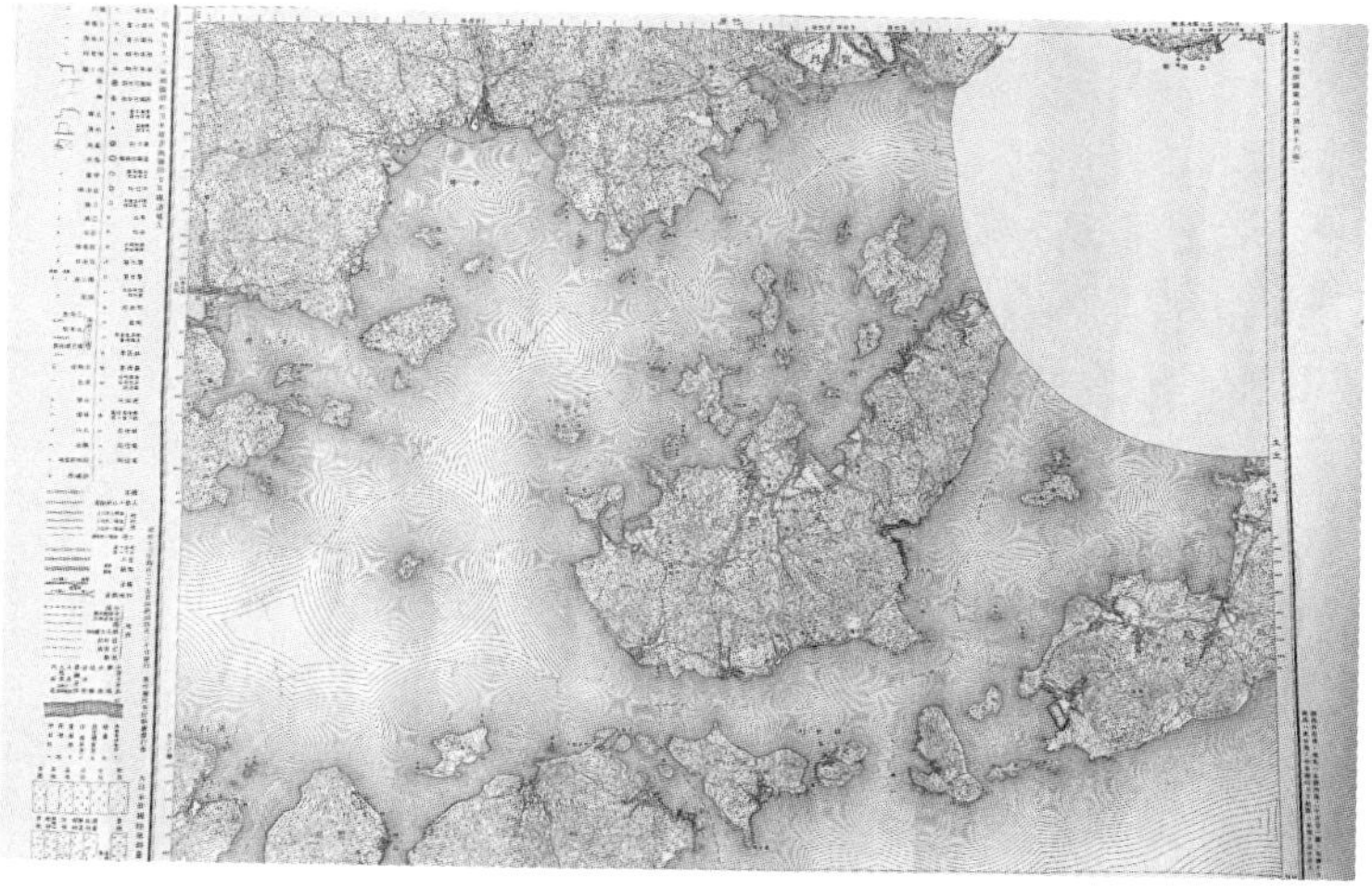

1938年の地図（大日本帝国陸軍参謀本部陸地測量部）。大久野島の部分が消されている

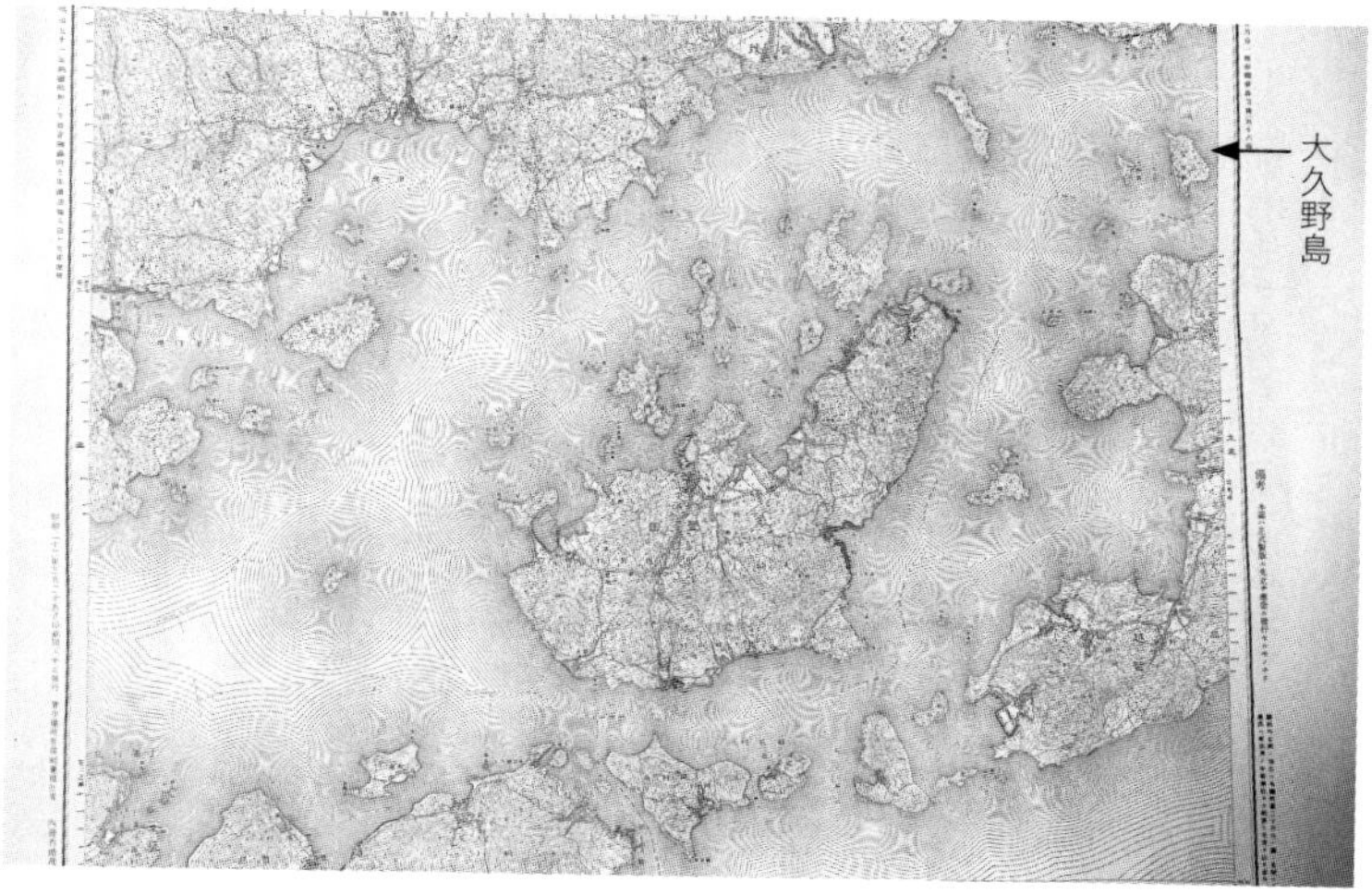

1947年の地図（内務省地理調査所）。右上に大久野島と小久野島が載っている

1929年から終戦までの間、この島ではイペリットやルイサイトなどのびらん性ガス、さらには青酸ガス、くしゃみ性ガス、催涙性ガスなど約6600トンもの毒ガスが製造されたのである。

この危険な作業に従事したのは対岸の忠海をはじめ近隣に住む人々だった。そのなかの多くが毒ガス被害による後遺症に苦しむことにもなった。

「温泉とうさぎ」の陰に隠されたもの

大久野島は終戦後の一時期米軍に接収され、1956年、日本に返還される。

その後しばらくは廃墟となったままであったが、1963年、国民休暇村がオープンした。全国で6番目に完成した休暇村だ。

これには地元出身の池田勇人首相（当時）の後押しがあったというのが定説だ。

「いつまでも毒ガス、毒ガスいうのじゃ困る」

池田がそう漏らしたという噂もまた、地元では定着している。その真偽は不明だが、政治家など一部の人たちにとっては、毒ガスの記憶を払拭したいとの思いはあったのだろう。なんといっても秘密裏に進められた毒ガス製造は負の歴史であり、加害の歴史でもある。繁栄することだけが正しいと考える為政者にとっては、荷が重たかったにちがいない。

〈むかしは要塞・毒ガス　いまは温泉・休暇村〉の宣伝文句には、そうした思惑が見て取れよう。

ここに休暇村ができる直前に島を訪れた人の貴重な記録がある。厚生省（当時）のレンジャー職員として、休暇村建設を任された成田研一さんの回顧録だ。財団法人国立公園協会が発行した書籍『レンジャーの先駆者《パイオニア》たち』に収められた一編。

その一部を引用する。

〈大久野島に第一歩を印したあの日、私の目に映ったものは、林立する膨大な数の毒ガス工場の廃墟であった。島の平地という平地は全て、コンクリート造りの堅固な、しかし、窓枠は錆び、鉄筋むき出しの不気味などす黒い建物群に占領されていた。まさに「兵どもが夢の跡」であった〉

〈島内には至るところに横穴が掘られていた。敵の空襲に備えての防空壕である。花崗岩風化土壌がボロボロ崩れるその横穴の全てに入り、崩壊の危険性がないか、毒ガスが残されていないかなど内部の状況を調査して報告書にまとめた〉

終戦から10数年。大久野島はかつての姿をそのままに「夢の跡」を残していた。

結局、成田さんなど事業関係者の努力の甲斐あり、防空壕は入り口を塞がれ、荒れ地に芝が植えられ、さらに温泉を掘り当てた。そのうえ、危険な島のイメージを塗り替えたかったのであろう、数羽のうさぎが放たれた。

現在、うさぎは1000羽近くにも数を増やし、もはやうさぎの楽園とも呼ばれるまでになった。ネット上で大久野島を検索すれば、上位に位置するのはうさぎ情報ばかりである。竹原市の観光ガイドブックの表紙を飾るのも、真っ白な体に愛らしい目をした大久野島のうさぎだ。

戦争と毒ガスの記憶は時代のなかで希釈され、いま、大久野島は「うさぎの島」なる異名を持つようになった。毒ガス、戦争といった不穏な記憶は隅のほうに追いやられる。まるで厄介者であるかのように。

加害と被害の負の歴史

私たちを島に案内してくれたのは、地元・竹原市内に住む山内正之さん（77歳）だ。

山内さんは元高校の社会科教員。定年後は「大久野島の平和と環境を考える会」の設立に関わり、平和教育の講師や大久野島のガイドなどを務めている。

私たちは、大久野島行きのフェリーの発着所がある忠海港で山内さんと待ち合わせた。田舎町の小さな港である。とはいえ、妙に華やかな雰囲気を漂わせているのは、フェ

リー乗り場が、すでに〝うさぎ模様〟で満ちていたからだ。

フェリーの券売機が置かれた場所は「うさぎグッズ」であふれた店舗の中にある。写真集、ぬいぐるみ、文具、店内に並ぶ商品はうさぎだらけ。というか、うさぎ一色。毒ガスの文字はどこにも見当たらなかった。

まあ、うさぎに罪はない。「かわいいじゃん、これ」などと金井さんと軽口を叩き合っていたときに、山内さんがやってきた。

挨拶も早々に、山内さんからくぎを刺された。

「メディアの方にはいつもお願いしているんです。大久野島を〝うさぎの島〟とだけいうて伝えるのはやめていただきたいんです」

うさぎショップの前で、山内さんは複雑そうな表情を浮かべながら続ける。

「たしかにうさぎの姿が目立つ島です。でも、同時に加害と被害の両方を抱えた島でもあるんです」

穏やかな声のなかに切実さが含まれている。どうしても伝えたいのだという山内さんの思いが迫ってくる。

「大久野島でつくられた毒ガス兵器で多くの人が死にました。さらに、毒ガス製造に従事した人は、後遺症という労働災害に苦しんでいます。うさぎと戯《たわむ》れるのはけっこうだし、私だってうさぎをかわいいと思う気持ちは変わらんけども、大久野島は、〝うさぎの島〟としてのみ語られる場所ではないのです」

加害と被害。島が背負った負の歴史。

理解しているつもりではいたが、長きにわたって島の歴史を調べ、地元の毒ガス被害者に寄り添って生きてきた山内さんの言葉は重たかった。

しっかり胸に刻まなければ。そう心に誓ったとき、フェリーが桟橋に横付けされた。私たちはいよいよ大久野島に向かう。

豊かになった寒村

瀬戸内海は春雨に煙っていた。

濡れたデッキで滑らぬよう慎重に、わたしたちは大久野島行きフェリーに乗り込んだ。島影は目と鼻の先。わずかに3キロメートル、15分の船旅だ。

船内アナウンスは「うさぎの島」を連呼していたが、わたしと安田さんは厳しい顔つきで山内さんの話に耳を傾けた。わたしたちはうさぎの島に遊びにいくんじゃない、歴史の勉強をしにいくのだ。

「いま乗船したところが忠海、もともとのどかな漁村でした。明治時代に大久野島に砲台が築かれて、対岸の忠海にも軍施設が置かれて、人がようけ来たけえ発展した。日露戦争が終わると、いったん賑わいは消えたんじゃけど……」

その後、1920年代になって、大日本帝国陸軍は毒ガス兵器の研究開発に着手する。第一次大戦で毒ガス兵器が使われたことを知って、わが国も遅れをとってはならじと考えたのだ。ただし極秘の計画だ。「新しい造兵廠の候補地」という曖昧な呼称で全国35カ所が検討され、その中から選ばれたのが大久野島だった。よかったのう！　軍施設ができればまた景気がよくなる、と忠海町の住民は大喜びしたという。当時、大久野島には数戸の家があったが、町長が直々に島を訪ねて言った。

「あんたが引っ越してくれれば忠海町は豊かになる」

はー。化学工場でも発電所でも基地でも、はなしの構造はいつも似ている。お上肝煎《きもい》りの大規模な施設ができると、寒村は劇的に豊かになる。一度その味を知ったら、後戻りできない。

バス運転手さんの話

午前8時45分、フェリーは大久野島の桟橋に接岸。下船した観光客は足早に散っていった。

「あそこから国民休暇村のシャトルバスに乗りましょう」

山内さんにうながされ、わたしたち3人はバス停へと歩を進め……いた！

「あ」

わたしが小さく叫ぶと同時に安田さんの口から、

「うさ」

の2音が漏れた。ベージュ色のずんぐりしたうさぎが、木陰で雨宿りしている。か、かわいい……。日ごろ、猫を「猫さん」と呼び、パンダを「パンダさん」と呼ぶ安田さんはおそらく、うさぎにも敬称を付けようとしたにちがいない。だが、すんでのところでことばを呑み込んだ。わたしたちは緩んだ表情を山内さんに悟られぬよう、粛々とバスに乗り込んだ。

バスの運転手さんは、うさぎマークのピンクジャンバーを着た明るいおじさんだった。わたしたちの他に乗客はなく、山内さんと親しげにことばを交わす。

「山内先生が書いた大久野島の本、できたんじゃろ。おれも買いたい思うとるんじゃけど」

「買わんでええよ。1冊あげるわ」

「うちの両親も島に来とったから」

「あー、そうか」

「おふくろは学徒動員で来とって」

聞くともなしに聞いていたが、運転手さんの「両親も島に来とった」の意味がわかってハッとした。ふたりの会話は続く。

「おふくろはずっと病院にかかっとった」

「特別認定は受けんじゃったか」

「おやじは受けとった。おやじは腕にケロイドがあったよ。中咽頭がんで亡くなって、解剖したら肺がぶよぶよじゃった」

「そうかぁ。島にいた人はみんな」

「ほうじゃ。みんな被害を受けた」

大久野島の毒ガス工場が開所したのは1929年。徐々に規模が拡大し、5種類の毒ガスを製造する工場群と貯蔵庫、発電所、研究室、医務室など100棟以上の建物が島内に林立した。働いた人は、わかっているだけで6700人。工場は24時間稼働しており、工員たちは毎日船に乗って対岸の忠海から運ばれてきた。仕事が終わるとまた船に乗り、海を渡って家に戻る。

「神奈川県寒川の相模海軍工廠では全国各地から人が集められたようじゃけど、大久野島では工員の大部分が近隣住民でした。女性もいたし、13歳から15歳の子どももいた。島全体が汚染されていたから、ここに通うてた人はみんな目、鼻、喉、気管支、肺、それに皮膚を痛めたんです。もちろん毒をあつかう工場で働いてた人がもっとも重症化したわけじゃけど」

山内さんの説明を聞きながらバスを降りた。

毒ガス実験とうさぎ

「じゃあ、行ってみましょうか」

傘をさしながら、島内を歩いてめぐる。ホテル、プール、キャンプ場、グラウンド、テニスコート……と目に映るのはレジャー施設が連なる楽しい風景。だが、山内さんが立ち止まって「ここは……」と指さすたび、そこに戦争中の島のようすが浮かび上がってくるのだった。

発電場跡で山内さんの説明を聞く安田さん

「この広場には、イペリットの工室がありました。毒性が非常に強くて、事故が起きると人が死ぬ。最初の死者はここから出ました。危険な作業じゃいうことで、ここで働いた人は賃金が6割増じゃった。広場の土を掘り返せば、たぶん汚染された土が出てくるでしょうね」

「あっち側にあったのが、ルイサイトの工室。猛毒のヒ素が使われていました。ヒ素が入った筒はいまも埋められたまま。腐食したらいつかは流れ出る。地下水に流れ込む。だから現在、大久野島の飲料水は三原から運んどるわけ」

小山の下にうさぎが群れていて、餌《えさ》のニンジンを持った若い女性たちがキャーキャー言いながら写真を撮っていた。山内さんの右手人差し指は、うさぎを素通りして奥の石垣をさす。

「あっこの山裾に石垣が見えるでしょ。あれは全部、防空壕の入り口です。防空壕の中からいろんなものが出てきて危険なんで、環境省が石垣でふたをしよったんです」

山内さんがいなければ、わたしの目にはうさぎしか見えなかっただろう。草むらの向こうに、白い建物がひっそりと建っていた。

「あの建物は当時のまま残っとるんじゃけど、研究室です。東京の新宿にあった陸軍化学研究所の学者がやってきて、毒ガス研究をしよった。島ではうさぎを200羽以上飼ってたんです。できた毒剤が人を殺せるか確認せにゃいかんいうことで、うさぎの毛を剃《そ》って、イペリットやルイサイトを肌に付ける。すると毒薬がバーッと染み込んで、すぐに紫色になって死んでいくんだって。それとか、5メートル四方くらいやったかな、ガラス製のガス室をつくってうさぎを入れて、毒を燃やして煙にしたときにどれだけ殺傷能力があるのか実験したらしい」

研究室には、毒ガス研究の貴重なデータが蓄積されていた。それらは終戦直後、真っ先

蔦に覆われた軍施設跡とうさぎ

に処分されたという。うさぎたちは、どうなったのだろうか。

「うさぎも処分されました。一部を食用にしたという話もあります」

「今いるうさぎとは関係ないんですか」

「今いるのはヨーロッパの品種だからね、戦時中飼われていたうさぎの末裔ではないですよ」

国民休暇村ができた後、忠海の小学校で飼っていたうさぎを観光用に持ってきたらしい。はじめは5、6羽だったがだんだん増えて、現在は約1000羽。

大久野島を訪れるうさぎファンは、毒ガスの動物実験に使われたうさぎたちにもぜひ思いを馳せてほしい。

秘密厳守と密告

陸軍は、毒ガス兵器を製造している事実が外に漏れることを極端に恐れていた。大久野島で働くすべての人が最初にやらされたのは、「島の中で見聞きしたことはいっさい他言しない。秘密厳守に反した場合はいかなる厳罰も受ける」という誓約書への署名。島での出来事は家族に話すことさえ禁じられ、「夢にも見るな」と厳命されたという。

「わたしたちが集めた証言でも、『島に働きにいっとる隣のおじさんの顔が真っ黒になりよった、どうしたんじゃろか』とか『うちのお父ちゃん、夜中にゴホゴホ咳しよるけ、いったい昼間に何をやっとるんじゃろか』とかいうんが、ようけありますよ。まわりは不思議に思うたんじゃけど、当人は何も言えんかったのです」

と山内さん。大久野島には憲兵が常駐していて、秘密を漏らす者がいないか見張っていたというエピソードがさらに恐ろしい。

「工場の休憩所にも、憲兵がおるんですって。しかも作業服に変装して、聞き耳たてとるんだって。じゃけんねえ、とにかく知らん人がいたら迂闊《うかつ》な話はしなかったって。行き帰りの船だけがホッとできる時間だったらしい。家に戻ったらまた秘密にせにゃならんからね。だけど船の中にひとりでも知らん人がおったら、警戒して話さなかったいう話です」

島の対岸、忠海の集落にも憲兵がうろついていたらしい。

「大久野島が見える場所は立ち入り禁止でね。写真を撮ったり絵に描いてもダメ。大久野島を見ている人がいたらすぐ通報するようにいう命令が出とったんじゃけ、徹底してます。通報した子は学校で表彰されるんです」

あぁ、人々に相互監視させる社会。子どものうちからそういう教育。つらい。


「あっこへ行くんじゃなかった」


島の南端に慰霊碑が建っていた。

「戦中ここで働いた人は約6700人。うち4500人ほどがすでに鬼籍に入りました。多くの人が死後、献体したんですね。それを広大《ひろだい》医学部の先生たちが手弁当で調べた。献体してくれた被害者たちのおかげで毒ガスの後遺症の実態が明らかになったいうことで、この慰霊碑を建てました」

「あぁ、さっきのバスの運転手さんのご両親も死後解剖したって……」

「そうです。あの方のご両親も4500人の中に入っておられる。いまご存命なのは1450人（2020年10月時点）。4500と1450を足しても、6700には足らんでしょう？　名乗りをあげずに亡くなっている人もいるいうこと」

毒ガス被害者の戦後は悲惨だった。

1950年代、界隈でおかしなデマが流れるようになる。「忠海町内で、へんな病気が流行しとる」というのだ。ええ大人が昼間から仕事もせんでブラブラしよる。道端に座り込んどるもんもおる――。実際は毒ガスの後遺症で、少し動くだけで息が切れてしまう、夜通し咳が止まらずに眠れない、といった症状に悩まされている人たちがたくさんいたのだった。「怠け者のブラブラ病だ」なんて揶揄されたり、元に戻らない肉体に絶望したりして、自殺する者もいた。

一方、広島医科大学（現・広島大学医学部）では、血を吐いて死んでいく患者が続出していた。遺体を解剖した医師は、気管深部に腫瘍を発見して驚愕した。どうしたらこんな場所に腫瘍ができるのか。みな、20代から40代の働き盛り。共通するのは「大久野島で働いていた」経歴だった。

「みんな『わしゃ、あっこへ行くんじゃなかった』言うてね、死んでいきよったです。でも戦争中は危ないと思わんじゃった。『みんなが行きよるんじゃけ、大丈夫じゃろ』いう気持ちだったと多くの人が言い残してます」

山内さんの説明に、静かにうなずく。きっとわたしだって。もし大久野島に勤めていたらそのフレーズを自分に言い聞かせたはずだ。みんなが行くから大丈夫だろう、みんながやっているから安心だ、と。

大久野島に勤めていたことと病気の因果関係はなかなか証明されなかった。政府にしてみれば、国際条約で使用が禁じられていた毒ガス兵器をつくって健康被害が出たことを内外に知られたくない。一方で、口をつぐむ被害者も多かった。

「原爆の被害と同じで、毒ガスの後遺症は差別の原因になるいう恐れがあったんか思います。それで隠したまま亡くなった方もおられたわけです」

国に見捨てられた人々

こういうときの国の対応のショボさは、あらゆる戦後補償の問題でも、また水俣病などの公害病の現場でも再三繰り返されてきたことだ。大久野島の件も聞けば聞くほど「すごいよなー、国って」と、呆れを通り越してむしろ感心してしまう。

1954年に国が出してきた「ガス障害者救済のための特別措置要綱」がまずショボい。「毒ガス」をしれっと「ガス」と言い換えた。しかも救済するのは軍属として大久野島で働いた人だけで、徴用工や動員学徒など民間人として働きにいった人は対象から外された。なんでそこで分断するのか、意味がわからない。さらにたとえ軍属であっても、申請手続きのハードルがめちゃくちゃ高かった。大久野島で働いていた物的証拠とふたり以上の証言者がいないと申請できなかったというからずっこける。敗戦直後、大久野島で働いていた証拠はすべて焼却しろと命じられて、多くの人は証拠なんて持ってないのに。

それじゃ困る、生きるための補償をしてくれと再三再四訴えて、やっと民間人として島にいた人も医療費の交付が受けられるようになったのは1975年。軍属との格差が是正されたのはもっと遅く2001年。その間、国に見捨てられたまま亡くなった人がどれだけいただろう。今もなお軍属と民間人では認定率に差があるという。

「広島には原爆の被害者も大勢おられる。彼らに対する被爆者援護法は1994年に成立しました。国の責任で被爆者を総合的に援護するいう法律です。なんでアメリカが落とした原爆で被害を受けた人を救う法律はできて、日本の命令で毒ガスをつくらされた人の援護法ができんのじゃろか。どう考えても納得できんですよ」

山内さんは慰霊碑に語りかけるように声を絞り出した。

かたわらに植えられた桜が満開だった。その下をうさぎがぴょこたんぴょこたんと横断していく。おーい、うさぎよ。わたしは心底うんざりして、うさぎに語りかけた（心の中で）。うさぎはいいねぇ。それに比べて人間って本当にいやな生き物だねぇ。うさぎは一瞬止まって、また歩きだす。ぴょこたんぴょこたん。

しかし、毒ガス兵器があぶり出す人間の恐ろしさの物語にはまだ先があった。この島でつくられた毒ガス兵器は、実際に戦場で使用されたのだ。

慰霊碑
毒ガス障害死没者慰霊碑
は1985年に建立された。

対ソ「不凍毒ガス兵器」工場

雨の大久野島めぐりは続く。中高生の平和学習に長年携わってきた山内さんの案内は淀みがなかった。毒ガス工場の遺構の前で立ち止まると、傘を首に挟んで、鞄からファイルを取り出し、わかりやすいことばで解説してくれる。そのたびに安田さんがジャケットの袖を濡らしながらICレコーダーをそっと差

し出した。

録音をあとから聞き直すと、あらためて発見がある。グラウンドを見下ろしながら、山内さんはこんなことを言っていた。

「ここはドイツ式のイペリット製造工場。『丙』と呼ばれた不凍性のイペリットをつくっとった場所です。従来のイペリットは10度以下になると固まりだして、0度になったらもう使えんのです。ソ連との戦いを想定していた日本軍は、零下でも固まらん不凍の毒ガス兵器を欲しがった」

「ソ連との戦いを想定」した場所は、中国東北部だ。この、野球ができそうな気持ちのいいグラウンドにかつて工場が建っていた。そこでつくられた不凍性のイペリットは中国東

北部に送られた。そのことはのちに大きな意味を持ってくる。

グラウンドの先はテニスコートが11面も続いていた。そのあたりまで来ると宿泊施設からずいぶん離れていて、人影もまばら。ＩＣレコーダーには、安田さんのくぐもった声が入っていた。

「ごめんな。あげるもの、ないんだよ。今日は歴史の勉強しにきてて……」

フフフ、餌をねだって足元に寄ってくるうさぎに、自らの立場を律儀に説明しているのだった。

証拠隠滅と毒ガスの処理

１９４５年８月15日に戦争が終わると、大久野島では証拠隠滅大作戦が決行された。陸軍の上官が「連合国軍にバレたらお前らも戦犯になるぞ。早く隠せ」と工員たちを脅して作業させたらしい。毒ガスに関する機密文書や島で働いていた人の名簿が焼かれ、工場の機械や貯蔵タンクは細かく切り刻まれ海に投げ捨てられた。いまでも島の周りの海底にはそのとき投棄したゴミが眠っている。

いちばんの問題は、毒ガス剤の処理だった。大久野島で15年間に製造された毒ガス剤は約６６１６トン。終戦時にはその半分ほど、約３２００トンが残されていた。さすがにそれだけのものを秘密裏に始末することはできない。同年秋以降、毒ガス処理は連合国軍の手に委ねられることになった。

海岸の道を歩きながら、山内さんが語る。

「彼らが最初にやってきたんが1945年の10月。アメリカの化学部隊が130人くらい来たらしい。ということはね、大久野島の内情をなんぼか知っとったと思うんですよね。知らんで、そがいな化学部隊がようけ来ないでしょうからね。最初は毒ガスを全部、瀬戸内海に捨てる予定じゃったらしい」

尾道と福山のあいだの海にドボン！と捨てる計画だったという。だが瀬戸内海は水深が浅く、陸からも近い。地元関係者から「それだけはやめてくれ」の声が上がった。その後、毒ガス処理の担当は英連邦軍（オーストラリアとニュージーランドの部隊）に代わり、3年かけて焼却する計画に変更された。ところが……。

「念のため専門家の意見も聞かにゃいうことになって、またアメリカの化学部隊からウイリアムソンいう将校が派遣されてきた。そのウイリアムソンさんが乱暴な人で『そがいに3年もかけてやるもんじゃなぁ』言うて、『とにかく捨てりゃいい』と。結局、船で運んで捨てることにした。瀬戸内海じゃのうて、太平洋ならええじゃろうと」

やっぱり、海に捨てちゃったのである。それも戦車を運搬するLSTという船2隻に積み込んで高知県沖まで運び、船ごと爆破させて海に沈めたとか。乱暴すぎるよ、ウイリアムソン。

「これ、船に積み込む前の毒ガスの写真」

山内さんが示した写真には、大量のドラム缶が集められた海岸が写っていた。背景に入り江、その向こうに小高い丘。

「あれっ、ここ！」

「そうそう。まさにこの場所です」

わたしたちがいま立っている海辺が、毒ガスを船に積み込んだ場所なのだった。作業は1946年5月から7月まで、2カ月かけておこなわれた。

「沖に2隻の船を係留して、陸からパイプをつなげて、猛毒のイペリットとルイサイトを船内の水槽に送り込んだ。その作業を7月にやったの。みんなは『そりゃあ危ない。日本は7月に台風が来るんじゃから』と英連邦軍やウイリアムソンに言ったわけ。じゃけどウイリアムソンは『寒くなったら毒液が粘って作業がやりにくくなるけえ、夏のあいだに終わらせるんじゃ』言うて、強行した」

山内さんの語りに登場してくるウイリアムソンは広島弁で、いちいち粗雑で横暴である。はたして、7月末に大きな台風が大久野島を直撃した。海が荒れて、パイプが外れ、毒液は海に漂い出した。言わんこっちゃない！

戦後処理の被害者たち

山内さんは、当時現場で対応した末国春夫さんから聞いた話を教えてくれた。

「末国さんの話では、ウイリアムソンって人は短気なんだって。『誰か海に飛び込んで、離れた綱を引き上げい！』言うて、ピストル突きつけるんじゃって。毒液を送りよったパイプが流れとんじゃけね、ものすごう危険じゃ。そのとき、末国さん含めて3人の作業員がおったらしい。ひとりは新婚早々で、もうひとりは年とった人じゃったって。それで末国さんは『ここはわしが行くしかない。独身じゃし、若いし』って海に飛び込んだ。海中でロープを拾ってパイプをつなげて、毒液の流出はなんとか止められたけど、そのあと死ぬ思いした言うとった」

末国さんは全身に水疱ができて、50日の闘病生活を余儀なくされた。暴風雨の中で、末国さんが摑んだロープを100人ほどの作業員が引き上げたが、その100人はみんな毒液の飛沫を浴びたという。

「戦後処理のために800人が大久野島に働きにきて、その作業中に被害を受けた人もようけおられるんです。戦後になって島に来た人は、どれほど危険なもんかわからんで作業しよったでしょう。じゃけ、むしろ危なかった。寝たきりになってしまった人が何人もおられた。でも補償に関しては、戦時中に毒ガス製造に関わって被害を受けた人よりもさらに後回しになった。『あんたの健康被害は戦争とは関係ないじゃろ』言われてね。いろんな意味で矛盾点があったんです」

山内さんはそう言って、写真のファイルを閉じた。やっと戦争が終わったのに、その後で毒ガスを浴びた人たちがいたなんて。大久野島の戦争は1945年8月15日に終わらなかった。そして毒ガス被害に苦しみつづけた人は、他にもいる。

思わぬ人とつながった

ここで話は少しだけ、大久野島から離れる。

つい先週のことだ。都内某所で白髪のジェントルマンに声をかけられた。

「金井さんですね。やっと会えました！」

ジェントルマンはニコニコしながら、「サインしてください」と言ってペンと紙を取り出した。会ってすぐサインをねだられるなんて、スターみたいじゃないか。恥じらいつつペンをとり……よく見ると、差し出された紙はこの本のもとになったウェブ連載のプリントアウト。それも神奈川・寒川篇。

「ここに出てくる、学徒動員で相模海軍工廠に行った石垣肇はぼくの叔父です」

なんと！　読者のみなさんは、伊豆の下田に生まれ育ち、豆陽中学在学中の16歳で寒川の毒ガス兵器工場に派遣された石垣肇さんの体験談を覚えているだろうか。絵がおじょうずで、イペリット弾のスケッチをサラサラッと描いてくれた、あの石垣さんだ。その甥《おい》にあたるこのジェントルマンは、高畠修さん（旧姓は石垣。結婚時にあみだくじで負けて妻の姓を名乗ったとか）。なんの気なしにウェブ連載を読んでいたら肇おじさんが出てきたから驚きました、と笑った。

「すぐ叔父に電話しましたよ。安田さんと金井さんが家まで話を聞きにきてくれたことをとても喜んでいました」

肇おじさんは、甥の修さんにこう言ったそうだ。

「以前、テレビ局が毒ガス兵器の取材にきたときは、都内からハイヤーで乗りつけた。でもあのふたりは、はるばる電車を乗り継いで訪ねてきたよ。帰りも『タクシーを呼ぼうか』と言ったのに『駅まで歩くから大丈夫です』ってテクテク歩いて帰っていった。まじめなふたりだった」

わたしたちが清く貧しいフリーランスだったので、好感を持ってくださったらしい。わたしは修さんに告げた。

「寒川の話を書いたあと、毒ガスつながりで広島の大久野島にも行ってきたんです。いまちょうどその原稿を書いているところで」

すると修さんは大きくうなずき、こう言った。

「ぼくは2013年に、中国の北坦《ほくたん》村に行きました」

「えっ、北坦村！」

わたしはその温和な表情をまじまじと見返した。中国河北省北坦村。その地名をここで耳にするとは思わなかった。それも毒ガス兵器をつくっていた人の甥の口から。そうか、世の中はそういうふうにつながっているのか……。

北坦村毒ガス虐殺事件

寒川の相模海軍工廠でつくられた毒ガス兵器は、実戦では使われないまま敗戦を迎えた。

だが、大久野島でつくられた陸軍の毒ガス兵器は、せっせと中国大陸に運ばれた。中国戦線で毒ガスが使用されたのは2000回以上、死傷者は8～9万人と推計されている。なかでももっとも悲惨な使用例が、北坦村で1942年5月27日に起きた虐殺事件だ。

北京の南西二百数十キロメートル、北坦村はのどかな農村だった。1937年に日中戦争がはじまってもしばらくは平和な暮らしが続いていた。だが日本軍は各地で食糧を奪い、女性を強姦し、抵抗する者を殺しながら、じわじわと北坦村に近づいてきた。それを中国語で「蚕食《ツァンシー》」という。蚕《かいこ》はムシャムシャと音を立てて桑の葉を食い尽くしていくのだ。

北坦村周辺では、ある時期から盛んに地下道が掘られた。もともと各家にあった山芋を貯蔵する地下倉庫を、隣どうしでつなげていった。農民たちは日本軍が襲ってきたら地下道に逃げ込む。かまどの下や土間の隅など一見わからない場所が地下道の入り口になっていた。

日本兵にしてみれば、人の気配がする民家を襲ったはずが、踏み込むと人影がなく「あれ?」となる。ときには裏をかいて、地下から反撃してくる村人までいる。複雑で巧妙な地下道のおかげで何度も煮え湯を飲まされた。それで、あの恐ろしい作戦が浮上したのだった。

目撃者によれば、日本軍が使った兵器は「懐中電灯のような形」で「赤い線が入っていた」という。まさに大久野島で製造された、くしゃみ性ガス弾「赤筒」だ。

戦時中の地下道のようすをいまに伝える遺跡（中国・保定市、高畠修さん撮影）

民家のかまどが地下道の入り口だった例（同上）

5月27日明け方4時半、日本軍はありったけの赤筒に火をつけ、地下道に投げ込んだ。くしゃみ性ガスは空気より重いので、地下道で使うにはものすごく有効だった。「トウガラシと硫黄のにおい」が充満し、人々は咳とくしゃみを連発し、ついには呼吸困難に陥った。外に出ようとしても、いくつかの穴は濡れた布団で塞がれていた。

ひどい。バルサンを焚いてるんじゃないんだぞ。ガス中毒で息絶えた人の顔は、青や紫色をしていたという。

だが、本当にひどいのはその先だった。

命からがら外に出てきた村人たちを日本軍兵士はかたっぱしから斬り殺し、撃ち殺し、強姦したのである。戦後の聞き取り調査では、日本の軍用犬（シェパード）が村人を噛み殺したのを見たとか、母親が抱いていた赤ちゃんを取り上げて火にくべた日本兵がいたとか、読むに耐えない目撃証言がいくつも報告されている。赤筒のガスを吸い込むとものすごく喉が渇くらしい。井戸の周辺から大量の遺体が見つかっているのは、水を求めて集まった人を殺しまくったからだ。

北坦村虐殺事件の犠牲者は民兵と村人、合わせて約800人。「1000人は殺した」という日本軍兵士の証言もある。

バトンを受け継ぐ

「毎年4月の清明節に慰霊祭が行われるんです。ぼくは2013年4月に北坦村へ行き、慰霊祭に参列しました」

修さんはスマホのアルバムを開いて、そのときの写真を見せてくれた。高校時代からアジアの近現代史に興味があったという。

「肇おじさんが出た旧制豆陽高校は戦後に下田北高校となって、ぼくはそこに通ったんです。日本史の先生が『授業は近現代史からはじめる。江戸時代までは自分で勉強しなさい』って、いま考えると乱暴なんだけど、変わった先生でねえ。おかげでぼくも近現代史が好きになった」

就職してから中国語を勉強し、40歳を過ぎてから通信教育で大学の史学科を出た。

「卒論は〝アジア太平洋戦争と下田〟というテーマで書きました。そのときに、学徒動員で相模海軍工廠に行かされた肇おじさんの話も丁寧に聞き取りしました。叔父は毒ガス兵器の製造をやらされた被害者なわけだけど、日本の毒ガスは加害の歴史でもある。そういう思いがあったもんだから、北坦村に行ってみたんです」

話が終わると修さんは、わたしがヘンテコな文字でサインしたウェブ連載記事のプリントアウトを丁寧に鞄にしまった。「今度、安田さんにもサインしてもらいたいな」なんて笑っている。

毒ガスをつくった人がいて、使った人がいて、亡くなった人がいる。話を聞き取る人がいて、それを書き残す人がいる。本を読んで、現地に行ってみる人がいる。歴史がなるべくゆがまぬように、バトンを受け継いでいく。大久野島の案内人・山内さんも、白髪のジェントルマン・修さんも、この道を歩く頼もしい先達だ。

「戦争はまだ終わっとらん」

時折、雨がぱらついた。陰鬱な小雨が風景を霞ませる。それでも山内さんは島の案内を続けた。

歩く。立ち止まる。ふたたび歩きはじめる。私と金井さんは親鳥の後をついて回る雛《ひな》のように、山内さんの動きに従った。

島の各所に毒ガス工場の残骸があった。それは戦争の記憶であり、加害の記録でもある。

「風化させちゃいかんのです」――残骸の前で、山内さんは、そう何度も繰り返した。土の中から素手で土器を掘り起こすように、丁寧に歴史を紐解いていく。掘り出された歴史を透かしてみれば、見えてくるのは加害者としての「ニッポン」の姿だ。人を傷つけ、殺してきたにもかかわらず、すべてをなかったかのように振る舞う「ニッポン」が浮かび上がる。勝手に錆びつかせてたまるものかと山内さんは抗《あらが》っている。どんなに愛くるしいうさぎを放ったところで、歴史は変えられない。

傘から落ちる雨だれが肩を濡らす。山内さんはそれを気にするそぶりを見せることなく、熱い口調で話した。

「肝心なのは、戦争はまだ終わっとらん、ということです」
そう、傷跡は消えてなくならない。山内さんが指摘するのは遺棄毒ガスの問題だ。

捨てられた毒ガスと二次被害

1931年の満州事変以降、日本軍が製造した大量の毒ガス兵器が中国大陸に持ち込まれた。中国戦線では2000回以上も使用されたことがのちに判明している。犠牲となったのは兵士だけではない。先に金井さんが言及した「北坦村虐殺事件」のように、民間人が犠牲となることもあった。

毒ガス兵器は多くの人命を奪い、かろうじて生き残った人にも苦痛をあたえつづけた。そして、戦時中に使われた毒ガスの9割が、この大久野島で製造したものだった。

戦争が終わり、日本軍は中国大陸から敗走した。彼らが持ち込んだ大量の毒ガス兵器はどうなったのか。

「そのまま中国に置いてきたんです」

もともと国際法に違反してつくられたものである。本来、兵器は戦争が終わった時点で相手国へ引き渡さなければならないが、法を無視し、使ってはいけないものを使ってきた日本軍は、自らの行為を隠蔽する必要があった。

毒液をドラム缶に詰めて、海や川に捨てた。土中に埋めることもあった。敗走のどさくさのなかでの作業である。乱暴で適当な隠蔽工作だった。毒ガスに関係するほとんどの記録も焼却処分された。

こうして大量の毒ガスが中国大陸に置き去りにされたのである。

戦後、何も知らない市民がこれらに触れて、たくさんの被害者が出ることになった。

中国の人に助けられた

じつは、山内さんは中国東北部の奉天（現在の瀋陽）で1944年に生まれている。父親は満鉄が運営する学校で語学教師をしていた。1946年に竹原市に引き揚げるまでのわずか2年間が山内さんの〝中国体験〟だ。当然ながらそのころの記憶はない。だが、まぎれもなく中国は生まれ故郷だ。

「そのことを、どうしても意識せざるを得ない」

敗戦後の一時期、山内さん一家は困窮のなかにあった。父親は失職し、家には金も食料もなかった。帰国の目途もつかなかった。関東軍の兵士たちはいち早く逃げ出し、帰国の手段を持たない民間人が取り残されたのだ。

勇ましい言葉をふりまく者ほど逃げ足は速い。責任も果たさず、罪科は隠蔽し、民間人を押しのけて、自分だけはとっとと日常に戻る。あとは野となれ山となれ。当然、謝罪もない。今も昔も「愛国者」の姿は変わらない。

敗戦で何もかも失った山内さん一家を救ってくれたのは、中国人だった。父親の教え子、近所に住む人。そうした人々が困っている一家に食料や衣類を分けてくれたのだ。生まれたばかりの山内さんが命をつなぐことができたのも、中国人の援助があったからだった。

「略奪にくるソ連兵から私たちを守ってくれたのも中国人だったと母親が話していました。言うてみれば、私たちもまた侵略者のひとりではあったわけですが、それでも中国の人は、私たちを救ってくれたんですね」

山内さんが毒ガス工場の歴史を戦争加害の視点で問いつづけるのも、こうした背景が影響している。

加害の歴史を語り継ぐ理由

だが、山内さんを衝き動かしている最大の理由は、他にある。

雨煙に霞む瀬戸内海を3人で眺めているときだった。なぜ、そこまで熱心に大久野島について調べはじめたのかと問うたら、山内さんはぽつりとこう漏らしたのだ。

「間違ったことを教えとったから」

山内さんが長きにわたって高校の社会科教師を務めてきたことは先に述べた。80年代初頭、教員になって10年が過ぎたころから、歴史教科書の「偏向」を問題視する動きが出てきた。いわゆる歴史修正主義の流れである。

山内さんはそうしたうねりに抗してきた。子どもたちには「歴史の真実から目を背けてはいけない」と話してきた。教員仲間にも間違った歴史を教えるべきではないと訴えてきた。

だが――。

「肝心の自分が誤った事実を子どもたちに教えとったことに気がついたんです」

大久野島のことである。山内さんは地元の大久野島に毒ガス工場があったことは知っていた。だが、加害の歴史についてはまったく触れてこなかった。なぜならば、大久野島で製造された毒ガス兵器が戦争で使われた事実を知らなかったからだ。

「地元では、毒ガスはつくっとったけど、誰も殺しておらんと話す人が多く、私もそれを信じてたんです」

それが「かつては、このあたりに住む人の一般的な認識だった」という。国際条約違反の毒ガス兵器を中国戦線で使用していたという事実を隠蔽するために流布された「偽情報」だったのだ。

もちろん、知らなかったのは山内さんをはじめとする「このあたりに住む人々」だけではない。

日本軍の毒ガス使用は、戦争犯罪を裁く極東国際軍事法廷（東京裁判）でも厳しく追及される予定だった。ところが米国の思惑により、この件は結局、訴追されることがなかったのである。じつはそのころ、米国もまた大量の毒ガス兵器を有していた。米ソ冷戦がはじまろうとしているなか、米国としては軍事的に優位な立場を保持したかったのだろう。もしも日本の毒ガス使用を問題にすれば、米国は自身の矛盾した姿勢を追及されかねない。自国利益を最優先とする米国は、日本軍の毒ガス使用には触れないことにした。要するに不問に付したのである。

そうしたこともあって、大久野島の「加害」が世界に公表されることはなく、長きにわたって事実は伏せられたままになっていた。しかも80年代まで中国は事実上の鎖国状態にあったので、外部の人間が自由に調査することもできなかった。

山内さんが毒ガス兵器の使用を知らなかったのは無理からぬ話でもあったのだ。

しかし、山内さんは歴史修正主義を批判するため、さらに歴史を深く学んでいく過程で、毒ガス兵器が使用されたことを知った。そのころ、ようやく中国側から戦時中の被害実態が発信されるようになり、また日本国内でも旧軍関係者による証言が出てきた。

山内さんはこうした情報に接することで、大久野島の〝加害性〟を知ることになったのである。

「なんちゅうことをしてしまったんか、子どもたちに嘘を教えてきたじゃないかと、反省したんです」

大久野島でつくられた毒ガス兵器が人を殺していた。そこから山内さんの大久野島調査がはじまる。

今日まで続く遺棄毒ガス被害

そして、もうひとつ。

1996年、大久野島で毒ガス問題をテーマにした国際シンポジウムが開催された。パネリストとして中国から招かれた黒竜江省社会科学院の歩平氏が、そこでショッキングな報告をする。日本軍によって遺棄された毒ガスが、戦後も各地で深刻な被害を生み出しているというものだった。それが先に触れた遺棄毒ガスの問題である。

「なんも終わっとらん、戦争は続いとる、大久野島は被害者出しよるんじゃと。毒ガスなんて昔のことじゃ思うとったら、それは全然ちがうんだと。そんな思いがこみ上げてきて愕然としたんですよ」

戦争加害という視点がより明確になった瞬間だった。

山内さんが中国の毒ガス被害者と初めて対面したのは1997年のこと。毒ガス工場の歴史を調べる仲間たちと中国東北部を回り、被害者の聞き取り調査をおこなった。

「チチハル（黒竜江省）では、遺棄毒ガスのせいで健康被害にあったどころか、仕事まで失うことになった李国強さんという方にお会いしたけれど、本当に苦しんどってねえ……気の毒でした」

チチハルには戦時中、日本軍の毒ガス部隊が置かれていた。

1987年、かつて軍施設のあった場所で、企業の貯蔵庫をつくるための工事がおこなわれていた。基礎工事の過程で見つかったのは古いドラム缶である。なかには液体が詰まっていた。いったい、これは何なのか。工事関係者は放射線物質が入っていたら危険だと思い、公安局に調査を依頼した。

連絡を受けて市内の病院から現場へ駆けつけたのが、同病院で医師をしていた李国強さんである。李さんは中身を確かめるためにドラム缶のふたを開けた。測定器で放射能反応を調べるためだった。

以降は、山内さんの著書『大久野島の歴史』に収められた李さんの証言である。

〈缶の中から緑っぽい煙が出てきました。（中略）煙を嗅いだら、少し気持ちが悪くなり、咳が出ましたが、それでも検査を続けました。しかし、何の反応もありませんでした〉

〈目が赤く腫れて視界が悪くなり、手の甲の親指から人差し指にかけて水泡ができ、心臓がどきどきして、呼吸困難になりました〉

その後、この液体が日本軍の持ち込んだイペリットガスであることが判明したのだが、化学兵器だとは知らずにガスを吸い込んでしまった李さんに健康な体は戻ってこなかった。咳が止まらない。苦しくて夜も眠れない。だるくて動けない。ついには病院での勤務もできなくなった。体を動かすことさえ困難な李さんの介護をするために、妻も教師の仕事を辞めざるを得なくなった。

日本軍の無責任な遺棄行為は、戦後40年を経ても、人を傷つけ、仕事を奪い、家族を苦しめたのである。しかも原因となったのは大久野島でつくられた毒ガスなのだ。

遺棄毒ガスによる事故は中国各地で報告されている。河川で浚渫《しゅんせつ》作業をしていた労働者は、川底のドラム缶を引き上げたことで、その後も李さんと同じような症状に苦しめられるようになった。ドラム缶の中身は、やはりイペリットだった。道路工事中の作業員も同様の被害にあっている。

古い話ばかりではない。今世紀に入っても事故は続いている。

２００３年、廃品回収の仕事をしていた女性は、廃品として持ち込まれたドラム缶を解体した際、ガスを浴びてしまった。２００４年には川で遊んでいた少年が、土の中に埋まっていたガス弾に触れてしまう。こうした遺棄毒ガスの被害者は中国全土で3000人を超えると言われる。

被害者の一部は日本政府を相手取り、損害賠償を求める裁判を日本国内で起こしたが、いずれも敗訴している。裁判所は旧日本軍の遺棄毒ガスによる被害であることは認めながら、「国に責任なし」としたのだ。毒ガスに限らず、それが戦後補償問題における日本側の一貫した〝回答〟でもある。中国人被害者に対する日本からの公的救済措置は実施されず、いっさいの謝罪もない。

〝悪夢〟を語っていくことの希望

山内さんはその後も中国各地の毒ガス被害者を訪ね、証言の聞き取りを続けている。話を聞くだけではない。日本政府に被害救済を求める要望書を出し、裁判の支援にも奔走した。中国から毒ガス被害者を日本に招き、被害実態を話してもらうなどの活動もしている。

「話を聞くだけじゃ、いかん。なんか動いていかないと解決にならない」

山内さんはそう話すのだ。

長年、同じように毒ガス被害の問題に取り組んできた医師の言葉が忘れられないという。

「日本の医療でなんとか中国人の被害者を救済することはできんのかと相談したこともありました。しかし、医師はこう言うわけです。『日本の被害者と中国の被害者はちがうんだ』と。つまり、大久野島の毒ガス工場で働いていた人は、『危険だから気をつけい』言われて、じゅうぶんに気をつけていたにもかかわらず被害にあった。しかし中国人はなんもわからずに、無防備のまま毒ガスに触れとるわけです。健康被害の程度がまるでちがうそうなんですよ」

それでもできることはないか。地元に生きる人間として、やるべきことはなにか。考えつづけた結果、山内さんは当事者を支援する一方で、被害の語り部を引き受けた。戦争を知らない子どもたちに、あるいは大久野島で何が起きたのかを知らない大人たちに、被害と加害を伝えている。

「遺棄毒ガスが残酷なのは、平和な時代に被害者をつくったことです。本当にそれが許せん。そして、国家が責任を認めないことが、もっと許せん」

戦争は多くの人に犠牲を強いるものだ。しかし、戦争が終わっても悪夢は続く。ある日突然、何の罪もない人々を〝戦時〟に引きずり込む。山内さんが「許せない」と訴える毒ガスの悲劇は、間違いなく、この日本が生み出したものなのだ。

戦争に利用され、地図から消され、人々に多くの被害をあたえた、毒ガス加害の島。問題は何も解決していない。戦争はいまも続いている。

MAG2
大久野島は朝鮮戦争のとき米軍の
弾薬置き場として利用された。遺跡
の壁にMagazine（弾薬庫）
の略MAGの文字が残る。

山内さんは、きっと、今日もどこかで島の歴史を伝えているはずだ。ときに政府の無策と開き直りに怒りを感じながら、歴史修正のうねりに打たれながら、それでも諦めることなく〝語り部〟でありつづけるのは、希望を失ってはいないからである。

「ぼくが大久野島で案内した広島の子どものなかには、『戦争いうんはそういうことか。原爆だけが戦争じゃないんだ』と感想を伝えてくれる子もおる。どこの子どもであっても、戦争の加害いうことを理解してくれる子は少なくない」

大久野島で学んだ子どもたちが大人になったとき、同じように戦争を語ってくれるかもしれない。山内さんはそう信じている。

95歳の語り部

清く貧しいフリーランスは今日も駅からの道をテクテク歩く。安田さんとわたしは広島県の三原駅を起点に、西へ西へと歩を進めた。国道を越え、住宅街を分け入って、川を渡る。

「藤本さん、元気かな」

「少しでもお話できるといいねぇ」

そう、この時点ではそんな心配をしていたのだった。大久野島の毒ガス兵器工場で働いていた藤本安馬さんは、今年95歳。

東京から最初にお電話したとき、同居している娘さんが出て、「父はもう高齢で、耳も遠いし……」とおっしゃった。フリーランスの物書きからの突然の問い合わせに戸惑っている気配もあった。このまま電話が切れたら話はおしまいだ。わたしは慌てて「あの、ではお手紙を書きますので、ご住所を教えてください！」と頼み込んだ。電話のやりとりを隣で聞いていた安田さんの表情に気合が入るのがわかった。「住所さえわかればこっちのもんだ。地球の反対側だって訪ねていくぜ」という記者魂が漂ってきて、ちょっと怖い。

結局、手紙作戦が奏功した。二度目の電話で、娘さんから「父はデイサービス（通所介護）から4時くらいに戻ってくるんで、そのころいらしてください」とのお返事を得たのだ。藤本さん本人が電話口に出ることはなかった。はたしてお話ができる状態なのか。

「まあ、ひとまず行ってみて、ですね」

「そうそう。大久野島に対するコメントがひと言でももらえればいいんだから」

安田さんとわたしは、沼田川の土手をテクテクと歩いていく。柔らかい春の光に、ホーホケキョ。

大きな座卓が置かれた和室に通されて待っていると、藤本さんがデイサービスから帰ってきた。動きはゆっくりだが、自力で歩いてきて、すとんと座った。耳に補聴器をつけている。

「こんにちは。今日はお時間をいただき、ありがとうございます」

ということちらの挨拶には反応せず、安田さんとわたしの顔を交互にじーっと見た。家の中に知らない人がいて、落ち着かないのかも。大きな声で、わかりやすい言い方で、自己紹介をしなければ……と思った矢先、

「新聞を見ていたらね、これ見つけたの」

藤本さんはそう言うと、新聞の切り抜きを座卓の上に置いた。

「わぁ」

藤本さんちの
庭で飼われ
ていた
シロフクロウ
さん。

思わず声が出た。ちょうどそのころ出版された拙著『世界のおすもうさん』（岩波書店）の新聞広告を見つけて、藤本さんはわざわざ切り抜いて取っておいてくれたのだった。

「手紙をくれた金井さんの本だ、とすぐにわかりました」

思いがけない展開に感激した。と同時に、藤本さんの認知力をわずかにでも不安視したことを恥じ入る。藤本さんはたいへん明晰だった。

よーし、そうとわかれば、ガンガン聞くぞ！

安田さんとわたしは勢い込んでＩＣレコーダーのスイッチを押し、ノートを広げた。そこから藤本さんのインタビューは2時間を超えておこなわれたのだった。お年を感じさせない、すばらしい記憶力だった。忘れがたい話がいくつも飛び出した。

14歳で大久野島の養成工に

「わたくし、生まれは1926年6月7日。もともと竹原におりましたが、1945年12月27日、ここへ婿養子に来ました。以来、三原に住んでおります」

藤本さんの一人称は「わたくし」。人生の節目となった日付をよく覚えていて、西暦できっちり言う。

「大久野島に行ったのは1941年4月1日。養成工の2期生として働きました」

当時14歳。どういう経緯で養成工になったのだろう。

「その前はね、義勇軍になって満州へ行こうと思いました。わたくしのうちは小作百姓。だから自分の土地が持てる暮らしに憧れました」

満蒙開拓青少年義勇軍の募集がはじまったのは1938年。小学校を卒業した男子を集めて満州に送り、農地開拓に従事させる国策だった。12歳の藤本さんも満州行きを夢見たが、「そんな遠くへ行ったら、家への仕送りができないだろう」と親に反対されて断念したという。10人兄弟の5番目。働いて、家計を助ける必要があった。

「次に、大久野島に行ったらお金をもらいながら勉強ができると誘われた。『わし、行くで！』と父に言いました。お金に魅力があったんです」

養成工1年生の日当は75銭。2年生になったら90銭、3年生になったら1円10銭、卒業したら1円20銭がもらえたという。さらに危険度が高い作業をしたら賃金は6割増し、夜勤をしたら4割増しだった。

「するとね、月に40円ほどになるんです。これは高給ですよ。当時、小学校の校長が35円ほどでしたから」

もちろん「危険度が高い作業」が意味することは、養成所に入るまで知らされなかった。1年生から3年生まで約２００人が忠海駅前の寮に住み、そこから毎日、船で大久野島に通勤する。

「寮ではお米のごはんが出ました。うちでは麦のごはん……いや、麦はまだいいほうで芋を食べていた。それが大久野島で働けば、米が食べられる、魚もある、肉もある。ごちそうですよ」

銀シャリと高賃金。10代の少年にとって夢のような待遇だった。しかし大久野島に一歩足を踏み入れた瞬間、夢から覚めた。

「4月1日付で入学するため、船に乗って島の桟橋に上がった。途端、異臭ですよ。目が痛い。鼻が痛い。喉が痛い。島へ上がった途端ですよ。これは一般的な薬品工場ではない、とわたくしは思いました」

びっくりしている藤本さんたちは、そのまま教室に連れていかれた。

「教室に入ったら第一声、『養成工は毒ガスをつくる勉強をする。絶対に他言をしてはならない』と言われました。その場ですぐに誓約書を書かされたんですよ。島で見聞きしたことは、たとえ家族にもいっさいしゃべらないとね、約束させられた」

その日から、憲兵に監視される恐怖の生活がはじまった。聞いていて背筋が冷たくなったのは、藤本さんの実家に私服の憲兵がやってきた話だ。憲兵は通りすがりの雑談を装って「おたくの息子さんは、今どこにいますか?」と尋ねたらしい。「大久野島に行ってますよ」と答える家族。「へー、大久野島で何をしているんですか?」と何食わぬ顔でさらに問う私服。「さぁ」と家族は首をひねった。実際、家族は大久野島で何がおこなわれているのか知らなかった。藤本さんがいっさい漏らさなかったためだ。……セーフ。

私服憲兵は帰っていった。もしこうした抜き打ち検査に引っかかったら、スパイとみなされて拘束されたらしい。まるでゲシュタポ。ゾッとする。

毒ガス兵器「ルイサイト」をつくる

藤本さんはA3工室に配属された。現在、ちょうど国民休暇村の宿泊施設が建っているあたり。猛毒ルイサイトを製造する工場だ。

「ルイサイトの原料いうたらね、アセチレンと三塩化ヒ素です。最初にアセチレンガスを発生させる。これは$CaC_2+3H_2O=C_2H_2+Ca(OH)_2+H_2O$[*注]という工程です」

　80年前に習った化学方程式をすらすらと暗唱した。

「あ、覚えているんですね」

　安田さんが驚くと、藤本さんは大きな声で言った。

「覚えてますよ！　鍛えられました。百姓の畑仕事より、化学方程式を勉強するほうがよほどしんどい！」

　CaC_2はカーバイトのこと。まず、一斗缶に入ったカーバイトを担いで階段を上り、タンクに放り込んだら、急いで下りてハンドルを回しタンクの中身を攪拌する。上ったり下りたり、汗だくの作業だという。こうして発生するのがC_2H_2、つまりアセチレンガスだ。

「カーバイトをタンクに放り込むときは、体をこうして（のけぞる姿勢）離さなければいけませんよ。発生するガスをまともに吸い込んだら、とてもじゃないが……苦しくて……」

　当時を思い出し、藤本さんの表情は苦しげにゆがむ。聞いているこちらまで苦しい気がして、思わず眉をしかめてしまう。

「次に三塩化ヒ素、つまり$AsCl_3$をつくります。わたくしたちは〝白1〟と呼んでおりました。白1工室はとても危険な場所で、表しますと$6NaCl+As_2O_3+3H_2SO_4=2AsCl_3+3Na_2SO_4+3H_2O$[*注]となります」

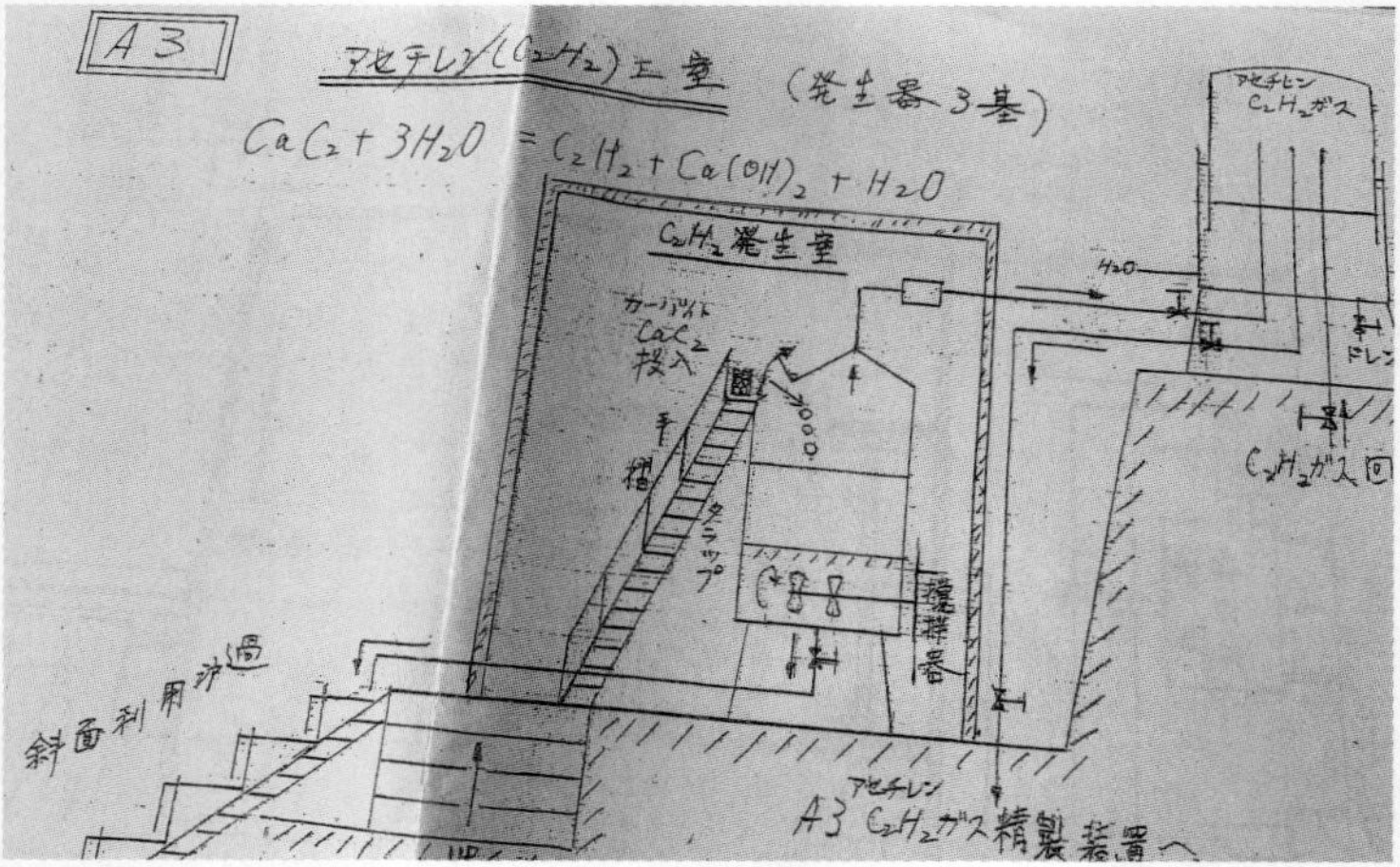

1）藤本安馬さんが記録したA3工室の作業手順。アセチレンガスを生成する工程

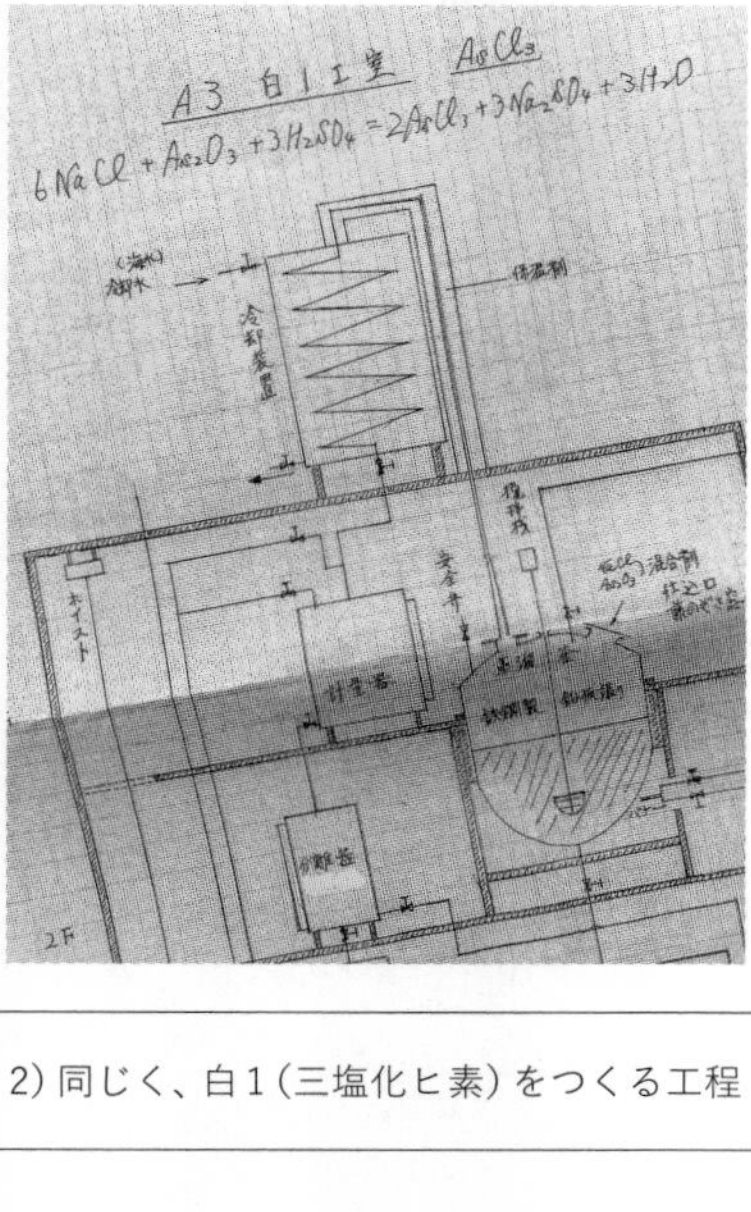

2）同じく、白1（三塩化ヒ素）をつくる工程

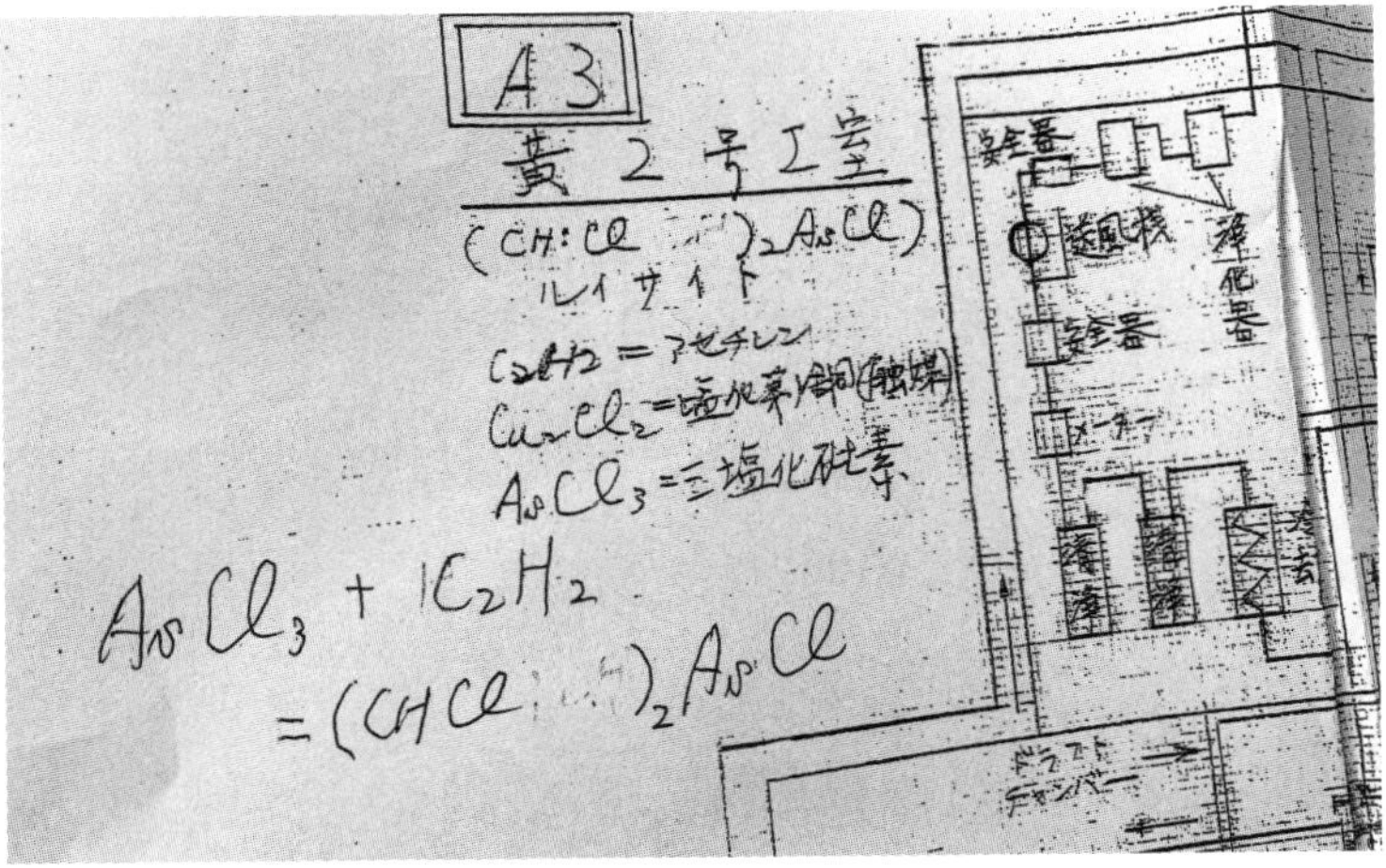

3) 1と2の次段階でルイサイト「黄2号」をつくる工程

藤本さんは元素記号を噛みしめるように、ゆっくりと化学方程式を吐き出した。

縦1メートル、横2メートル、深さ35センチほどの箱の中で、スコップを使って岩塩と亜ヒ酸を混ぜる。藤本さんはこの工程を受け持つことが多かった。亜ヒ酸といえば、耳かき1杯が致死量というヒ素の中でも最強の猛毒だ。

「混ぜるときにね、亜ヒ酸の粉が飛ぶんですよ」

お、恐ろしい……。作業はふたり一組でおこなう。防毒面をつけて白頭巾をかぶり、ゴム製のエプロン、長靴、手袋を装着することになっていたが、夏場は暑いので防毒面を外し、綿マスクだけで作業したらしい。

「そうすると、粉末がマスクの隙間から入ってくる。マスクも鼻のまわりもピンク色になります。すぐに倒れることはないけれど、だんだん中枢神経が毒に侵されていくんです。平衡感覚がやられる。本人はまっすぐ立っているつもりでも、ゆーらゆらと体が揺れてしまうんです。白1工室で働く者はみんなそうでした」

ゆーらゆらと揺れながら毒ガスをつくる作業員たち。すごい風景だ。いくら暑くても絶対に防毒面を外しちゃダメだ、といまなら言える。だが当時は作業効率が落ちるくらいなら防毒面を外すのが「正しい判断」だったし、監視員も見て見ぬふりをしたという。

「生産第一、安全第二。人間は消耗品だったんです」

岩塩と亜ヒ酸を混合する危険な作業は朝8時にはじまり、10時には終了した。その後、粉は釜へ運ばれ、加熱と冷却を経て「白1（三塩化ヒ素）」となる。それを前述のアセチレンガスに添加し、「黄2号」「きい弾」などと呼ばれるルイサイト兵器が完成するのだった。つまり製造ラインのスケジュール上、藤本さんが担当する混合作業は朝の2時間で完了させる必要があった。

大浴場でのびのびと

「2時間で終わらせるのに必死でした。その代わり10時以降は待機時間。暇ですよ。まずはゆっくり風呂へ入るんです」

出ました、お風呂！　毒ガス製造に従事した工員は、作業後すぐに皮膚についた汚れを洗い流す必要があった。そのため大久野島には大浴場が完備していた。工場は24時間操業だったので、お風呂も24時間沸いていたという。

「食堂の隣に、大きな風呂がありました。縦が5間（約9メートル）に横が7間（約12メートル）くらいだったでしょうかねぇ。深さも1メートルあって、そりゃもう大きい。体についた毒ガスのにおいが落ちるまで洗います。タオルと石鹸は自分持ちでね、寮から持っていくんです」

朝10時にお風呂を使うのは、作業を終えた藤本さんと同僚のふたりだけ。だからのびのびと湯に浸かることができた。

「飛び込んだり泳いだり、なんでもできましたよ、フフフ。お湯が冷たければスチームを蒸して、熱すぎたら水を足す。その時間帯はわたくしたちしかいませんから、湯加減も好きに変えることができました」

一方、夕方になると70～80人の工員がいっせいに風呂に入るため、浴場は大混雑だったらしい。緊張を強いられる毒ガス作業が終わり、ホッとするひとときだ。押し合いへし合い湯に浸かりながら、リラックスした会話も飛び交ったことだろう。

「でもね、風呂にも憲兵が紛れ込んでいる可能性がありますから、余計なことは話しません。仕事と関係ないことなら話しても大丈夫。みんな気をつけていましたよ」

なんと、お風呂の中でも裸の憲兵が目を光らせていたとは。なんなんだ、憲兵。ほんとうに不気味な存在だ。

「風呂から上がると、隣の食堂でコーヒー券を出してね、コーヒーをもらうんです。それが日課でした」

わたくしは英雄でした

藤本さんは14歳から18歳までの3年半を大久野島のA3工室で過ごした。育ち盛りの肉体をルイサイト工場の毒ガスに曝《さら》しつづけたのだ。平衡感覚はなくなり、咳き込むことが多くなり、痰《たん》がしょっちゅう絡んだ。風邪をひくと、息が苦しくて死ぬ思いだった。毒ガスの飛沫を浴びて首筋に十数個の水疱ができたこともあった。医務室に行ってもたいした治療はしてもらえず、まして仕事を休むことは許されなかった。

「毒ガスの仕事は、怖かったですか？」

と安田さんが質問したら、藤本さんは即答した。

「怖くもなんともないですよ。中国に勝つため、中国人を殺すためには、すぐれた武器をつくる必要があったんです。化学方程式を覚えて、すぐれた武器をつくる。これは英雄ですよ」

えっ。人を殺す武器をつくるのが英雄……。わたしは藤本さんのことばに面食らった。その隣で、記者魂をたぎらせた安田さんは、むしろ畳み掛けるように次の質問を放った。

「戦争に勝つために毒ガスをつくる、その仕事に誇りを持っていた？」

藤本さんは、力を込めてうなずいた。

「そうなんです！　中国人を殺すために、毒ガスをつくるのは当たり前！　人を殺すのは当たり前ですよ。それが英雄ですよ。あのころはそういう教育でした。わたくしはその教育を受けました。そして、つくりました。化学方程式を覚えて……$6NaCl + As_2O_3 + 3H_2SO_4 = 2AsCl_3 + 3Na_2SO_4 + 3H_2O$……」*注
藤本さんはゆっくり一語ずつ区切りながら、ルイサイトの化学方程式を唱えた。わたしはうつむいて座卓の木目に視線を当てながら、それを聞いた。人殺しのための方程式を言い終わるまでの時間が、とても長く感じられた。

＊注　これらの化学方程式は当時養成工として藤本さんが教え込まれたものです。

終戦で広島に戻るまで

思わず藤本さんの顔を覗き込んだ。

私は内心うろたえていた。冷静を装いながらも、予期せぬ返答に動揺していた。藤本さんの言葉をどう受け止めればよいのか。

戦争に勝つため、毒ガスをつくるのは当たり前。英雄なんです——。

力強く言い切った藤本さんの表情に、特段の変化はない。「英雄」という言葉を用いながら、しかし、誇るふうでもない。冷たく突き放した口調のようにも感じた。

私と金井さんは体を固くして次の言葉を待つ。だが藤本さんは、まるで経でも読むようにふたたび化学方程式を復唱する。

「シーエーシーツー、プラスのサンエイチツーオー……」

それはきっと、記憶の扉を開くための暗号なのだ。いくつもの扉を抜けて、その先で、藤本さんの真意が見えてくるにちがいない。

私たちは待つ。扉の前で待つ。そして藤本さんの記憶に付き従う。

藤本さんが大久野島の毒ガス工場で働いていたのは１９４４年の９月まで。終戦の約１年前に島を離れ、京都・宇治の火薬工場（造兵廠宇治製造所）に転属した。

戦況の悪化は経済悪化を招き、食料品から工業製品まで、日本は深刻な〝物不足〟に喘《あえ》いでいた。当然、毒ガスの原料にも事欠くありさまだ。

そのうえ米国は、日本がこれ以上戦争で毒ガスを使用するのであれば、米国もまた日本に対して毒ガス攻撃を仕掛けると警告していた。報復攻撃を恐れた陸軍は、同年７月に毒ガス使用中止の指示を出したのである。藤本さんの転属は、そうした動きに沿ったものだった。

宇治の火薬工場ではダイナマイトなどの製造に関わった。しかし同年の冬には、そこでも原料が底をつく。

「毒ガスはつくれない。火薬もつくれない。ニッポンはもうダメじゃと思いましたね」

やることがないから、工場の屋根に登って昼寝ばかりしていた。ぼんやりと空を眺めているとき、遠くの空を米軍機が横切った。大阪方面で煙が上がった。昼間の空襲である。黒煙が空を焦がす。

「なすすべもない。負けじゃ」

屋根の上で寝ころびながら、日本の終わりを悟った。

1945年8月15日。工場の中で玉音放送を聞いた。14歳のときから軍需工場の労働者として働きつづけてきた藤本さんの〝戦争〟も終わった。退職金として支給された1300円の現金を握りしめ、「汽車ポッポに乗って」広島の忠海に戻った。

30年後の「毒ガス被害者」

少年時代のもっとも多感な時期を工場の中で過ごした。退職金以外に残ったものは、工場の重労働によって鍛えられた筋肉と、頭の中に刻印された毒ガスの化学方程式だけである。それ以外に何もない。

だから——戦争に奪われた時間への思いを噛みしめる余裕などなく、戦後もがむしゃらに働きつづけるしかなかった。

「生きるため」だと藤本さんは言った。

「まずは三原の青果市場で日雇い仕事をしました。近くの港に野菜やミカンを積んだ船が着くたびに荷揚げする。そんなことを毎日、やっとった。ミカン箱をつくる工場でも働いた。その後、工場がつぶれて、ようやく見つけた仕事がレーヨン工場。パルプで糸をつくる仕事です」

結婚もした。子どももできた。レーヨン工場は大手資本だったから、生活も安定した。

ころである。

だが、ひょんなことで毒ガスの記憶が蘇った。大久野島を出てからじつに30年が経過した

「48歳でした。集団検診で毒ガスの後遺症を指摘されたんです」

胸部の気管検査で細胞を抜き取った。診察結果は慢性気管支炎。体が毒ガスに侵されていることが判明したのだ。それまでも、風邪でもないのに咳に苦しめられることはあった。だが、毒ガスの後遺症だとは思わなかった。いや、信じたくなかったのかもしれない。染みついたのは化学方程式だけだと思うことで、戦争の記憶から離れていたのだ。

１９９５年、藤本さんは毒ガス障がい者に認定された。

同じ毒ガス被害者たちと一緒に、藤本さんは医療補償などを求める運動の輪に加わる。健康な体を奪ったのは誰だ。毒ガスを体内に押し込んだのは誰だ。何の責任も果たさず、被害者を置き去りにしたまま逃げ切ったのは誰だ。

藤本さんは声を上げつづけた。

大久野島で「鬼」にされた

そうして毒ガス被害者である自身を意識するなかで、もうひとつの思いが頭をもたげてきたという。藤本さんは私たちにこう告げた。

「単なる被害者じゃないんですよ、わたくしは」

静かな声だった。時間が止まる。私と金井さんは、黙ったまま、藤本さんの顔を見つめた。わずかな沈黙の後に、藤本さんの穏やかな表情が徐々に険しさを増してきた。何かが藤本さんを衝いた。そして、何かが弾けた。静寂が破られた。

藤本さんはかっと目を開き、怒気を含んだような声を私たちにぶつけたのだ。

「わたくしは加害者でもあるんです。わたくしは大久野島で鬼にされたんですよ！」

先ほどまでの穏やかな表情は消えている。

「わかりますか？」

そう問うておきながら、おそらくは同意も答えも求めていない。抑えることのできない感情が、激情が、藤本さんを襲っている。

「大久野島はわたくしを人の面をかぶった鬼にしたんです！　犯罪者に仕立てあげたんです！　だからねえ……」

私たちは声を発することができない。本当は目を合わせることも怖かった。だが、視線を逸《そ》らすわけにはいかない。私も、金井さんも、ここを訪ねた以上は、しっかり受け止めなければいけないのだ。

「だからねえ、そんなこと、忘れるわけにはいかんでしょう！」

怒りと怨念と苛立ちが混ざり合ったような叫びだった。その声は、ムチのようなうなり

藤本安馬さん
1926年生まれ
補聴器に
赤いヒモを付
けている。
かわいい。
「わたくしは
大久野島で
鬼になりました」

をあげて、私を打った。

少し前に藤本さんの口から洩れた言葉の意味をようやく紐解くことができた。戦争に勝つため、毒ガスをつくるのは当たり前。英雄なんです――それは呪詛の言葉だった。純朴な少年を鬼に変えた戦争に対する憎しみを表したものだったのだ。

「だからわたくしは忘れない。鬼にされたことを、犯罪者にされたことを、人殺しの道具をつくらされたことを、絶対に忘れない」

いつまでも化学方程式を忘れないのも、少年時代の強烈な記憶のせいだけではなかった。藤本さんは繰り返す。

「鬼にされたことを忘れないために、化学方程式だって忘れない」

そうか、そうだったのか。だから藤本さんはいつまでも記憶を手放さないのだ。それが殺人兵器をつくりつづけた、そしてそれを「英雄」だと信じてきた人間の、あるべき責任の取り方だった。少なくとも藤本さんはそうすることで、戦争の罪科と向き合ってきた。

「化学方程式は人殺しの方程式なんです。毒ガスはわたくしの体を蝕んだだけでなく、罪もない中国人を殺した。そのために必要な方程式だった」

あえて私は尋ねた。

――先ほど、戦争に勝つためには毒ガスをつくるのは当たり前だとおっしゃいました。そこにはどのような意味があるのでしょう。

「わたくしが、中国人は殺されても当然だと思い込むような人間であった、ということです」

――戦争がそうさせた？

「そうです。戦争が、わたくしたちから人間の気持ちを奪いました。中国で、日本の兵隊は刀で人々の首を切り落とし、毒ガスで苦しめ、そして殺した。わたくしたちがつくった毒ガスが、殺したんです」

罪の告白をしているというよりも、藤本さんは憤っていた。自分自身に、戦争を仕掛けた国に、毒ガスの製造を仕向けた時代に、戦争そのものに。そのやり切れなさに耐えることから、ときに耐えられないことから、藤本さんの激しい思いと言葉が紡がれていく。

そうやって、きっと、これまで生きてきたのだ。

「被害と加害」を語る使命

「2004年のことです。初めて中国に行きました。謝罪するためです」

向かったのは河北省の北坦村。そう、日本軍の毒ガス兵器によって、1000人近くの人が命を落とした場所だ。

「わたくしたちがつくった毒ガスが、村の人たちを殺したんです。虐殺したんです。だからわたくしは頭を下げました。それで許されるとは思わないけど、とにかく虐殺に加担したひとりとして謝りたかった」

わが子を毒ガスで亡くした女性は、藤本さんの謝罪の言葉を聞きながら泣いていた。両親と兄弟を亡くした男性は、ただ黙ってうつむいていた。

「わたくしが毒ガスをつくったんです」

藤本さんはそう言いながら、ただただ頭を下げることしかできなかった。

すると、村人のひとりが藤本さんに、こう声をかけたという。

「鬼になったあなたもまた、被害者のひとりです」

その温かい言葉は、しかし藤本さんの気持ちを晴らすことはなかった。

「中国に出かけ、被害者や遺族に頭を下げた。だが、それは許してもらいたかったわけじゃない。それもまた、わたくしの罪を自覚するために必要なことだったんです。謝罪したところで、少しも心は軽くならないし、肩の荷が下りたわけでもない。むしろ逆です。被害者の声を聴き、遺族の悲しげな顔を見て、さらに荷物が増えたような気がします」

責任を果たすべく、藤本さんはいまでも肩の荷を下ろすことなく、走りつづけている。中国から被害者が訪れた際は、一緒になって政府に補償を求め、戦争犯罪は許されないとこぶしを振りあげる。

藤本さんの戦争は、まだ終わっていなかったのだ。

消したくとも消えない記憶があり、なんとかそれをやり過ごそうと思ったときに自身の毒ガス被害が判明し、それがきっかけで加害者としての自分を意識した。毒ガス工場の経験が、藤本さんを縛りつづける。逃れることはできない。

「だから語りつづけるしかないんです。被害も、加害も」

藤本さんもまた「語る」ことを、その責任を自身に課してきた。いまでも、請われればどこにでも足を運び、毒ガスと戦争の罪と恐怖を伝える。

「それがわたくしの任務です。使命です」

気がつけば、2時間を過ぎていた。毒ガスに体を蝕まれ、がんにも侵されて胃を全摘した95歳の老人は、休むことなく私たちに伝えつづけたのだ。任務として、使命として。

金井さんが私の横で涙を流していた。被害と加害の重みを自覚しながら戦後を生きてきた藤本さんの人生に触れたことで、抑えてきたものが一気にあふれてきたようだった。

「いつまでも元気でいてください」

金井さんは震える声を藤本さんに向けた。

「そうします」

と藤本さんは答えた。

「わたくしが死んだら、毒ガスの証言をする人がいなくなりますから。生き通さなければいけないんです」

ふたたび、穏やかであたたかい声に戻っていた。

「鬼」にされた「英雄」の、静かな決意だった。

付録対談

旅の途中で

壮大かつ無謀な計画

金井　とりあえず、ここまでたどり着きました。

安田　はい、どうにか。それにしても当初の計画とはかなりちがった形になりました。

金井　壮大な計画でしたもんね。世界中のお風呂を旅して回るという……。

安田　壮大というか無謀な計画。南米やアフリカにも行く予定でした。

金井　企画書には、グアテマラの温泉、フィンランドのサウナ、トルコのハマムなどもラインナップに入っていましたよ。

安田　世界各地の風呂に浸かりながら、その国の文化と歴史を学ぶ。そんな本をつくりたいと思ったんですよね。

金井　莫大な取材費はどこから調達するつもりだったんでしょう。

安田　どこかに奇特な出版社があるかと思って。

金井　あのねぇ、わたしたちは司馬遼太郎じゃないんですよ。だからLCCの料金をせっせと調べて、まずは近場から攻めました。タイ、沖縄、韓国と。

安田　いきなりグアテマラはハードルが高いですからね。渡航費も高いし、行ったことのない国だし。そうしているあいだに世界はコロナ禍に見舞われました。そこで国内のお風呂をめぐることになった。

金井　結果的に、全編を通して日本と戦争の関わりを考える旅になったから、それはそれでよかったですね。

タイで見た加害の歴史

安田　最初に出かけたのがタイのヒンダット温泉。国境近くの山の温泉だというのでおもしろがって行ったわけですが、あれが結局、その後の方向性を決めることになりましたよね。

金井　ちょうど安田さんが別件の取材でタイ東北部に出かけていて、バンコクで落ち合うところからスタートしました。安田さんは列車の旅だっていうんで妙にワクワクしていましたよね。鉄道のどこが好きなんですか？

安田　鉄道にかぎらず、動いているもの全般が好きなんです。飛行機でもバスでも耕運機でも。いつも停滞ばかりしている自分を励ましてくれているみたいで。

金井　動いている虫はどうですか？

安田　虫は止まっているほうがいいです。

金井　なるほど。でもわたしたちが乗ったのはかつての泰緬鉄道で、はしゃいでばかりもいられませんでしたね。

安田　カンチャナブリーの街に降り立って、戦争史博物館や犠牲者のお墓を見て、これは秘湯めぐりでも鉄道を楽しむ旅でもないと思うようになりました。

金井　浮かび上がってきたのは加害者としての日本の姿。

安田　欧米人捕虜だけではなく、現地で徴用された「ロームシャ」など膨大な数の人命が奪われた事実を目の当たりにして言葉を失いました。

金井　それも戦闘で死んだんじゃないんですからね。

安田　いわば虐待死。侵略戦争に象徴される支配・被支配の関係の中で強要された死です。

金井　日本軍に、人を大事にあつかう気持ちが少しでもあれば死なずに済んだ。それを考えると、ほんとにもう、うなだれるしかありません。それは沖縄でも大久野島でも感じたことです。もっといえば、いまだってこの国は……。

安田　本質的な部分では変わってないのかもしれませんね。

元コリアンガードの言葉

金井　そういえばわたしたち、2020年の秋に、かつて泰緬鉄道建設に関わった韓国人の李《イ》鶴来《ハンネ》さんにお会いしたんですよね。

安田　李さんは、捕虜監視員としてタイに送り込まれた日本軍の軍属でした。タイに派遣されたときはまだ17歳。植民地朝鮮に生まれた李さんは言ってみれば「汚れ仕事」をさせられたことになります。作業員として働く捕虜からもっとも恨まれる立場にありました。

金井　日本軍はとにかく急いで鉄道を敷設したかったから、栄養失調や病気でフラフラになっている捕虜まで動員し、休むことを許さなかった。実際に捕虜たちに「休むな」と命じるのが李さんたちの仕事だったんですよね。当時の捕虜の日記にも、憎悪の対象として「コリアンガード」がたびたび出てきます。

安田　今回の取材をきっかけに李さんの存在を知って、都内のお宅をうかがったんですよね。95歳の李さんは足腰こそ年相応に弱っているように見えましたが、口調は力強く、記憶もはっきりしていて、詳細に当時の思い出を語ってくれました。

金井　ヒントクという泰緬鉄道建設の最大の難所に向かうときは、オーストラリア人とイギリス人、オランダ人の捕虜500人を、たった6人の朝鮮人で監視したとか。言うことを聞かない捕虜には「ビンタをしました」とはっきりおっしゃって。そのひと言が重かったです。

安田　結局、捕虜に対する体罰を含め、過酷な労働を強いたことがのちに戦犯として裁かれる要因となりました。

金井　17歳の李さんは、日本軍の教育を受けるまでビンタなんか知らなかった。自分も上官からさんざんビンタされたんです、それも「姿勢が悪い」とか「武器の手入れがなってない」とか、果ては「日本人にしてやる」なんて理不尽な理由で。だからご自身も抵抗なく捕虜にビンタしてしまったんでしょうね。

安田　要するに当時の李さんの体の中には、日本軍の野蛮な慣習が染みついていたわけです。捕虜への虐待を禁じたジュネーヴ条約など教えられることもなく、鉄拳制裁のみを学ばされたんですね。李さんは、捕虜から見れば間違いなく加害者のひとりであったけれど、同時に日本帝国主義の被害者でもありました。

結局、李さんたち朝鮮人捕虜監視員は戦後、BC級戦犯として囚《とら》われ、李さんは死刑判決を受けます。欧米人の捕虜が大勢亡くなったことの責任を背負わされた形です。

金井　やっと戦争が終わって、祖国は独立を果たしてもう日本じゃなくなったのに、李さんは「日本人として」裁かれた。しかも死刑って、どれほど絶望したでしょうね。ギリギリのところで死刑は執行されなかったけど、巣鴨プリズンに収監され、出所は1956年。すでに31歳になっていました。それだけでもひどいのに、その後の日本政府の対応がさらに許せない！（ドン！↑机を叩く音）

安田　日本人ではないことを理由に、日本政府は軍人恩給などいっさいの補償対象から外した。たしかにひどいよね。これ、間違いなく民族差別の最たるものですよ。（ドン！）

金井　都合のいいときだけ「日本人」として

李鶴来《イハンネ》さん
1925年生まれ
戦後、仲間とタクシー会社をおこし生計を立てた。モンブランがお好きだった。

利用して、あとは知らないってことでしょ。

安田　李さんは一貫して韓国・朝鮮人元戦犯者とともに補償と救済立法を求める運動をしてきましたが、政府がそれを認めることはありませんでした。李さんはお金以上に、政府の誠意ある対応をこそ望んでいました。しかしそれを見ることなく21年3月に亡くなりました。ぼくが印象に残っているのは、李さんが何度も「不条理」という言葉を使って日本政府を批判していたことです。日本のために戦い、日本に捨てられた。まさに不条理の極みですよ。

金井　ヒンダット温泉を取材したからこそ、李さんにお会いすることができました。丁寧にお話ししてくださった姿が忘れられません。「似顔絵を描いてもいいですか」と尋ねたら、ニコニコ笑ってうなずいてくれた。お元気なうちにこの本が届けられなくて残念です。

お風呂の神様のお導き

安田　沖縄篇の取材は19年4月。ぼくは衆院補選、金井さんは沖縄角力の取材でちょうど沖縄を訪ねていたのですが、コザ（沖縄市）で合流して一緒に銭湯に行ったんですよね。本編でも触れてますけど、喧嘩しましたよね。辺野古の新基地建設をめぐって。

金井　あれは喧嘩とは言いません。わたしが一方的に言いがかりをつけて、安田さんに絡みました。もうこの話はご勘弁ください……。

安田　いや、おれ、けっこう傷ついた。まあそれはともかく、沖縄に1軒しかない銭湯ということで興味を持って足を運んだわけだけど、結局ここでも戦争の話につながっていくんですよね。

金井　お風呂で偶然出会った人の話を聞いてみたいと思ってはじめた企画だったので、中乃湯の入り口でたまたますれちがった澤岻《たくし》さんのお宅にうかがう展開は最高でした！　お風呂の神様のお導き。

安田　それが取材の醍醐味だよね。

金井　80～90代の人の話って隅々までいいですよね。考えさせられることがいっぱいある。

安田　生きてきた時間がそのまま近現代史と重なりますからね。そうした意味においては、韓国・釜山で一緒に風呂に入った崔秉大《チェビョンデ》さんも日韓の戦後史が体に刻印されたような人でした。ヤクザの大親分から政治家まで、多彩な人脈を持つ崔さんのことはいまだによくわかりません（笑）。

金井　フフフ、崔さん、謎めいていますよね。あの取材の後、わたしは博多で用事があったので釜山から飛行機に乗る予定でした。でも台風が直撃して欠航になっちゃった。ありゃーと思っているところに崔さんから電話がきたんで事情を話したら、「おれが掛け合って飛行機飛ばしてやろうか?」って。なんか一瞬、すごい、権力者のにおいがした。いったい誰に掛け合うつもりだったんだろう……。

安田 崔さんのことは、韓国駐在経験のある新聞記者から紹介してもらったんだけど、その記者も「なんだかよくわからないけど、すごい人だ」と言ってました。崔さん、いまでもときどき電話くれますよね。

金井 「また麦飯をご馳走するから、釜山においでよ」って。また会える日が楽しみです。

安田 そうですね。それまでにカラオケのレパートリーを増やそう。

歴史をちゃんと見たい

安田 寒川から大久野島にかけてはずっと毒ガスの話が続きます。本編では触れませんでしたが、旧日本軍の毒ガス作戦や製造拠点については、化学兵器被害解決ネットワークの大谷猛夫さんから詳しく教えてもらったんですよね。

金井 足立区(東京都)で中学の社会科の先生をしていた方ですね。70年代に先生になって、生徒たちに「東京大空襲について家の人に話を聞いてくるように」と宿題を出すと、たくさんの経験談が集まってきた。だけど加害の戦争体験を語る人はいなかった。それで日本の戦争加害について調べるようになったとおっしゃっていましたね。『日本の戦争加害がつぐなわれないのはなぜ!?』(合同出版)というご本をお土産にくれて、家に帰って読んだら、その日はもう立ち直れないほど暗い気持ちになりました。日本軍が中国でやらかした悪行の数々、その生々しい証言に。

安田　大谷さんから直接話を聞き、本を読み、あらためて感じたのが日本の戦争加害という問題。いま歴史修正どころか、加害の歴史を全否定するような動きも各所で見られます。加害に向き合うこと自体が「反日」とか「売国奴」といった言葉で攻撃されます。ふざけた世の中ですよね。だからこそぼくらは寒川と大久野島の取材を通して、戦争加害を直視したかった。というよりも目を逸らしてはいけないのだと訴えたかった。

金井　うん。いまを生きるわたしたちにせめてもできることは、歴史をちゃんと見ることだけです。なかったことにしたり、捻じ曲げたら、二度殺すことになる……。

旅は続く

安田　じつは取材はしたけど、今回は原稿にしなかったお風呂もありましたよね。

金井　ま、単にお風呂に入っただけですけど。「もしかしたらネタになるかな」と思いながら訪ねたお風呂は、たとえば習志野（千葉県）や鶴見（神奈川県）の銭湯ですね。

安田　習志野には100年以上続いているめちゃくちゃ渋い銭湯がありました。銭湯以上に興味深かったのは、その地域の歴史。いまも習志野には自衛隊の基地があるのですが、明治時代から〝軍都〟として発展してきた町で、各所に戦争遺跡を見ることができました。

金井　陸軍習志野学校では毒ガスの研究や教育もしていたんですよね。でもあの渋い銭湯が建て替えのための休業期間に入っちゃったので、わたしたちの取材も一時中断です。

安田　鶴見にもいいお風呂がありましたねぇ。工場の社員寮の大浴場がそのまま銭湯として営業を続けていました。ノスタルジーを感じさせるこの銭湯、マニアの間ではよく知られた存在のようですね。ここでもやはり興味を覚えたのは、鶴見という町の雰囲気。

金井　鶴見には沖縄とブラジルが息づいていました。

安田　戦前から、京浜工業地帯に沖縄から多くの人が出稼ぎにきていました。県人会の建物の下には沖縄食材が何でもそろう店があり、付近には沖縄料理屋さんが点在しています。

金井　県人会のそばの自販機で、沖縄の栄養ドリンク「ミキ」を買いましたね。甘くて冷たいとろ〜んとした飲み物でした。原料はお米だからお粥みたいな感じ。

安田　ぼくは沖縄では一度も飲んだことないけど、鶴見で初めて口にしました。甘いものが好きでお米が好きなぼくにとっては危険な飲み物でした。

金井　鶴見には日系ブラジル人、ペルー人の労働者も多いですよね。わたしたちがランチをしたのもブラジル料理屋さんでした。安田さんがトイレから戻ってきて「芳香剤がブラジルのにおいだった!」と喜んでたのを覚えています。そのうち鶴見の銭湯で張り込みをして、沖縄やブラジルにルーツがある人の話を聞いてみたいですね。

安田　他にも行ってみたいお風呂はまだまだたくさんあります。ウェブで連載しているときも、読者の方々からさまざまな情報をいただきました。

金井　マレーシアのコタキナバル近郊に旧日本軍が掘り当てた温泉があるとか、台湾で抗日武装蜂起があった場所の近くにも温泉が湧いているとか。変わったところでは、アルジェリアにローマ時代のお風呂があるらしい。

安田　ぼくらはなんでここまでお風呂にこだわるんでしょうね。

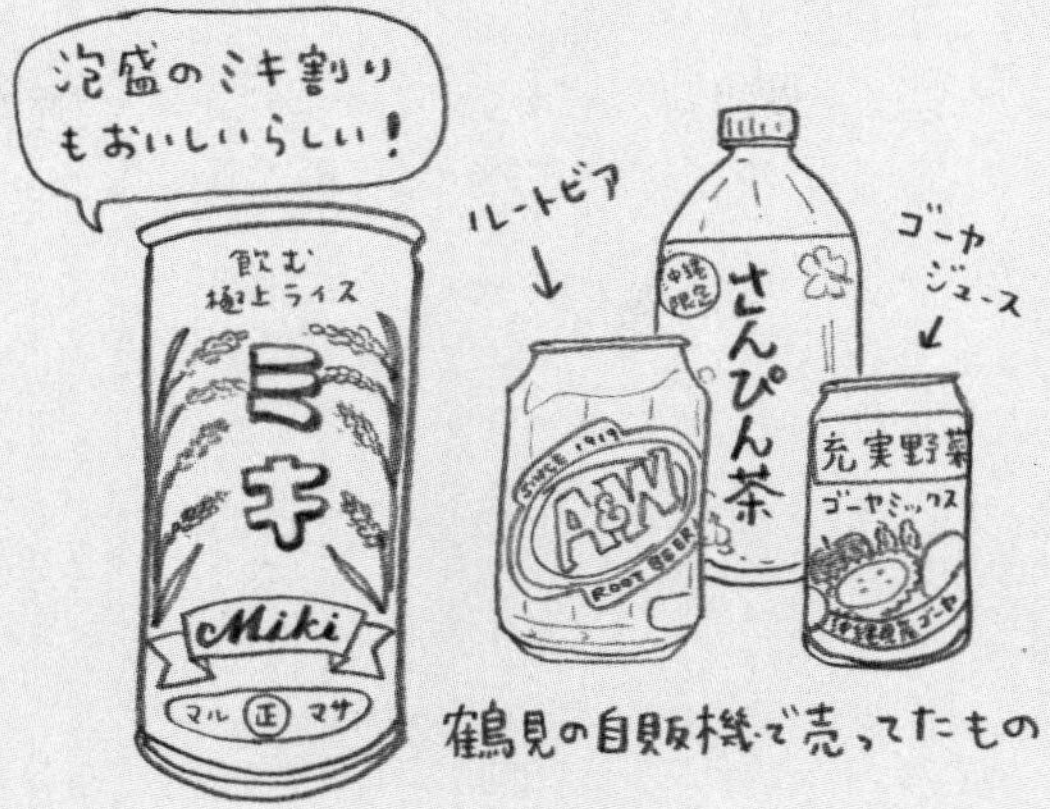

金井　わたしはお風呂好きだけど、炭酸泉は必須だとか、サウナの水風呂は何度がいいとか、強いこだわりがあるわけじゃないんです。

いつもやりたいことはただひとつ、「世界は広い、いろんな人がいる」を味わいたいだけ。今回は安田さんと一緒だったから「お風呂」を切り口に世界を見回してみようと思いついた。安田さんはどうですか?

安田　そもそも無類の風呂好きですしね。それに、お風呂ってみんな無防備じゃないですか。言ってみれば究極の非武装。だからこそ見えてくる風景もあると思ったんです。実際、今回の取材でもお風呂を切り口とすることで、人間の奥深さや戦争の罪科が見えてきました。

金井　「お風呂は究極の非武装」は名言ですね。額装して風呂場に飾りたい。

安田　そんな面倒くさい風呂、入りたくない。まあとにかく、これからももっとおもしろそうな風呂、もっとおもしろそうな風景を求めて飛び回りましょう。

おわりに

安田浩一

さあ、風呂に入ろう。

急な用事を思い出したかのように、すべての思考も作業も投げうって、風呂場を求めてしまう瞬間がある。たとえば取材帰りの電車の中。夕闇に溶け込む住宅街をぼんやり眺めていると、疲れ切った自分の顔が車窓に重なる。残された時間を意識する。いくつかの不義理を思い出す。頭の中に砂時計が浮かぶ。勢いよく流れ落ちる砂が、私をひどく落ち込ませる。

そして――私は風呂を探す。急いで帰宅して狭い浴室に籠もるのもいい。途中下車して銭湯に飛び込むのも悪くない。繁華街のサウナでも、郊外の健康ランドでもいい。浜に打ち上げられた魚がふたたび海の中をめざすように、私は口をぱくぱくさせながら湯に向かう。

何かが変わるわけではない。背負い込んだ荷物が減るわけでもない。むしろさらなる停滞を招くことにもなりかねないが、それでも気の滅入るような日常から束の間、逃れることはできる。ずっと、そうしてきた。それが私にとっての風呂だ。

金井さんはどうなのだろう。驚異的な社交力と観察力を併せもつ金井さんは、きっと、ひと風呂浴びるごとに世界を広げている。何かを獲得して、跳躍を重ねる。

内向する者と、跳ねる者。そんなふたりで風呂旅をした。複眼で、風呂を取り巻く人と社会を見つめた。一緒に喜んで、ため息をついて、ときにこぶしを突き上げた。そんな私たちの心の揺れだけでも、本書を通じて伝わることを願っている。それは、排他の空気に満ち満ちた、いまの社会に対する私たちの小さな抵抗でもあるから。

こんな前例のない「お風呂本」をおもしろがり、最後まで伴走してくれたのは亜紀書房の編集者、高尾豪さんだ。彼の的確なアドバイスがなければ、私たちは目的を失い、いまだ長風呂の最中だったかもしれない。溺れかけていた私たちを救ってくれた高尾さんに心から感謝したい。

そして何よりも、私たちのぶしつけな取材に応じてくださったみなさまに、あらためてお礼を伝えたい。ありがとうございました。

たぶん、旅はまだ終わらない。目にしたい風景、会いたい人、聞きたい言葉が山ほどある。たどり着けるのか、そもそも、私にまだ力は残っているのか。まあ、悩んでいても仕方ない。そんなときは——

さあ、風呂に入ろう。

安田浩一
Koichi Yasuda

1964年生まれ。産湯は伊東温泉（静岡県）。週刊誌記者を経てノンフィクションライターに。『ネットと愛国』（講談社＋α文庫）で講談社ノンフィクション賞、「ルポ 外国人『隷属』労働者」（月刊「G2」記事）で大宅壮一ノンフィクション賞雑誌部門受賞。『ルポ 差別と貧困の外国人労働者』（光文社新書）、『ヘイトスピーチ』（文春新書）、『学校では教えてくれない差別と排除の話』（皓星社）、『「右翼」の戦後史』（講談社現代新書）、『団地と移民』（KADOKAWA）、『沖縄の新聞は本当に「偏向」しているのか』（朝日文庫）他、著書多数。取材の合間にひとっ風呂、が基本動作。お気に入りは炭酸泉。

金井真紀
Maki Kanai

1974年生まれ。テレビ番組の構成作家、酒場のママ見習いなどを経て2015年より文筆家・イラストレーター。任務は「多様性をおもしろがること」。著書に『世界はフムフムで満ちている』『酒場學校の日々』（ともに皓星社）、『はたらく動物と』（ころから）、『パリのすてきなおじさん』（柏書房）、『虫ぎらいはなおるかな？』（理論社）、『マル農のひと』（左右社）、『世界のおすもうさん』（共著、岩波書店）など。挿画の仕事に「日本語をつかまえろ！」シリーズ（毎日新聞出版）など。銭湯では、好きだったサッカー選手・松田直樹の背番号にちなんで３番の下駄箱を使用する。

※本文中の所属や年齢等は取材当時のものです。
各章の取材は、第1章（タイ篇）2019年2月、第2章（沖縄篇）同年4月、
第3章（韓国篇）同年7月、第4章（寒川篇）20年10月～21年1月、
第5章（大久野島篇）同年3月におこなわれました。

JASRAC 出 2107078-101

戦争《せんそう》とバスタオル

2021年9月28日　第1版第1刷　発行

著者　安田浩一、金井真紀

発行者　株式会社亜紀書房
〒101-0051　東京都千代田区神田神保町1-32
電話　(03) 5280-0261
https://www.akishobo.com

題字・装丁　鈴木千佳子
ＤＴＰ　山口良二
印刷・製本　株式会社トライ
https://www.try-sky.com

Printed in Japan　ISBN978-4-7505-1710-0 C0095

本書は亜紀書房ウェブマガジン「あき地」で連載した原稿
（2020年5月29日～21年6月3日）をもとに再構成したものです。